# 职教高考复习指导丛书

# 电子商务

职教高考丛书编写委员会　编

电子工业出版社

**Publishing House of Electronics Industry**

北京·BEIJING

## 内 容 简 介

为了助力即将参加职教高考的考生筑牢基础、深化知识理解、提升应试技巧，我们精心组织编写了这套"职教高考复习指导丛书"。这套丛书专为参加职教高考的考生第一轮复习量身打造，内容全面、系统，紧扣最新的考试标准。

作为"职教高考复习指导丛书"之一，本书在章节编排上既科学又合理，紧密围绕最新的考试标准展开，旨在帮助考生全面夯实基础知识、精准把握考试动态、提升解题能力，进而在实际考试中发挥更高的水平。

**图书在版编目（CIP）数据**

电子商务 / 职教高考丛书编写委员会编. -- 北京：
电子工业出版社，2024. 9. --（职教高考复习指导丛书
）. -- ISBN 978-7-121-48881-8

Ⅰ. F713.36

中国国家版本馆 CIP 数据核字第 2024M5J511 号

责任编辑：关雅莉　　　文字编辑：刘　佳
印　　　刷：北京盛通数码印刷有限公司
装　　　订：北京盛通数码印刷有限公司
出版发行：电子工业出版社
　　　　　北京市海淀区万寿路 173 信箱　邮编　100036
开　　本：880×1 230　1/16　印张：17.25　字数：397.44 千字
版　　次：2024 年 9 月第 1 版
印　　次：2025 年 7 月第 2 次印刷
定　　价：52.00 元

凡所购买电子工业出版社图书有缺损问题，请向购买书店调换。若书店售缺，请与本社发行部联系，联系及邮购电话：
（010）88254888，88258888。

质量投诉请发邮件至 zlts@phei.com.cn，盗版侵权举报请发邮件至 dbqq@phei.com.cn。

本书咨询联系方式：（010）88254386，liujia@phei.com.cn。

# 前言

为了帮助参加职教高考的广大中等职业学校考生升入理想大学，我们邀请了一批资深教研员和国家级重点职业学校的一线名师，精心打造了这套高质量的"职教高考复习指导丛书"。这套丛书的编写，是在深入研究考试说明、广泛听取师生意见与建议的基础上完成的，旨在为考生提供一份全面、精准、实用的复习资料。

为了确保丛书的针对性、科学性和高效性，我们对近几年职教高考的考试标准和高考试卷进行了详细分析，深入解读职教高考"考什么、怎么考"，聚焦职教高考热点、高频考点，密切关注命题角度和题型变化，博采众长，反复斟酌，探索命题规律，预测命题趋势。本书作为"职教高考复习指导丛书"之一，不仅科学合理地编排了各个章节，更以最新的考试要求为导向，全面覆盖了考试所需的知识内容。本书旨在帮助考生夯实基础知识，精准把握考试动态，提升解题能力，从而在实际考试中发挥出最佳水平。

本套丛书具有如下特点。

**编委阵容强大：** 编者均系资深教研员和国家级重点职业学校的一线名师，具有丰富的职教高考复习教学经验，并常年研究职教高考的考试标准和命题方向。

**编写体系成熟：** 本套丛书严格按照最新的考试标准编写，宏观布局，细部优化，科学合理地编排每个章节。为了提高本套丛书的质量，特聘请资深专家严格把关。

**编写内容齐全：** 内容涵盖了最新的职教高考考试说明中要求掌握的全部考点，知识、题型覆盖全面。同时，本套丛书以训练为主线，以考点为核心，练习题目难易适当，能够全面提升考生的解题能力。

本套丛书集权威性、科学性、实用性和前瞻性于一体，是对考试说明的权威解读，是一线名师的心血和结晶，是参加职教高考的考生复习备考时的参考用书。考生可登录华信教育资源网下载其他相关资料。

本书由郭明、马业薇、董炤担任主编，由毛蓓蓓、郑坚杕担任副主编。由于时间仓促，书中难免存在疏漏和不足之处，恳请同行专家不吝指正，欢迎广大师生提出宝贵意见，并将提出的意见反馈到邮箱 liujia@phei.com.cn，以使本套丛书不断完善。

职教高考丛书编写委员会

# 目 录

# 电子商务基础

# 第一章

# 电子商务概述

## 知识结构图 [①]

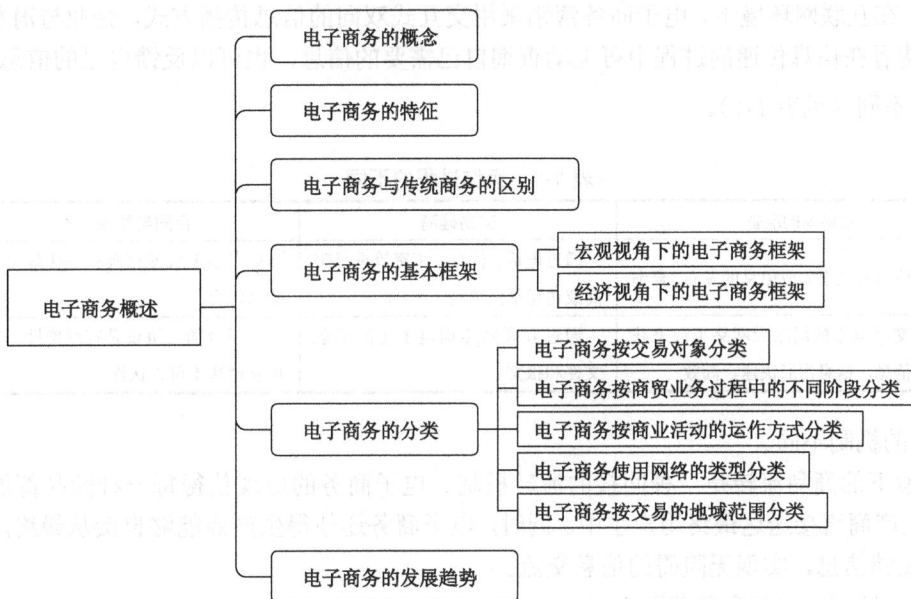

## 考试说明

1. 理解电子商务的概念和特征。
2. 电子商务与传统商务的区别。
3. 掌握电子商务的基本框架和分类。
4. 了解电子商务的发展趋势。

## 知识精讲

### 一、电子商务的概念

电子商务通常是指在全球各地广泛的商业贸易活动中，在互联网开放的网络环境下，基于浏览器/服务器应用方式，买卖双方不谋面地进行各种商贸活动，实现消费者的网上购买商品/服务、商户之间的网上交易和在线电子支付以及各种商务活动、交易活动、金融活动和相关的综合服务活动的一种新型的商业运营模式。

广义的电子商务：包含了现实社会中各种各样的商业关系。

狭义的电子商务：仅指客户与服务提供者或商家之间的商务关系。

---

① 本章的知识结构图涵盖本章所有内容，知识精讲主要介绍考纲涉及的内容，其余各章与本章情况一致。

## 二、电子商务的特征

1．普遍性。
2．安全性。
3．协调性。
4．可扩展性。
5．集成性。
6．高效性。

## 三、电子商务与传统商务的区别

1．营销方式不同。

传统商务的营销方式是单向的信息传播方式，消费者处于被动地位，他们只能根据企业提供的固定信息来确定购买意向。在互联网环境下，电子商务营销采用交互式双向的信息传播方式，企业与消费者之间的沟通及时且充分，消费者在信息传递的过程中可主动查询自己需要的信息，也可以反馈自己的信息。

2．运作过程不同（见表1-1）。

表1-1　运作过程的不同

| | 交易前的准备 | 交易磋商 | 合同与协议 | 支付结算 |
|---|---|---|---|---|
| 传统商务 | 通过传统方式来完成信息的发布、查询 | 通过电话、传真、邮寄等进行磋商或传递纸面单证 | 以书面形式签订具有法律效力的商贸合同 | 支票、现金 |
| 电子商务 | 通过交易双方的网站或网络平台来获取供需信息，信息沟通快速、高效 | 通过互联网传递电子化的记录文件和报文 | 电子合同与协议具有准确性、可靠性和不可否认性 | 网络支付 |

3．商品流转的机制不同。

传统商务环境下的商品流转是一种间接的流转机制。电子商务的出现使得每一种商品都能够建立最直接的流转渠道，由生产商直接送达最终用户手中。同时，电子商务还使得生产商能够直接从最终用户那里得到最有价值的需求及反馈信息，实现无阻碍的信息交流。

4．商务经营的地域范围和商品范围不同。

传统商务所涉及的地域范围和商品范围是有限的，随着互联网的推广与普及，特别是各类电子商务平台的出现，电子商务打破了地域和时空的限制，其所涉及的地理范围和商品范围是无限的，是超越时空的。

## 四、电子商务的基本框架

### （一）宏观视角下的电子商务框架（见图1-1）

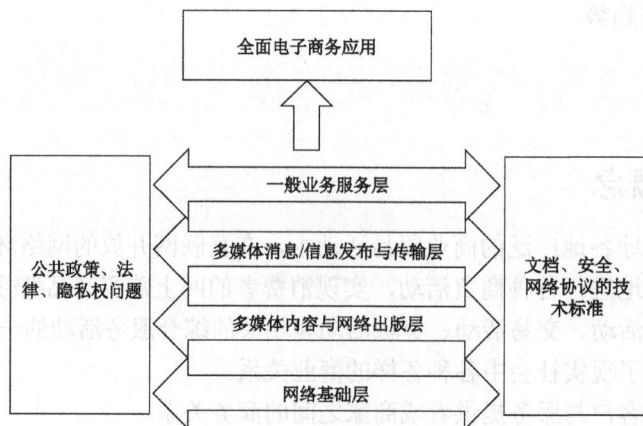

图1-1　宏观视角下的电子商务框架

## （二）经济视角下的电子商务框架（见图1-2）

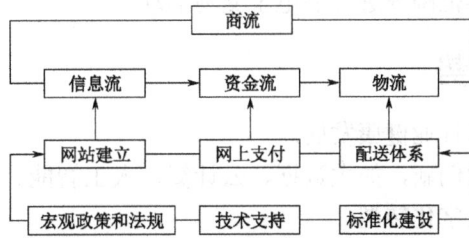

图1-2 经济视角下的电子商务框架

# 五、电子商务的分类

## （一）电子商务按交易对象分类

1. B2B（Business-to-Business）电子商务：这是企业和企业之间进行的电子商务交易。
2. B2C（Business-to-Consumer）电子商务：这是企业与消费者之间进行的电子商务交易。
3. C2C（Consumer-to-Consumer）电子商务：这是消费者与消费者之间进行的电子商务交易。

## （二）电子商务按商贸业务过程中的不同阶段分类（图1-3）

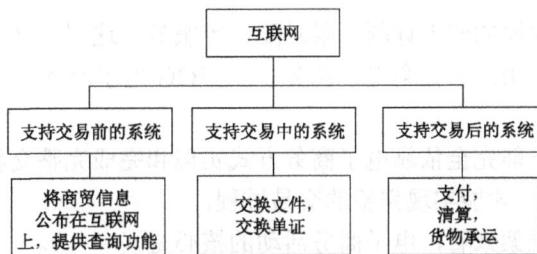

图1-3 电子商务按商贸业务过程中的不同阶段分类

1. 支持交易前的系统，主要是将商贸信息进行分类上网和提供组织查询功能。它是整个电子商务业务中最简单、最常见的一种系统，其建立成本非常低，中小企业和普通人均可使用。

2. 支持交易中的系统，主要是支持在买卖双方之间交换商贸活动中的各种业务文件及单证。这类系统一般对数据交换的可靠性会有很高的要求。可靠性具体包括两个方面：一是数据交换的准确性，一般可以通过各种网络协议或标准来保证；另一方面是单证报文记录的不可更改性，即一旦发生贸易纠纷，电子商务系统必须提供可以作为法庭证据的记录文件。

3. 支持交易后的系统，主要涉及银行、运输等部门，要求该系统能够完成资金的支付、清算及货物的承运等功能。

### （三）电子商务按商业活动的运作方式分类

1. 完全电子商务：指可以通过电子商务方式实现和完成完整交易的交易行为和过程，也指商品或者服务的全部交易都是在网络上实现的。

2. 非完全电子商务：指不能完全依靠电子商务方式实现和完成完整交易的交易行为和过程，还需依靠一些外部因素，才能实现完整的交易过程。

### （四）电子商务按使用网络的类型分类

1. 基于EDI网络的电子商务：指利用电子数据交换（EDI）网络进行的电子交易活动。
2. 基于互联网的电子商务：指利用互联网进行的电子交易活动。
3. 基于内联网的电子商务：指利用企业内部网络进行的企业内部及供应链信息化管理活动。

### （五）电子商务按交易的地域范围分类

1. 本地电子商务：指利用本地区或者本城市的信息网络实现的电子商务活动。

2. 远程国内电子商务：指在本国范围内进行的网上电子交易活动。

3. 全球电子商务：指在全世界范围内进行的电子交易活动。

## 六、电子商务的发展趋势

1. 利好政策出台促进电子商务行业健康发展。

2. 数字技术驱动电子商务产业创新，如大数据、云计算、人工智能、虚拟现实等技术。

3. 新技术应用加快推动企业数字化转型。

4. 电商物流服务水平持续提升。

### 经典例题解析

1. 电子商务在很多领域还有很大的发展空间，有很大的开发潜力，值得企业、商家、消费者去研究探索，这说明电子商务具有（　　）。

    A．集成性　　　　　　B．可扩展性　　　　　C．协调性　　　　　D．多样性

【答案】B

【解析】本题主要考查电子商务的特征。未来，电子商务的发展还有很大的空间和很多未知的领域，期待我们去探索和研究。故选 B。

2. 某网上商城为顾客提供汉服的网上订制、限时配送等服务，这属于（　　）。

    A．完全电子商务　　　B．非完全电子商务　　C．B2G 电子商务　　D．C2G 电子商务

【答案】B

【解析】非完全电子商务指不能完全依靠电子商务方式实现和完成完整交易的交易行为和过程，还需要依靠一些外部因素，如配送系统等，才能实现完整的交易过程。

3. 从经济视角的电子商务框架来看，电子商务活动的核心是（　　）。

    A．商流　　　　　　　B．资金流　　　　　　C．物流　　　　　　D．信息流

【答案】A

【解析】整个电子商务活动是顺利实现信息流、资金流、物流和商流的过程，在这个过程中，商流是电子商务活动的核心。

4. 某商店利用计算机网络向某电器厂订购冰箱，并通过网络付款，这是（　　）电子商务。

    A．B2B　　　　　　　B．B2C　　　　　　　C．B2G　　　　　　D．C2G

【答案】A

【解析】B 指的是企业，C 指的是消费者，G 指的是政府部门。某商店利用计算机网络向某电器厂订购冰箱，交易双方都是企业，故选 A。

5. 购物网站上的"猜你喜欢"推荐栏或音乐平台的每日推荐歌单等都是（　　）的体现。

    A．人工智能技术　　　B．大数据技术　　　　C．云计算数字技术　　D．虚拟现实技术

【答案】B

【解析】大数据与云计算深度结合，云计算为大数据提供了弹性可拓展的基础设备，是产生大数据的平台之一。除此之外，物联网、移动互联网等新兴计算形态也将一起助力大数据革命，让大数据营销发挥出更大的影响力。

### 同步练习

1. 电子商务是指利用＿＿＿＿＿＿＿＿和＿＿＿＿＿＿＿＿进行的商务活动，其内容包含两个方面：一是＿＿＿＿＿＿＿＿，二是＿＿＿＿＿＿＿＿。

2. ＿＿＿＿＿＿＿＿与＿＿＿＿＿＿＿＿的结合是电子商务的核心所在，两者相辅相成。

3. 要实现一次完整的电子商务活动会涉及很多方面，除网上消费者外，还要有＿＿＿＿＿＿＿＿、

_____、_____等机构的参与。

4．在电子商务中，_____是一个至关重要的核心问题。

5．电子商务的特征包括_____、_____、_____、

_____。

6．从宏观角度看，电子商务框架整体上可分为四个层次和两个支柱，四个层次依次为_____、

_____、_____、_____；两个支柱是_____和_____

_____。

7．_____是电子商务活动的核心，_____、_____和_____的顺利

实现是商流实现的保证。

8．_____是企业在激烈的市场竞争中改善自身竞争条件的主要方法。_____是目

前电商的主流。

9．_____是整个电子商务业务中最简单、最常见的一种系统，其建立成本非

常低，中小企业和普通人均可以使用。

10．支持交易后的系统主要涉及_____、_____等部门，要求该系统能够完成资金的

_____、_____及_____等功能。

11．_____使双方跨越地理空间的障碍，可以充分挖掘全球市场的潜力。

12．互联网是一种采用_____协议组织起来的国际互联网络。

13．_____是利用互联网技术发展起来的企业内部网，它使企业内和企业间的组织协调变得极为

高效。

14．_____驱动电子商务产业创新。

15．_____为大数据提供了弹性可拓展的基础设备，是产生大数据的平台之一。

16．_____是驾驭海量数据的关键环节之一，也是物联网未来发展的重要趋势。

## 单元练习题

### 一、选择题

1．下列不属于完成电子商务通信方式的是（　　）。

    A．打电话　　　　　　B．发传真　　　　　　C．邮件　　　　　　D．书信

2．（　　）和商务活动的结合是电子商务的核心所在。

    A．电子通信　　　　　B．电子方式　　　　　C．电子邮件　　　　　D．电子技术

3．在电子商务中，（　　）是一个至关重要的核心问题。

    A．普遍性　　　　　　B．安全性　　　　　　C．协调性　　　　　　D．集成性

4．电子商务在很多领域还有很大的发展空间，有很大的开发潜力，值得企业、商家、消费者等去研究、

探索，这体现了电子商务的哪一个特征？（　　）

    A．集成性　　　　　　B．安全性　　　　　　C．多样性　　　　　　D．可扩展性

5．从宏观角度看，电子商务框架中能让电子商务顺利实现的保证条件是（　　）。

    A．四个层次　　　　　B．上层　　　　　　　C．两个支柱　　　　　D．下层

6．从经济角度看，电子商务活动的核心是（　　）。

    A．商流　　　　　　　B．信息流　　　　　　C．资金流　　　　　　D．物流

7．下列属于 B2B 电子商务的是（　　）。

    A．鑫家电器商行用计算机网络向格力集团订购空调

    B．王女士在京东店铺购买化妆品

    C．个人社会福利基金的发放

    D．顺庆公司在网上办理交税退税

8．下列属于支持交易中的系统的是（　　）。

    A．美的家电在官网上进行产品促销活动    B．东方超市在网上向上一级批发商索要报价单

    C．李先生利用支付宝给商家支付货款    D．小丽在百度贴吧注册账号

9．利用微信支付功能缴水电费属于（　　）。

    A．完全电子商务                    B．非完全电子商务

    C．B2B 电子商务                  D．C2C 电子商务

10．下列选项中属于本地电子商务的是（　　）。

    A．中国甲公司和韩国乙公司进行的电子交易活动

    B．某公司利用当地论坛实现的电子商务活动

    C．某公司利用 EDI 网络进行电子交易

    D．某公司利用互联网进行电子交易

## 二、简答题

1．简述现代电子商务交易手段的优势和发展的条件。

2．简述电子商务的分类标准。

## 三、综合分析题

    拼多多在各个城市推出了社区团购服务，正逐步扩大测试范围。这一服务名为"多多买菜"，定位为一个经济实惠的社区团购平台。它采取线上预定、次日送达和站点自提的便捷模式，主要提供水果蔬菜、日常食品等商品。用户在每天 23:00 前下单，物流会在次日 16:00 前配送到站点，用户在次日 16:00 以后可以上门提货。

    拼多多的这一举措引发了业界的广泛猜测。除生鲜电商市场尚未形成垄断格局，以及市场潜力巨大之外，拼多多似乎有着更深层次的战略考量。尽管拼多多的用户不断下沉，但网购的频次仍不及日常饮食。此外，即便是快速的网购服务，也需要 2～3 天的配送时间，这限制了一部分人的选择，而拼多多推出社区团购这一服务，能够挖掘一部分新客户——那些对时效性、体验感更加在意的客户。同时，拼多多也希望借此吸引老客户回归。

    与其他主要电商相比，拼多多尚未建立自己的快递渠道。京东拥有京东快递，阿里与四通一达等快递公司合作，美团拥有饿了么为其进行配送服务。尽管拼多多目前的订单量惊人，但配送环节仍受限于第三方。然而，对于社区团购来说，除商品和团长外，配送能力也是重要的考核标准之一。因此拼多多需要建设包括大型仓储、冷链设施、配送团队和自提点等在内的完整体系。试想一下，如果多多买菜在一个城市一天内能完成一两百万的订单，那么它需要多大的仓库和配送能力？目前，拼多多主要业务为线上电商，而在本地生活服务领域，家庭日常生鲜食品的采购可以作为刚需高频的切入点，能够帮助拼多多积累大量用户。社区团购不仅限于生鲜团购，其延展性更多，如本地蛋糕店、餐饮店、景区门票的团购等。一旦多多买菜能够链接更多小区的住户，拼多多将来就有机会进一步拓展本地服务业务。

    请根据以上内容回答下列问题：

    1．多多买菜定位为一个经济实惠的社区团购平台。按照开展电子交易的范围分类，它属于哪种类型的电子商务？除此之外，还有哪些类型？

    2．拼多多的成功运营，离不开一个完整的运行环境。请说出电子商务的组成要素有哪些？

# 第二章

# 电子商务模式

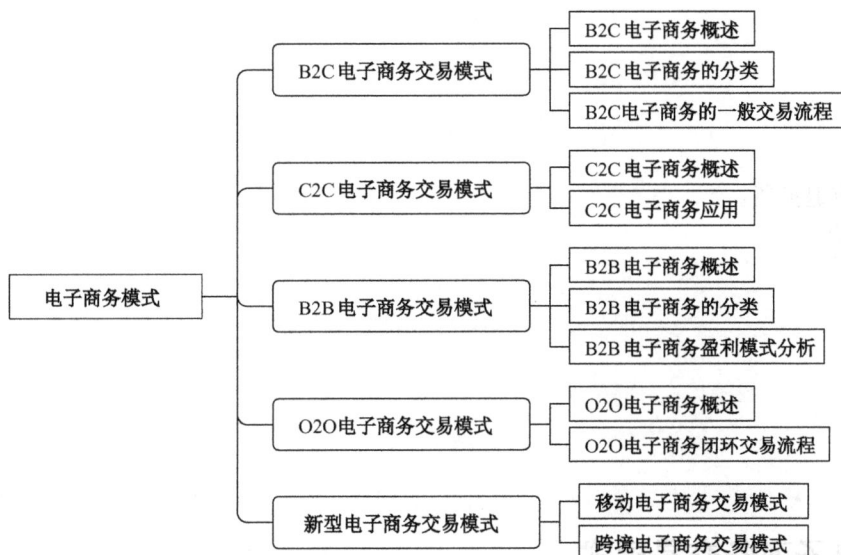

## 考试说明

1. 掌握 B2C 电子商务交易模式。
2. 掌握 C2C 电子商务交易模式。
3. 掌握 B2B 电子商务交易模式。
4. 掌握 O2O 电子商务交易模式。
5. 理解移动电子商务交易模式。
6. 理解跨境电子商务交易模式。

## 知识精讲

# 一、B2C 电子商务交易模式

## （一）B2C 电子商务概述

B2C 电子商务含义：企业对消费者的电子商务，是按电子商务的交易对象进行划分的电子商务模式。B 是指提供商品或服务的企业或商家；C 是泛指一切以最终交易为目的而购买商品或服务的实体，可以是个人消费者，也可以是将所购商品用于最终消费的企业、政府部门或其他社会团体、组织机构等。

## （二）B2C 电子商务的分类（见表 1-2）

表 1-2　B2C 电子商务的分类

| 类型 | 定义 | 特点 | 代表企业 |
|---|---|---|---|
| 第三方自营式 | 零售商建立网络平台，对它经营的商品进行统一采购、商品展示、在线交易，并通过物流配送将商品投放到最终消费群体 | 电商品牌力强、商品质量可控、交易流程管理体系完备 | 京东商城 |
| 第三方平台式 | 为商家提供电商接入交易平台，并提供交易支持 | 依托巨大的客户流量，促成商家与消费者达成交易。信息交付收费是它主要的盈利来源 | 天猫商城 |
| 厂商自建平台 | 生产商自建网络平台，完成自有商品的销售 | 向在线消费者销售特定的商品，企业可以达到拓宽销售渠道、降低渠道成本的目的 | 小米商城 |

## （三）B2C 电子商务的一般交易流程

1. 买家交易流程。

（1）用户注册。

（2）商品选购。

（3）生成订单。

（4）支付结算。

（5）收取商品。

（6）确认收货或退换货。

2. 卖家交易流程。

（1）入驻平台。

（2）上架商品。

（3）订单受理。

（4）商品准备。

（5）商品发货。

（6）售后处理。

# 二、C2C 电子商务交易模式

## （一）C2C 电子商务概述

1. C2C 电子商务含义：消费者对消费者的电子商务，是按电子商务的交易对象进行划分的电子商务模式。

2. C2C 电子商务的特点。

（1）以较低的交易成本吸引大量用户。

（2）经营规模不受限制。

（3）以便捷的信息收集方式提高交易效率。

（4）扩大了销售范围和力度。

3. C2C 电子商务的构成要素。

（1）买卖双方。

（2）电子商务平台。

## （二）C2C 电子商务应用

1. 网上拍卖。

（1）交保证金。

（2）出价竞拍。

（3）竞拍成功。

（4）支付货款。

（5）完成收货。

2．店铺模式。

3．二手闲置交易。

4．C2C 共享经济。

# 三、B2B 电子商务交易模式

## （一）B2B 电子商务概述

1．B2B 电子商务含义：企业对企业的电子商务，是按电子商务交易对象进行划分的电子商务模式。

（1）广义角度理解：指企业之间通过互联网、内联网、外联网或者其他电子网络，以电子化的方式进行交易的模式。

（2）狭义角度理解：指通过互联网在企业与企业之间进行商品、服务以及信息交换的电子商务模式。

2．B2B 电子商务的优势。

（1）能实现网上自动采购，可以减少人力、物力和财力成本。

（2）能实现物流的高效运转和统一，最大限度地控制库存。

（3）能实现企业供应商与客户直接沟通和交易，减少周转环节。

（4）能拓宽市场渠道，增加企业的市场机会。

## （二）B2B 电子商务的分类

1．垂直 B2B 电子商务。

2．综合 B2B 电子商务。

## （三）B2B 电子商务盈利模式分析

1．会员费。

2．竞价排名。

3．网络广告费。

4．交易佣金。

5．增值服务。

6．线下服务。

7．询盘付费

# 四、O2O 电子商务交易模式

## （一）O2O 电子商务概述

O2O 电子商务是指客户通过线上平台在线购买并支付某类服务或商品，并到线下实体店进行消费完成交易过程；或者客户在线下体验后通过扫描二维码或移动终端等方式在线上平台购买并支付某类服务或商品，进而完成交易。

## （二）O2O 电子商务闭环交易流程（见图 1-4）

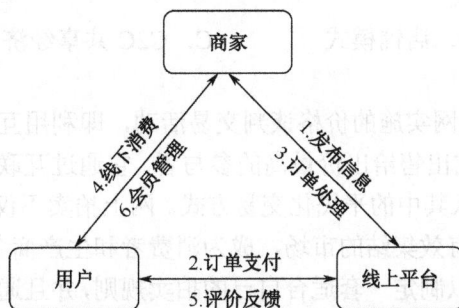

图 1-4　O2O 电子商务闭环交易流程

1. 线上。
2. 线下。

# 五、新型电子商务交易模式

## （一）移动电子商务交易模式

1. 移动电子商务的含义：指通过手机、平板电脑等移动终端进行的电子商务模式，它借助互联网、通信技术、信息处理技术等，使人们可以在任何时间、任何地点进行电子商务活动，完成线上、线下的购物与交易。

2. 移动电子商务的特点。
（1）场景化。
（2）碎片化。

## （二）跨境电子商务交易模式

1. 跨境电子商务的含义：指分属不同关境的交易主体，通过电子商务平台达成交易、进行支付结算，并通过跨境物流送达商品、完成交易的一种国际商业活动。

2. 跨境电子商务的类型。
（1）进口跨境电商。
模式：海淘、海外直邮、保税进口。
平台：淘宝全球购、网易考拉海购、洋码头、小红书、唯品国际等。
（2）出口跨境电商。
模式：国内电子商务企业通过电子商务平台达成出口交易。
平台：阿里巴巴国际站、环球资源网、中国制造网等。

## 经典例题解析

1. 天猫商城属于下列哪种类型的代表企业？（ ）
    A. 第三方平台式　　　B. 厂商自建平台　　　C. 第三方自营式　　　D. 第三方联合式
【答案】A
【解析】第三方平台式是依托巨大的客户流量，促成商家与消费者达成交易。信息交付收费是它主要的盈利来源，代表企业是天猫商城。

2. 京东商城属于下列哪种类型的代表企业？（ ）
    A. 第三方平台式　　　B. 厂商自建平台　　　C. 第三方自营式　　　D. 第三方联合式
【答案】C
【解析】京东建有自己的网络平台（京东商城），对其经营的商品进行统一采购、商品展示、在线交易，并通过京东物流配送将商品投放到最终消费群体。第三方自营式电商品牌力强、商品质量可控、交易流程管理体系完备。

3. 利用互联网在网站上公开发布将要出售的物品或者服务信息，通过竞争的方式将它出售给出价最高的参与者，这种交易活动属于（ ）。
    A. 网上拍卖　　　B. 店铺模式　　　C. C2C 共享经济　　　D. 二手闲置交易
【答案】A
【解析】网上拍卖是指通过互联网实施的价格谈判交易活动，即利用互联网在网站公开发布将要出售的物品或服务信息，通过竞争的方式将它出售给出价最高的参与者。它通过互联网将过去少数人才能参与的物品交换形式，变成每一位网民都可以加入其中的平民化交易方式。网上拍卖不仅是网络消费者定价原则的体现，更重要的是拍卖网站营造了一个供需有效集结的市场，成为消费者和生产商各取所需的场所。相对于传统拍卖，网上拍卖的特点在于每个商家都可以制定一套适合自己的拍卖规则，并且通过网上拍卖还可以使定价达到更准确的水平，同时参与者的范围也会大大增加。

4. 阿里巴巴 1688 网面向普通会员是免费的，成为诚信通会员需要缴纳 6 688 元的年费，升级成为实力商家则要缴纳 36 800 元的年费，这属于下列哪种电子商务盈利模式？（　　　）

　　A．竞价排名　　　　　B．网络广告费　　　　　C．会员费　　　　　D．交易佣金

【答案】C

【解析】企业注册 B2B 电子商务网站成为会员之后，才能通过 B2B 电子商务平台参与交易活动。有的 B2B 电子商务网站需要会员企业每年交纳一定的会员费，才能享受网站提供的各种服务。

5. 下列不属于 O2O 电子商务的是（　　　）。

　　A．晓芳利用某打车软件打出租车并完成线上支付

　　B．小红在美团上点了外卖

　　C．王刚在菜市场买菜并用支付宝完成支付

　　D．琪琪在网上买了一双运动鞋

【答案】D

【解析】消费者在网上买了一双运动鞋属于 B2C 电子商务，不属于 O2O 电子商务。

## 同步练习

1. B2C 电子商务一般以_____为主，主要借助_____开展在线销售活动。

2. 开展_____电子商务障碍最少，潜能巨大。就目前发展看，_____电子商务将持续发展，是推动其他类型电子商务活动的主要动力之一。

3. _____电商品牌力强、商品质量可控、交易流程管理体系完备。

4. 在第三方平台式中，_____是它主要的盈利来源。

5. 买家确认价格后进入支付结算环节，支付方式主要有_____、_____、_____等方式，不同 B2C 电子商务平台所提供的支付方式不相同。

6. _____电子商务最能够体现互联网的精神和优势。_____电子商务既能吸引消费者，又能给消费者带来真正的实惠。

7. C2C 电子商务构成要素包括_____和_____。

8. 电子商务平台的主要盈利来源包括_____、_____、_____及_____等。

9. _____是指通过互联网实施的价格谈判交易活动。

10. _____是指个人借助电子商务平台开设店铺，在互联网上将商品出售给客户。

11. _____中的卖方是企业或商家，而_____中的卖方是个人。

12. 根据面向目标客户的不同，B2B 电子商务可以划分为_____和_____。

13. 垂直 B2B 电子商务可以分为_____和_____两个方向。有_____、_____等系统支持。

14. 采用综合 B2B 电子商务模式的电子商务平台涉及行业广泛、企业众多，呈现出了_____的特点。

15. _____是一种按效果付费的网络推广方式。

16. _____是 B2B 电子商务网站收入的来源之一，具有_____、_____等特点。

17. B2B 电子商务网站会为企业提供需要的增值服务，包括_____、_____、_____等。

18. _____是专门针对从事国际贸易的 B2B 电子商务企业开发出来的一种盈利模式。

19. _____是指线上、线下整合的电子商务模式。传统餐饮业和_____的结合产生了巨大的市场。

20. O2O 电子商务以_____为平台，以_____为依托，以_____为核心，_____和_____之间实现对接和循环才能形成闭环交易流程。

21. 移动电子商务呈现出_____和_____的特点。

22. _____是移动电子商务营销的方向之一。

23．跨境电子商务可以分为_____和_____。

24．进口跨境电商的模式有_____、_____和_____。

25．出口跨境电商平台主要有_____、_____、_____ ____等。

## 单元练习题

### 一、选择题

1．在 B2C 电子商务模式中，为商家提供电商接入交易平台，并提供交易支持的是（　　）。

    A．第三方自营式　　　　B．第三方平台式　　　C．厂商自建平台　　　D．第三方融合式

2．涉及行业广泛、企业众多，呈现出"行业多、服务全"特点的是（　　）。

    A．第三方 B2B 模式　　　B．垂直 B2B 模式　　　C．综合 B2B 模式　　　D．上游 B2B 模式

3．出口跨境电商是指国内电子商务企业通过电子商务平台达成出口交易的模式，下列选项中，属于出口跨境电商平台的是（　　）。

    A．洋码头　　　　　　　B．小红书　　　　　　C．唯品国际　　　　　D．中国制造网

4．下列属于出口跨境电子商务平台的是（　　）。

    A．小红书　　　　　　　B．网易考拉海购　　　C．洋码头　　　　　　D．中国制造网

5．1999 年，邵亦波创立的（　　）开创了中国 C2C 电子商务交易的先河。

    A．淘宝网　　　　　　　　　　　　　　　　B．阿里巴巴 1688 网

    C．京东商城　　　　　　　　　　　　　　　D．易趣网

6．撮合个人买家和个人卖家直接对接，通过双方协商价格达成交易，主要以社交关系链的构建实现闲置物品流通，这是指（　　）。

    A．网上店铺　　　　　　B．网上拍卖　　　　　C．二手闲置交易　　　D．C2C 共享经济

7．下列交易活动中，属于 B2B 交易模式的是（　　）。

    A．刘刚在当当网上购买图书

    B．汇鑫商城利用在线平台向金丰公司订购服装并通过网络付款

    C．龙腾电器公司以电子化方式回应政府在互联网发布的招标公告

    D．王建在美团网站上订购午餐外卖

8．信息交付收费是下列哪种类型的主要盈利来源？（　　）

    A．第三方平台式　　　　B．厂商自建平台　　　C．第三方自营式　　　D．第三方联合式

9．下列关于垂直 B2B 电子商务的表述，错误的是（　　）。

    A．慧聪网是我国垂直 B2B 电子商务代表网站

    B．垂直 B2B 电子商务由于只涉及某一行业，因此信息更可靠

    C．垂直 B2B 电子商务具备更加广阔的推广渠道

    D．垂直 B2B 电子商务有企业资源计划、客户关系管理等系统支持

10．阿里巴巴 1688 网面向普通会员是免费的，成为诚信通会员需要缴纳 6 688 元的年费，升级成为实力商家则要缴纳 36 800 元的年费，这属于下列哪种电子商务盈利模式？（　　）

    A．竞价排名　　　　　　B．网络广告费　　　　C．会员费　　　　　　D．交易佣金

11．可以细分业务，加强资源共享、信息融合，开发新的盈利模式，为客户提供最佳体验，实现最大价值的是（　　）。

    A．B2B　　　　　　　　B．B2C　　　　　　　C．C2C　　　　　　　D．O2O

12．国内电子商务企业通过电子商务平台达成出口贸易的模式是（　　）。

    A．跨境进口电商　　　　B．进口跨境电商　　　C．跨境出口电商　　　D．出口跨境电商

### 二、简答题

1．简述 B2C 电子商务交易中卖家交易的流程。

2．最能够体现互联网的精神和优势的是什么电子商务？它具备哪些特点？

3．简述网上拍卖的流程。

4．现阶段我国 B2B 电子商务的盈利模式有哪些？

## 三、综合分析题

北京小米科技有限责任公司成立于 2010 年 3 月 3 日，是一家专注于智能手机、互联网电视以及智能家居生态链建设的创新型科技企业。2018 年，全球智能手机出货量同比下滑 4.1%，但小米手机全球出货量达到了 1.19 亿部，同比增长 30%。小米手机的销量之所以能够快速增长，与其独特的网络营销策略密不可分。

在小米手机发布前，网络上就充满了消费者的大量猜测，这些猜测迅速将小米手机推向了网络热门话题的顶峰。小米高调召开"向乔布斯致敬"的新闻发布会吸引了众多媒体与手机发烧友的关注。同时，网络上随处可见小米手机的相关信息，各大 IT 商品网站上更是频繁报道小米手机的新闻。

小米公司建立 MIUI 手机论坛，并相继设立了多个核心技术板块，如资源下载、新手入门、小米学院等。随后，又增加了生活方式板块，如酷玩帮、随手拍、爆米花等。在小米手机发布前，小米公司通过手机话题的小应用和微博用户互动，挖掘出"小米手机包装盒踩不坏"的卖点。手机发布后，又推出了转发微博送小米手机、分享图文并茂的小米手机评测等互动活动，进一步提升了小米手机的知名度。

根据以上资料回答下列问题：

1．B2C 电子商务模式有哪些类型？小米公司属于哪种类型的 B2C 电子商务模式？

2．小米公司的 B2C 电子商务模式有什么特点？

3．请说出 B2C 电子商务交易模式下买家交易流程。

# 第三章

# 网络营销

## 知识结构图

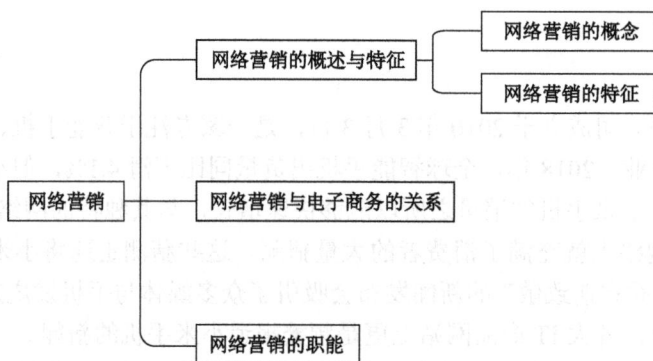

## 考试说明

1. 理解网络营销的概念和特征。
2. 理解网络营销和电子商务的关系。
3. 网络营销的职能。

## 知识精讲

# 一、网络营销的概念与特征

## （一）网络营销的概念

网络营销是基于互联网及社会关系网连接企业、客户及公众，向客户及公众传递有价值的信息或服务，为实现客户价值及企业营销目标所进行的规划、实施及运营管理的一系列活动。

广义角度理解：企业利用一切网络进行的营销活动都可以被称为网络营销。

狭义角度理解：以互联网为主要营销媒介，为达到一定营销目标而开展的营销活动称为网络营销。

## （二）网络营销的特征

1. 跨时空。
2. 多媒体。
3. 互动性。
4. 人性化。
5. 全程性。

6．高效性。

## 二、网络营销与电子商务的关系

1．两者的区别。
（1）研究范围不同。
（2）应用阶段和层次不同。
2．两者的联系。
（1）网络营销构成电子商务。
（2）网络营销推进电子商务。

## 三、网络营销的职能

1．建立网络品牌。

网络营销的重要任务之一就是在互联网上建立并推广企业的品牌，以及实现线下品牌在线上的延伸。一般来说，互联网有利于快速树立并提升企业品牌形象。

2．网站建设与推广优化。

这是网络营销的基本职能之一，企业网站建设与网络营销效果有着直接关系，会直接影响网站访问量和网络营销效果。企业网站建设应以网络营销策略为导向，从网站总体规划、内容、服务和功能设计等方面为有效开展网络营销提供支持。

网站推广优化是充分满足用户需求必不可少的工作。企业应对网站进行程序、内容、版块、布局等方面的优化调整，使搜索引擎能更好地收录网站，提高用户体验和转化率。

3．信息发布。

信息发布也是网络营销的基本职能之一，企业通过网络把信息传递给目标人群。向目标人群传递尽可能多的有价值的信息，是网络营销取得良好效果的基础。

4．网上销售。

企业建立网站及开展网络营销活动的目的就是促进销售。一个功能完善的网站本身就可以完成顾客服务、网上支付和物流查询等电子商务功能。企业网站本身就是一个销售渠道，不同规模的企业都可以拥有满足自己需要的在线销售渠道。

5．顾客服务。

互联网提供了更加方便的在线顾客服务手段，从形式最简单的 FAQ，到邮件列表，再到各种即时信息服务。顾客服务的质量对于网络营销效果具有重要影响。在线顾客服务具有成本低、效率高的优点，在提高顾客服务水平方面具有重要作用，同时也直接影响网络营销的效果，是网络营销的基本组成内容。

6．网上调研。

网上调研是网络营销的主要职能之一。企业可以通过在线调查或者电子邮件等方式，完成网上调研。网上调研具有高效率、低成本的特点。主要实现方式如下：（1）通过企业网站开展的在线调查问卷；（2）通过电子邮件发送的调查问卷；（3）与其他大型网站或专业市场研究机构合作开展专项调查等。

7．制定网络营销策略。

网络营销策略是为了有效实现网络营销任务、发挥网络营销应有的职能，从而为最终销售量增加和拥有持久竞争优势的目标所制订的方针、计划，以及实现这些计划所需要采取的方法。

8．网站流量统计分析。

网站流量统计分析有助于企业了解和评价网络营销效果，有利于及时发现问题、解决问题。网站流量统计可以通过网站本身安装的统计软件来实现，也可以由企业委托第三方专业流量统计机构来完成。

### 经典例题解析

1．今日头条利用互联网进行手机使用满意度的调查，收集了近 10 万名用户的调查问卷，结果是小米手机排名第一，这体现的网络营销特征是（　　　）。

    A．互动性　　　　　　B．高效性　　　　　　C．多媒体　　　　　　D．全程性

【答案】A

【解析】企业可以通过互联网向客户展示商品目录，并提供相关商品信息的查询服务，可以与客户进行双向互动式沟通，可以收集市场情报，包括进行商品测试和消费者满意度调查等。

2．唯品会是一家专门做特卖的网站，可以每天 24 小时随时随地向全球互联网用户提供营销服务，这体现的网络营销特征是（　　　）。

    A．高效性　　　　　　B．人性化　　　　　　C．跨时空　　　　　　D．多媒体

【答案】C

【解析】通过互联网能够跨越时空的限制进行信息交换，企业可以每天 24 小时随时随地向全球的互联网用户提供营销服务。

3．网络营销的核心目标是（　　　）。

    A．信息的交流与沟通　　　　　　　　　　B．网络销售

    C．帮助客户了解市场发展趋势　　　　　　D．营造良好的网上营销环境

【答案】D

【解析】电子商务的本质是信息的交流与沟通，而网络营销的核心目标在于营造良好的网上营销环境，使企业和其目标客户之间的信息交流渠道能够顺畅起来。

4．（　　　）是推进企业电子商务进程的最重要的、最直接的力量。

    A．网络营销　　　　　B．产品　　　　　　C．价格　　　　　　D．促销

【答案】A

【解析】对于部分中小企业而言，实现电子商务需要跨越技术和经济的门槛，因为涉及法律、安全、技术、认证、支付和配送等诸多问题；而对企业开展网络营销而言，则几乎不存在什么门槛，企业即使还没有在互联网上建立站点或店铺，照样可以在互联网上宣传和推广企业的商品或服务，比如通过电子邮件、网络广告、网络信息发布等手段来开展网络营销活动。因此从这个意义上说，网络营销比电子商务更容易开展。同时，网络营销也是推进企业电子商务进程的最重要、最直接的力量。

## 同步练习

1．为实现客户价值及企业营销目标所进行的规划、实施及运营管理的一系列活动是_____。

2．狭义来说，以_____为主要营销媒介，为达到一定营销目标而开展的营销活动称为_____。

3．网络营销的推广手段不仅依靠_____，也可以依靠_____、_____、_____等。

4．_____是互联网发展的产物，互联网将_____、_____、_____以及_____跨时空连接在一起。

5．在互联网上进行的促销活动具有_____、_____和_____等特点，这种低成本和_____的促销方式，可以避免传统促销活动所表现出的_____。

6．电子商务的核心是_____交易，强调交易_____和交易_____，分为_____、_____、_____；网络营销注重以_____为主要手段的营销活动，主要研究的是_____的各种宣传推广。

7．电子商务的本质是_____，而网络营销的核心目标在于_____ _____，使企业和其目标客户之间的_____能顺畅起来。

8．_____是推进企业电子商务进程的最重要、最直接的力量。

## 单元练习题

### 一、选择题

1．狭义的网络营销是以（　　　）为主要营销媒介，为达到一定营销目标而开展的营销活动。

A．社会网络      B．互联网      C．企业内部网      D．无线网络

2．华为手机的官方网站可以 24 小时向客户提供商品、服务、促销活动等信息，这体现了网络营销的哪一特征？（   ）

A．跨时空      B．多媒体      C．互动性      D．人性化

3．天猫商城韩束官方旗舰店利用商品详情页中的图片、文字和视频信息来传递商品信息，这体现了网络营销的哪一特征？（   ）

A．跨时空      B．多媒体      C．互动性      D．人性化

4．某企业利用互联网进行手机使用满意度的调查，收集了近 20 万名用户的调查问卷，这体现了网络营销的哪一特征？（   ）

A．跨时空      B．多媒体      C．互动性      D．人性化

5．在互联网上进行的促销活动具有一对一、消费者主导和非强迫式等特点，这体现了网络营销的哪一特征？（   ）

A．跨时空      B．多媒体      C．互动性      D．人性化

6．（    ）注重以互联网为主要手段的营销活动，主要研究的是交易前的各种宣传推广。

A．网络营销      B．电子商务      C．互联营销      D．新媒体营销

7．电子商务的本质是（    ）。

A．电子化交易                 B．信息的交流与沟通

C．营造良好的网上营销环境      D．交易前的各种宣传推广

8．电子商务的核心是（    ）。

A．电子化交易                 B．信息的交流与沟通

C．营造良好的网上营销环境      D．交易前的各种宣传推广

9．推进企业电子商务进程的最重要、最直接的力量是（    ）。

A．网络      B．营销      C．新媒体      D．网络营销

10．下列选项中不属于网络营销特征的是（    ）。

A．跨时空      B．人性化      C．全程性      D．集成性

## 二、简答题

1．简述网络营销具有的基本特征。

2．简述网络营销与电子商务的关系。

3．简述网络营销的职能。

## 三、综合分析题

一款名为"脸萌"的应用在短时间内迅速走红，风靡全国，其独特的卡通头像在无数人的社交圈中随处可见。这款由 90 后团队精心打造的漫画拼脸应用，借助微信平台的广泛影响力，用户数量迅速攀升至 2000 万。

脸萌的核心功能是允许用户通过五官的巧妙拼接，迅速生成个性化的漫画形象，并能轻松分享至微信、微博等社交平台。自去年 12 月底发布以来，虽然脸萌在初期并未引起广泛关注，但最近在微信平台上却呈现

出爆发式增长，其发展轨迹与先前的魔漫相机、疯狂猜图等应用颇为相似。

然而，与魔漫相机、疯狂猜图等应用相比，脸萌的生命周期可能更为短暂。许多用户在使用一次后便不再回头，因为创建动漫头像的过程通常只需几分钟到几十分钟，产品的全部功能在短时间内得以充分展现，这导致用户二次使用的意愿大幅降低。即便是为朋友拼图，一旦完成后，也缺乏持续使用的动力。

根据以上资料回答问题：

网络营销与电子商务既有区别又有联系，请说出两者的区别与联系。

# 第四章

# 网络支付

## 知识结构图

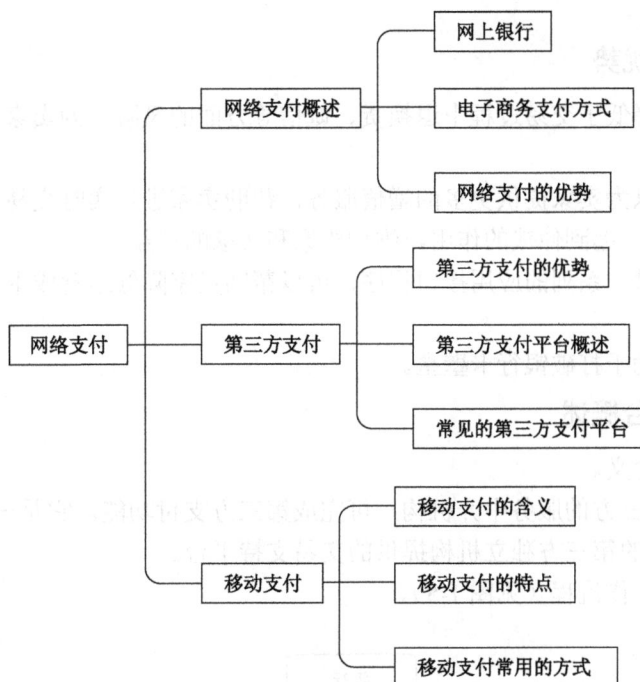

## 考试说明

1. 理解电子商务的支付方式。
2. 了解网络支付的优势。
3. 掌握第三方支付。
4. 理解移动支付的含义和特点。

## 知识精讲

### 一、网络支付概述

#### （一）网上银行（又称网络银行、在线银行）

银行通过互联网向客户提供开户、销户、查询、对账、行内转账、跨行转账、信贷、网上证券、投资理财等传统服务项目，使客户足不出户就能够安全、便捷地管理活期和定期存款、支票、信用卡及进行个人投资等。

### （二）电子商务支付方式

1. 线下支付。

2. 在线支付。

（1）网银、手机银行支付。

（2）第三方支付。

### （三）网络支付的优势

1. 方便。

2. 快速。

3. 经济。

4. 安全。

## 二、第三方支付

### （一）第三方支付的优势

1. 第三方支付有效地降低了交易过程中退换货、诚信等方面的风险，为卖家开展电子商务服务提供了完整的支持。

2. 第三方支付系统可以为卖家提供更多的增值服务，帮助卖家进行实时交易查询和交易系统分析，提供方便及时的退款和止付服务，起到仲裁的作用，维护买家和卖家的权益。

3. 第三方支付系统提供一系列的应用接口程序，可以帮助卖家降低运营成本，同时帮助银行节省网关开发费用。

4. 第三方支付系统有助于打破银行卡壁垒。

### （二）第三方支付平台概述

1. 第三方支付平台的含义。

第三方支付平台属于第三方的服务中介机构，可完成第三方支付功能。它是一些和国内外各大银行签约，并具备一定实力和信誉保障的第三方独立机构提供的交易支持平台。

2. 第三方支付平台的工作流程（见图1-5）。

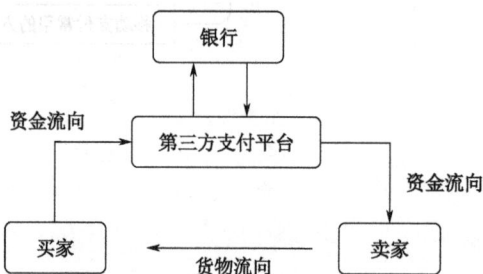

图 1-5　第三方支付平台的工作流程

### （三）常见的第三方支付平台

1. 财付通。

2. 支付宝。

（1）支付宝的交易流程。

①买家下单，付款到支付宝。

②通知卖家发货。

③卖家发货。

④买家收货，通知支付宝付款。

⑤支付宝付款给卖家。

（2）支付宝的安全体系。

（3）支付宝的注册。

①个人账户注册步骤。

②企业账户注册步骤。

（4）支付宝的使用。

①注册。

②充值。

③在支付宝合作的网站上挑选商品。

④付款。

⑤客户收货。

## 三、移动支付

### （一）移动支付的含义

移动支付是用户使用移动终端对所消费的商品或服务完成支付或确认支付，而不使用现金、支票或银行卡支付的一种服务方式。

### （二）移动支付的特点

1．移动性。

2．及时性。

3．定制化。

4．集成性。

**经典例题解析**

1．网络支付 24 小时在线，客户可以随时随地通过互联网实施支付，不需要找零，也不需要签单，这体现了网络支付的（　　）优点。

　　A．方便　　　　　　B．快速　　　　　　C．经济　　　　　　D．安全

【答案】A

【解析】网络支付 24 小时在线，客户可以随时随地通过互联网实施支付，不需要找零，也不用签单。而传统支付方式受时空限制，在支付时常常因为找零钱、银行卡携带不便等产生种种麻烦，从而带来支付不便。

2．在支付宝交易流程中，首先是买家选购满意的产品，然后付款到支付宝，接下来支付宝应该做的是（　　）。

　　A．付款给卖家　　　　　　　　　　B．发货给买家

　　C．检验交易的商品　　　　　　　　D．通知卖家发货

【答案】D

【解析】支付宝交易流程如下：（1）选购满意的产品；（2）付款到支付宝；（3）通知卖家发货；（4）发货给买家；（5）收货验收后，通知支付宝付款；（6）支付宝付款给卖家。

3．如果使用网银支付，支付者必须要有（　　）。

　　A．个人网上银行账户　　　　　　　B．第三方平台支持

　　C．支付宝账号　　　　　　　　　　D．手机号

【答案】A

【解析】网银、手机银行支付是直接通过登录网上银行、手机银行进行支付的方式。这种方式要求支付者开通个人网上银行、手机银行，可实现银联在线支付、信用卡网上支付等。

4．小杰在网上商城购买了五斤芒果，并立即通过手机微信支付成功，这种支付方式属于（　　）。

　　A．货到付款　　　　B．汇款　　　　C．电子支票　　　　D．移动支付

**【答案】**D

**【解析】**主要的支付方式包括：汇款、货到付款、网上支付。网上支付的方式主要包括：银行卡在线转账支付、电子现金、电子支票、第三方支付平台结算支付、移动支付等。手机微信支付属于移动支付，故选 D。

5. 运营商将移动通信卡、公交卡、银行卡等各类信息整合到以手机为平台的载体中进行集成管理，这体现了移动支付的（　　）的特点。

    A．移动性         B．及时性         C．定制化         D．集成性

**【答案】**D

**【解析】**以手机为载体，通过与终端读写器近距离识别进行信息交互，运营商可以将移动通信卡、公交卡、银行卡等各类信息整合到以手机为平台的载体中进行集成管理，并搭建与之配套的网络体系，从而为用户提供十分方便的支付和身份认证渠道。

## 📖 同步练习

1. 线下支付是指电子商务中常用的_____方式，也就是我们常说的_____。

2. _____是一种充满中国特色的电子商务支付和物流方式，既解决了中国网上零售行业的_____和_____两大难题，又培养了客户对_____的信任。

3. 货到付款分为_____、_____两种方式。

4. 在线支付以_____为基础，利用银行支持的_____工具，实现从购买者到金融机构、商家之间的_____、_____、_____等过程。

5. 常用的在线支付方式有_____和_____。

6. 最常用的第三方支付平台有_____、_____、_____、_____、_____等。

7. 网络支付在电子商务方面强大的优势具体概括为_____、_____、_____、_____。

8. _____是腾讯集团旗下的第三方支付平台；_____是阿里巴巴旗下的支付工具，它提出了以_____为中心、以_____为基础、以_____为创新带动信用体系完善的理念。

9. 支付宝运作的实质是_____。

10. 支付宝拥有先进的_____和_____系统，有效地降低了交易风险。

11. _____是由浙江支付宝网络科技有限公司提供的一项身份识别服务，包括_____和_____。

12. _____是用户使用移动终端对所消费的商品或服务完成支付或_____，而不使用_____、_____或_____支付的一种服务方式。

13. 移动支付业务是由_____、_____和_____共同推出的、构建在_____支撑系统上的一个移动数据增值业务应用。

14. 移动支付的特点有_____、_____、_____、_____。

## 💻 单元练习题

### 一、选择题

1. "一手交钱一手交货"体现的付款方式是（　　）。

    A．花呗支付         B．在线支付         C．POS机支付         D．线下支付

2. （　　）是一种基于账户体系搭建起来的新一代无线支付方案。在该支付方案下，商家可把账号、商品价格等交易信息汇编成一个二维码，并印刷在各种载体上进行发布。

    A．扫码支付         B．电汇支付         C．短信支付         D．刷脸支付

3．下列选项中，属于阿里巴巴旗下的第三方支付平台是（　　）。

    A．微信            B．支付宝            C．财付通            D．网银在线

4．网络支付可实现订单信息实时查询，包括订单是否成功支付等信息。由此可见，网络支付具有（　　）的优势。

    A．方便            B．快速            C．经济            D．安全

5．指纹支付即指纹消费，是采用目前已成熟的指纹系统进行消费认证，即客户使用指纹注册成为指纹消费折扣联盟平台会员，通过（　　）即可完成消费支付。

    A．脸部识别            B．指纹识别            C．刷卡识别            D．在线询问

6．下列不属于第三方支付方式的是（　　）。

    A．支付宝            B．财付通            C．手机银行            D．百度钱包

7．下列对支付宝的描述，错误的是（　　）。

    A．支付宝仅支持线上消费服务

    B．支付宝提出的以个人为中心、以信任为基础、以技术的创新带动信用体系完善的理念深得人心，为电子商务各个领域的用户创造了丰富的价值

    C．支付宝客户热线 7×24 小时不间断

    D．支付宝实质是以支付宝为信用中介，在买家确认收到商品前，由支付宝替买卖双方暂时保管货款的一种增值服务

8．第三方支付方式不包括下列选项中的（　　）。

    A．易宝支付            B．快钱            C．手机银行            D．环迅支持

9．小芳在第一次使用支付宝购物支付时，首先需要（　　）。

    A．注册            B．充值            C．付款            D．挑选商品

10．第三方支付平台属于第三方的服务中介机构，可完成第三方支付功能。买卖双方均需在第三方支付平台上拥有唯一识别标识，即（　　）。

    A．密码            B．身份证号            C．账号            D．手机号

11．（　　）是阿里巴巴旗下的支付工具，属于第三方支付平台。

    A．支付宝            B．交易宝            C．PayPal            D．财付通

12．企业注册支付宝账户的第三步是（　　）。

    A．验证手机号

    B．选择单位类型

    C．输入登录密码和支付密码，设置安全保护问题及答案

    D．上传营业执照和法人代表证件等并填写资料

13．移动支付是用户使用（　　）对所消费的商品或服务进行完成支付或确认支付，而不使用现金、支票或银行卡支付的一种服务方式。

    A．支票            B．移动终端            C．台式计算机            D．微信

14．移动支付系统为每个移动用户建立一个与其手机号码关联的支付账户，其功能相当于（　　），为移动用户提供了一个通过手机进行交易支付和身份认证的途径。

    A．钱包            B．银行            C．POS 机            D．电子钱包

15．不受时间、地点的限制，信息获取更为及时，用户可随时对账户进行查询、转账或进行购物消费。这体现了移动支付具有（　　）特点。

    A．移动性            B．及时性            C．定制化            D．集成性

## 二、简答题

1．简述网络支付的优势。

2．简述企业注册支付宝账户的步骤。

3．简述移动支付的特点。

### 三、综合分析题

支付宝作为杭州亚运会的"官方支付合作伙伴"，自然肩负着迎接八方来客、提供卓越支付体验的重任。作为"杭州亚运会官方小程序暨智能亚运一站通"的技术支持方，支付宝实现了"一个支付宝，畅刷亚运"的愿景，为来华参加亚运会的国际友人提供了便捷的移动支付服务，让他们也能充分享受亚运盛宴。

支付宝最初是淘宝网为解决网络交易安全问题而开发的一项服务。它采用了创新的"第三方担保交易模式"，买家将货款打入支付宝账户，支付宝通知卖家发货，买家收到商品并确认无误后，支付宝再将货款转给卖家，从而完成整个交易过程。支付宝能够验证交易双方的身份，确保交易数据的准确性，保护客户银行账户的安全，提升交易支付的转化率，从而避免不必要的操作失误。

支付宝致力于提供简单、安全、便捷的购买和支付流程，最大限度地减少客户流失，提高交易支付的转化率。同时，支付宝凭借稳健的运营、先进的技术和敏锐的市场洞察力，赢得了银行、国际机构和众多合作伙伴的广泛认可。目前，支付宝与国内各大银行（工商银行、农业银行、建设银行、招商银行、上海浦发银行等）、中国邮政、VISA 国际组织等机构建立了稳固的战略合作关系，确立了其在电子支付领域作为最值得信赖的合作伙伴的地位。

根据以上案例回答下列问题：

1．支付宝属于电子商务在线支付的哪种支付类型，此支付类型有什么优势？

2．通过支付宝进行支付时不受时间、地点的限制，信息获取更为及时，用户可以随时对账户进行查询、转账或进行消费，这体现了该支付类型的什么特点？

3．支付宝作为国内常见的第三方支付平台，个人消费者应如何进行注册与使用？

# 第五章

# 电子商务物流

## 知识结构图

## 考试说明

1. 理解电子商务物流的特点。
2. 理解电子商务物流与传统物流的区别。
3. 理解电子商务物流发展趋势。
4. 了解供应链管理的概念和特征。

## 知识精讲

### 物流与电子商务物流

#### （一）物流概述

物品从供应地向接收地的实体流动过程被称为物流。

#### （二）电子商务物流概述

1. 电子商务物流的概念。

电子商务物流是主要服务于电子商务的各类物流活动的总和。从宏观角度理解，电子商务物流是电子商务和物流两个行业的结合，是为电子商务行业配套的，主要为电子商务客户提供服务的物流；从微观角度理解，电子商务物流是信息管理技术和物流作业环节的结合，是运用现代信息技术整合物流环节，实现高度信息化的物流。

2．电子商务物流的特点。

（1）信息化。

（2）自动化。

（3）网络化。

（4）智能化。

（5）柔性化。

3．电子商务物流与传统物流的区别。

（1）承运对象不同。

（2）客户类型不同。

（3）物流运作模式不同。

（4）库存、订单流不同。

（5）物流管理的要求不同。

4．电子商务物流现状。

（1）发展规模迅速扩大。

（2）企业主体多元发展。

（3）服务能力不断提升。

（4）信息技术广泛应用。

5．电子商务物流发展趋势。

（1）保持良好发展态势，总体规模与服务能力持续提升。

（2）大数据技术驱动电子商务物流升级，全面向智慧物流迈进。

（3）企业注重协同发展，向供应链服务转型。

## 经典例题解析

1．电子商务时代，物流（　　　）是电子商务的必然要求。

　　A．信息化　　　　　　B．自动化　　　　　　C．网络化　　　　　　D．智能化

【答案】A

【解析】电子商务时代，物流信息化是电子商务的必然要求。信息化是一切的基础，没有物流的信息化，任何先进的技术设备都不可能应用于物流领域。物流信息化表现为物流信息的商品化、物流信息收集的数据库化和代码化、物流信息处理的电子化和计算机化、物流信息传递的标准化和实时化、物流信息存储的数字化等。

2．客户在接收货物时，只需扫描货物单据条形码即可完成签收操作，这体现了电子商务物流的（　　　）。

　　A．柔性化　　　　　　B．智能化　　　　　　C．自动化　　　　　　D．信息化

【答案】D

【解析】条码技术、数据库技术、电子订货系统、电子数据交换、快速反应及有效的客户反应（ECR）、企业资源计划等技术与观念在我国的物流中得到普遍的应用。

## 同步练习

1．电子商务时代，＿＿＿＿＿＿＿＿＿＿＿＿是电子商务的必然要求。

2．物流信息化表现为＿＿＿＿＿＿＿＿＿＿、＿＿＿＿＿＿＿＿＿＿、＿＿＿＿＿＿＿＿＿＿、
＿＿＿＿＿＿＿＿＿＿、＿＿＿＿＿＿＿＿＿＿等。

3．自动化的基础是＿＿＿＿＿＿＿＿＿＿，自动化的核心是＿＿＿＿＿＿＿＿＿＿。自动化的外在表现是
＿＿＿＿＿＿＿＿＿＿，自动化的效果是＿＿＿＿＿＿＿＿＿＿。

4．物流领域_____的基础也是信息化，这里的网络化有两层含义：一是_____
_____；二是_____，即_____。

5．_____是物流信息化的必然，是电子商务下物流活动的主要特征之一。

6．_____是物流自动化、信息化的一种高层次应用。

7．_____已成为电子商务下物流发展的一个新趋势。

8．_____本来是为实现_____理念而在生产领域提出的。

9．_____正是适应生产、流通与消费的需求而发展起来的一种新型物流模式。这就要求物流配送中心要根据消费者需求_____的特色，灵活组织和实施物流作业。

10．传统物流是一种典型性的_____，物流和商流都是_____的。电子商务物流的_____、_____、_____都是围绕市场来运作的。

11．在传统物流格局下，库存与订单都是_____的。在电子商务物流下，库存与订单是_____的，并且客户还能实时监控，甚至修改库存与订单。

12．电子商务物流是为了满足_____的物流需求，其策略定位为_____。

13．_____是"互联网+"时代电子商务物流的重要战略目标。

## 单元练习题

### 一、选择题

1．电子商务物流的（　　）是物流自动化、信息化的一种高层次应用。
　　A．信息化　　　　　　　B．自动化　　　　　　C．网络化　　　　　　D．智能化

2．物流配送中心根据消费需求"多品种、小批量、多批次、短周期"的特色，灵活组织和实施物流作业。这体现了电子商务物流的（　　）。
　　A．信息化　　　　　　　B．自动化　　　　　　C．柔性化　　　　　　D．智能化

3．某物流公司应用先进的信息化系统，引进自动导向车、自动分拣机等设备。这体现了电子商务物流服务的（　　）。
　　A．智能化　　　　　　　B．柔性化　　　　　　C．社会化　　　　　　D．个性化

4．电子商务物流的特点不包括（　　）。
　　A．信息化　　　　　　　B．机械化　　　　　　C．柔性化　　　　　　D．自动化

5．电子商务物流自动化的基础是（　　）。
　　A．信息化　　　　　　　B．机电一体化　　　　C．无人化　　　　　　D．省力化

6．电子商务物流自动化的外在表现是（　　）。
　　A．信息化　　　　　　　B．机电一体化　　　　C．无人化　　　　　　D．省力化

7．电子商务物流自动化的基础是（　　）。
　　A．信息化　　　　　　　B．机电一体化　　　　C．无人化　　　　　　D．省力化

8．（　　）是物流自动化、信息化的一种高层次应用。
　　A．信息化　　　　　　　B．智能化　　　　　　C．无人化　　　　　　D．省力化

### 二、简答题

1．电子商务时代的来临，给全球物流行业带来了新的发展，简述电子商务物流的特点。

2．简述电子商务物流与传统物流的区别。

# 第六章

# 电子商务相关技术

（1）理解互联网技术。

（2）了解电子商务平台建设与运营技术。

（3）了解大数据及云计算技术

## 一、互联网技术

### （一）互联网技术概述

1．互联网。

（1）含义：网络与网络之间所连成的庞大网络，这些网络以一组通用的协议相连，形成逻辑上的单一、巨大的国际网络。

（2）组成部分。

①边缘部分。

②核心部分。

2．互联网技术。

（1）含义：在计算机技术基础上开发建立的一种信息技术，涵盖传感技术、通信技术和计算机技术等多个方面。

（2）层次。

①硬件。

②软件。

③应用。

## 二、电子商务平台建设与运营技术

### （一）网站建设技术

1．平台搭建工具。

（1）Dreamweaver。

（2）Visual Studio。

2．数据库技术。

（1）Oracle。

（2）MS SQL Server。

3．网站建设的其他相关技术。

（1）IP 地址和域名。

（2）HTML。

### （二）平台运营软件

1．客服部软件。

2．美工部软件。

3．运营部软件。

## 三、大数据及云计算技术

### （一）大数据及云计算的含义

1．大数据的含义。

大数据是指无法在合理的时间内使用传统 IT 技术和软硬件工具对其进行感知、获取、管理、处理和服务的数据集合。一是采用集群的方法来获取强大的数据分析能力；二是研究面向大数据需要采用的软件和硬件技术。大数据系统是一种面向数据的高性能计算系统。

2．云计算的含义。

云计算是基于互联网的服务增加、使用和交付模式，通常涉及通过互联网来提供动态、易扩展且虚拟化的资源。云计算是传统计算机和网络技术发展融合的产物，它意味着计算能力也可以作为一种商品通过物联网进行流通。云计算技术是硬件技术和网络技术发展到一定阶段而出现的一种新的技术模型。云计算是对实现云计算模式所需要的所有技术的总称。云计算技术包含分布式计算技术、虚拟化技术、网络技术、服务器技术、数据中心技术、云计算平台技术、分布式存储技术等。

### （二）大数据及云计算的特点

1．大数据的特点。

（1）数据体量巨大。

（2）数据类型多样。

（3）处理速度快，这是大数据区别于传统数据挖掘的最显著特征。

（4）价值密度低，这也是大数据的核心特征。

2．云计算的特点。

（1）资源池弹性可扩张，云计算系统的一个重要特征就是资源的集中管理和输出，这就是所谓的资源池。从低效率的分散使用到资源高效的集约化使用正是云计算的基本特征之一。

（2）按需提供资源服务。

（3）虚拟化。

（4）网络化的资源接入。

## （三）大数据与云计算的关系

大数据与云计算的发展趋势。

1．数据的资源化。

2．与云计算的深度结合。

3．科学理论的突破。

### 📖 经典例题解析

1．互联网的（　　）是由大量网络和连接这些网络的路由器组成，向网络边缘中的大量主机提供连通性和数据交换。

    A．电子邮件　　　　　　B．网页　　　　　　C．核心部分　　　　　　D．边缘部分

【答案】C

【解析】从功能上看，互联网由边缘部分和核心部分组成。边缘部分由所有连接在互联网上的主机组成，这部分是用户直接使用的，运行各种用户直接使用的网络应用，如电子邮件、网页、网络游戏、文件传输等。核心部分由大量网络和连接这些网络的路由器组成，向网络边缘中的大量主机提供连通性和数据交换。

2．保障电子商务活动正常开展的前提和基础是（　　）。

    A．网络技术　　　　B．计算机技术　　　　C．通信技术　　　　D．安全技术

【答案】B

【解析】应用于电子商务领域中的互联网技术包括计算机技术、网络技术、通信技术和安全技术等一系列技术，而计算机技术是保障电子商务活动正常开展的前提和基础。

3．（　　）是发布商务信息、实现商务管理和交易的重要方式，是电子商务系统的窗口。

    A．网络　　　　　　　B．网站　　　　　　C．网页　　　　　　D．互联网技术

【答案】B

【解析】电子商务活动的开展往往依托于电子商务平台，即一个为企业或个人提供网上交易洽谈的平台。网站是发布商务信息、实现商务管理和交易的重要方式，是电子商务系统的窗口。电子商务网站的建设不仅仅是初级网上购物功能的实现，而是有效地在互联网上构架安全和易于扩展的业务框架体系，提供网上交易和管理等全过程的服务，具有广告宣传、在线展会、虚拟展会、咨询洽谈、网上订购、网上支付、电子账户、服务传递、意见征询、交易管理等各项功能。建设电子商务网站是一项系统工程，需要经历规划、建设、测试、发布等流程。

4．数据库按存储模型分类，在商业活动中主要应用的是（　　）。

    A．网状数据库　　　B．关系数据库　　　C．树状数据库　　　D．面向对象数据库

【答案】B

【解析】在电子商务交易过程中涉及商家、商品、用户、物流配送等大量的信息，这些信息需要储存在数据库中。数据库是按照数据结构来组织、存储和管理数据的仓库，用户可以对仓库中的数据进行新增、截取、更新、删除等操作。按存储模型分类，数据库主要有：网状数据库、关系数据库、树状数据库、面向对象数据库等。商业活动中主要应用的是关系数据库，如 Oracle、DB2、Sybase、MS SQL Server、Informax、MySQL等。

### 同步练习

1. 从功能上看，互联网由_____和_____组成。

2. 互联网技术是指在_____基础上开发建立的一种信息技术，涵盖_____ _____、_____和_____等多个方面。

3. 互联网技术的第一层是_____，第二层是_____，第三层是_____。

4. _____是人类进入信息社会的标志。_____是基础，互联网需要在_____的支撑下才能正常运作。

5. _____是发布商务信息、实现商务管理和交易的重要方式，是电子商务系统的窗口。

6. Dreamweaver 简称_____，中文名称为_____，是集网页制作和管理网站于一体的所见所得的网页代码编辑器。

7. _____是按照数据结构来组织、存储和管理数据的仓库。它可分为：_____、_____、_____、_____等，商业活动中主要应用_____。

8. _____是互联网的一项核心服务。

9. _____作为网络的信息载体，其设计与制作显得尤其重要。

10. 目前使用较多的运营软件是_____，主要功能有_____、_____、_____。

### 单元练习题

#### 一、选择题

1. 为计算机网络相互连接进行通信而设计的"网络之间互联的协议"是（　　）。
   A．域名　　　　　　　　B．HTML　　　　　　　C．IP　　　　　　　　D．AI

2. 下列属于互联网核心部分的是（　　）
   A．电子邮件　　　　　　B．网页　　　　　　　　C．路由器　　　　　　D．网络游戏

3. （　　）是指在计算机技术基础上开发建立的一种信息技术，涵盖传感技术、通信技术和计算机技术等多个方面。
   A．物联网技术　　　　　B．互联网技术　　　　　C．VR　　　　　　　　D．Wi-Fi 技术

4. 在互联网技术中，（　　）主要指数据存储、处理和传输的主机和网络通信设备。
   A．硬件　　　　　　　　B．软件　　　　　　　　C．应用　　　　　　　D．编码

5. 客户关系管理、企业资源计划等商用管理软件是互联网技术的（　　）。
   A．第一层　　　　　　　B．第二层　　　　　　　C．第三层　　　　　　D．第四层

6. 互联网技术的第三层是（　　）。
   A．硬件　　　　　　　　B．软件　　　　　　　　C．应用　　　　　　　D．编码

7. 用于创建网页，通过标记符号来标记网页中各个部分的标准标记语言是（　　）。
   A．HTML　　　　　　　B．AI　　　　　　　　　C．IP　　　　　　　　D．域名

8. 千牛工作台的功能不包括（　　）。
   A．平面设计　　　　　　　　　　　　　　　　　B．接待中心
   C．消息中心　　　　　　　　　　　　　　　　　D．卖家工作台

9. （　　）是集网页制作和管理网站于一身的所见即所得的网页代码编辑器。
   A．Dreamweaver　　　　　　　　　　　　　　B．Visual Studio
   C．Photoshop　　　　　　　　　　　　　　　　D．Flash

#### 二、简答题

1. 在互联网技术中，研究、开发用于模拟、延伸和扩展人的智能的理论、方法、技术及应用系统的技术

科学指的是什么技术？该技术在电子商务中的应用主要体现在哪些方面？

2．按存储模型分类，数据库有哪些？

### 三、综合分析题

电子商务是商务活动与互联网技术的结合，电子商务通过运用互联网技术，在交易中提升买卖双方交易的效率，降低交易成本，从而提升资源配置效率。电子商务的发展水平与互联网技术的发展是相匹配的。

5G 技术将依托其超高的传输速率、极低的延迟和广泛的网络覆盖，为电子商务带来新一轮的变革。依托 5G 技术的虚拟现实服务产品将越来越多，电子商务竞争的战场不再局限于流量，而开始转向新的商业服务体验。因此，计算机网络技术也会逐渐向着增强电子商务服务体验的方向发展。同时，大数据技术的普及也将对电子商务模式的转变产生影响，依托大数据的数据营销将成为商家竞争的重点。而在技术安全性上，如何提升手机等移动端交易的安全性将成为计算机网络安全技术的主攻方向，新型电子商务交易模式会变得更为安全可靠。

在电商领域，利用大数据可以深入分析消费者浏览商品时的行为特征，如点击量、停留时间、跳转路径等，从而更准确地把握用户购买习惯及购物偏好。另外，利用大数据还可以挖掘商品的潜在用户群体，为商品推广提供参考。

根据以上案例回答下列问题：

1．电子商务是在互联网基础上发展起来的新型产业，互联网也需要凭借电子商务的发展而壮大。从功能上看，互联网核心部分由哪三层构成？

2．计算机技术是保障电子商务活动正常开展的前提和基础，传统互联网技术在电子商务领域中的应用主要体现在哪些方面？

# 第七章

# 电子商务网络安全与法律保障

## 知识结构图

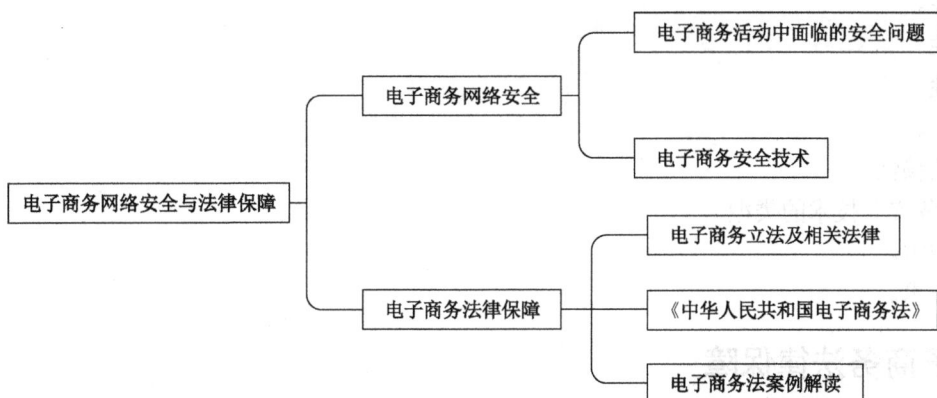

## 考试说明

1. 了解电子商务活动中面临的安全问题。
2. 了解电子商务安全技术。
3. 了解电子商务立法及相关法律。
4. 掌握《中华人民共和国电子商务法》的特点、意义。
5. 掌握《中华人民共和国电子商务法》所呈现的保护权益的特色。

## 知识精讲

### 一、电子商务网络安全

#### （一）电子商务活动中面临的安全问题

1. 买家面临的安全问题。
（1）虚假订单。
（2）付款后不能收到商品。
（3）机密性丧失。
（4）拒绝服务。
2. 卖家面临的安全问题。
（1）系统中心安全性被破坏。
（2）竞争者的威胁。
（3）商业机密的安全。

（4）信用的威胁。

3．计算机网络系统面临的安全问题。

（1）物理实体的安全。

（2）自然灾害的威胁。

（3）黑客的恶意攻击。

（4）软件的漏洞和"后门"。

（5）网络协议的安全漏洞。

（6）计算机病毒的攻击。

## （二）电子商务安全技术

1．电子商务安全技术的特点。

（1）可靠性。

（2）真实性。

（3）机密性。

（4）完整性。

（5）有效性。

（6）不可抵赖性。

2．电子商务安全技术的类型。

（1）加密技术。

（2）认证技术。

# 二、电子商务法律保障

## （一）电子商务立法及相关法律

1．电子商务立法背景。

（1）电子商务的迅速发展催生电子商务立法。

（2）电子商务的突出矛盾和问题紧逼电子商务立法。

（3）保障电子商务各方主体权益迫切需要立法。

2．《中华人民共和国电子商务法》的作用。

（1）为电子商务的健康、快速发展创造一个良好的法律环境。

（2）保障网络交易的安全。

（3）弥补现有法律的缺陷和不足。

（4）鼓励利用现代信息技术促进交易活动。

3．电子商务的相关法律法规（见表1-3）。

表1-3  电子商务的相关法律法规

| 电子商务领域 | 相关法律法规 |
| --- | --- |
| 域名方面 | 《中国互联网络域名注册暂行管理办法》《中国互联网络域名注册申请程序》《互联网 IP 地址备案管理办法》等 |
| 交易方面 | 《中华人民共和国合同法》《电子认证服务管理办法》等 |
| 支付方面 | 《非金融机构支付服务管理办法》《非金融机构支付服务管理办法实施细则》等 |
| 信息方面 | 《中华人民共和国计算机信息系统安全保护条例》《非经营性互联网信息服务备案管理办法》《互联网信息服务管理办法》等 |
| 网络方面 | 《计算机信息网络国际联网安全保护管理办法》等 |

## （二）《中华人民共和国电子商务法》

1．《中华人民共和国电子商务法》的特点。

（1）技术性。

（2）安全性。

（3）开放性。

（4）复合性。

2．《中华人民共和国电子商务法》呈现的保护权益的特色。

（1）捆绑销售必须有显著提示。

（2）保证押金顺利退还。

（3）向"大数据杀熟"说"不"。

（4）个人信息保护加强。

### 经典例题解析

1．甲以乙的名字订购商品，且已收到商品，而毫不知情的乙却被要求付款。在此电子商务活动中乙面临的安全问题属于（　　）。

    A．虚假订单　　　　　　　　　　　　B．付款后不能收到商品

    C．机密性丧失　　　　　　　　　　　D．拒绝服务

【答案】A

【解析】虚假订单是指假冒者可能以某客户的名字订购商品，且有可能已收到商品，而毫不知情的该客户却被要求付款或返还商品。故选 A。

2．某人假冒成合法客户入侵公司电子商务网络系统，私自改变客户数据、解除客户订单、生成虚假订单，这体现的是（　　）。

    A．虚假订单　　　　　　　　　　　　B．机密性丧失

    C．系统中心安全性被破坏　　　　　　D．信用的威胁

【答案】C

【解析】系统中心安全性被破坏是指入侵者假冒成合法客户改变客户数据（如商品送达地址）、解除客户订单或生成虚假订单。故选 C。

3．守护商家和客户的重要机密，维护商务系统的信誉和财产，提高电子商务系统的可用性和可推广性的技术称为（　　）。

    A．电子商务安全技术　　　　　　　　B．电子商务加密技术

    C．数字摘要算法　　　　　　　　　　D．计算机病毒

【答案】A

【解析】由于电子商务安全的需要，各国积极进行预防与应对，通过更新网络技术、构建安全防护机制、架设安全屏障等各种手段来确保互联网及电子商务的正常顺利开展。守护商家和客户的重要机密，维护商务系统的信誉和财产，提高电子商务系统的可用性和可推广性的技术统称为电子商务安全技术。

4．用基于数学计算方法与一串数字对普通的文本进行编码，产生不可理解的密文的一系列步骤，这指的是（　　）。

    A．对称加密　　　　B．非对称加密　　　　C．加密算法　　　　D．密钥

【答案】C

【解析】加密包含两个元素：加密算法和密钥。加密算法是用基于数学计算方法与一串数字（密钥）对普通的文本（信息）进行编码，产生不可理解的密文的一系列步骤。

5．下列选项中，属于电子商务在交易方面相关法律法规的是（　　）。

    A．《非金融机构支付服务管理办法》　　　B．《互联网信息服务管理办法》

    C．《非经营性互联网信息服务备案管理办法》　D．《电子认证服务管理办法》

【答案】D

【解析】随着电子商务的发展，我国在电子商务方面颁布了一系列法律法规，见表1-3。

6．王女士发现在网上购物时多次被默认勾选了自己不想买的运费险，对于商家的这种行为，下列说法不正确的是（　　）。

A．这种未经消费者明示同意、变相搭售的行为，有违诚信经营

B．"默认勾选"行为属于正常情况，消费者应该自己多注意

C．"默认勾选"实际上侵害了消费者的知情权、选择权和公平交易权

D．《中华人民共和国电子商务法》规定捆绑销售必须有显著提示

【答案】B

【解析】王女士遇到的情况属于不经消费者同意的强行捆绑销售。针对捆绑销售，《中华人民共和国电子商务法》规定：电子商务经营者搭售商品或者服务，应当以显著方式提请消费者注意，不得将搭售商品或者服务作为默认同意的选项。故选 B。

## 📖 同步练习

1．在开放的互联网环境下，_____已经越来越严峻。

2．买家面临的安全问题有_____、_____、_____、_____。

3．卖家面临的安全问题有_____、_____、_____、_____。

4．常见的计算机网络系统的物理实体安全问题有：组成计算机网络系统的各种设备的_____、_____，由于电磁泄漏引起的_____以及_____。

5．_____一般泛指计算机系统的非法入侵者，他的攻击手段和方法一般可以粗略地分为_____和_____。

6．_____攻击是互联网上比较多的一种攻击手法，它分为_____和_____。

7．_____是指商务活动中交易者身份的真实性，确保交易双方确定是存在的，不是假冒的。_____，是顺利进行电子商务交易的前提。

8．_____成为电子商务全面推广应用的重要屏障。_____将影响贸易各方的交易和经营策略，保持这种_____是电子商务的基础。

9．电子商务以_____取代了纸张，保证这种_____是开展电子商务的前提。

10．_____是实现电子商务安全的一种重要手段，目的是_____。

11．加密分为两类：_____和_____。

12．目前广泛使用的认证技术有：_____、_____、_____、_____、_____。

13．_____将成为全球规模最大的电子商务市场，_____将成为最具发展潜力、最有国际竞争力的产业。

14．电子商务活动涉及的签字、确认等环节均通过_____、_____等技术来实现，这是传统的民商法所没有的。

15．电子商务交易关系的复合性来源于其技术手段上的_____和_____，通常表现为当事人必须在_____的协助下完成交易活动。

## 📦 单元练习题

### 一、选择题

1．同行竞争者假冒客户来订购商品，从而了解有关商品的递送状况和货物的库存情况。卖家面临的电子商务安全问题是（　　）。

A．商业机密的安全　　　　　　　　B．竞争者的威胁

C．系统中心安全性被破坏　　　　　D．信用的威胁

2．下列选项中属于常见的计算机网络系统的物理实体安全问题的是（　　）。

A．利用软件的漏洞和"后门"软件进行桌面抓图、取得密码

B．以各种方式有选择地破坏信息的有效性和完整性

C．暴风雪、泥石流、建筑物的破坏

D．组成计算机网络系统的各种设备的功能失常、电源故障

3．入侵者假冒成合法客户改变客户数据、解除客户订单或生成虚假订单，这体现的是（　　）。

A．虚假订单 B．机密性丧失

C．系统中心安全性被破坏 D．信用的威胁

4．攻击者向卖方服务器发送大量虚假订单来挤占服务器资源，从而使合法客户不能得到正常的服务，这体现的是（　　）。

A．虚假订单 B．拒绝服务

C．机密性丧失 D．付款后不能收到商品

5．守护商家和客户的重要机密，维护商务系统的信誉和财产，提高电子商务系统的可用性和可推广性的技术称为（　　）。

A．电子商务加密技术 B．电子商务安全技术

C．数字摘要算法 D．计算机病毒

6．（　　）是指编制或者在计算机程序中插入的破坏计算机功能或破坏数据，影响计算机使用并且能够自我复制的一组计算机指令或者程序代码。

A．计算机病毒 B．电子商务加密技术

C．数字摘要算法 D．电子商务安全技术

7．某黑客在进行攻击时，使用用户端程序登录已经安装好服务器端程序的计算机。这名黑客采用的是（　　）。

A．软件的漏洞 B．计算机病毒攻击

C．网络协议的安全漏洞 D．"后门"软件

8．交易过程中必须保证信息不会泄露给非授权的人或实体，这体现了电子商务安全技术的（　　）。

A．便捷性 B．机密性 C．真实性 D．完整性

9．（　　）是实现电子商务安全的一种重要手段，目的是防止合法接受者之外的人获取机密信息。

A．认证技术 B．软件技术 C．安全检测 D．加密技术

10．（　　）技术的应用可以保证交易文件的完整性。

A．数字摘要 B．数字签名 C．数字时间戳 D．数字证书

11．（　　）可以保证电子合同、电子单据等的真实性和不可否认性。

A．数字摘要 B．数字签名 C．数字时间戳 D．数字证书

12．标志网络用户唯一身份信息的一系列数据的认证技术是（　　）。

A．数字摘要 B．数字签名 C．数字时间戳 D．数字证书

13．（　　）可以有效地为文件发布时间提供佐证，从而有利于解决一系列的实际和法律问题。

A．数字摘要 B．加密函数 C．数字时间戳 D．数字证书

14．证实用户身份和密钥所有权的证书是（　　）。

A．用户证书 B．服务器证书

C．安全邮件证书 D．认证中心机构证书

15．雇员离开了某家公司，就不能再使用该公司的密钥，密钥对应的证书就需要被收回。这体现的是数字证书的哪个条件？（　　）

A．用户有权使用这个密钥 B．密钥没有被修改

C．证书没有过期 D．证书必须不在无效证书清单中

16．通过互联网进行的商务活动，涉及签字、确认等环节均通过电子签名、加密等技术来实现，这体现了《中华人民共和国电子商务法》的（　　）。

A．复合性 B．技术性 C．安全性 D．开放性

## 二、简答题

1. 简述计算机网络系统普遍面临的安全问题。

2. 简述电子商务安全技术的特点。

3. 密钥加密和数字摘要相结合的技术指的是什么？该技术能够实现哪些功能？

4. 目前广泛使用的认证技术有哪些？

## 三、综合分析题

讯马出行是一个提供出租车、顺风车、代驾等多种服务的综合型出行平台。平台在一定程度上缓解了公众出行难、出行贵的问题，同时确保了出行安全。在业务运营中，讯马出行能够获取司机和乘客的各类个人信息（包括但不限于位置信息等），必须确保这些信息的安全性，防止数据泄露。讯马出行应严格遵守法律法规，规范数据收集、使用等数据处理活动，履行配合监管部门的明确要求，确保数据安全、维护国家安全。然而，讯马出行未能充分履行其在网络安全、数据、个人信息保护方面的义务，给国家网络安全、数据安全带来严重的风险和隐患。

最近，讯马出行因"老客户打车比新客户贵""勾选全部车型，最贵的接单"等问题引发了公众的广泛讨论。

根据以上内容回答下列问题：

1. 讯马出行因"老客户打车比新客户贵"引发了社会讨论，该做法违背了《中华人民共和国电子商务法》所呈现的保护权益的哪种特色？

2. 加密技术是实现电子商务安全的一种重要手段，请问加密技术分为哪几类？

3. 《中华人民共和国电子商务法》在经济活动中发挥着重要作用，主要表现在哪几个方面？

# 网络营销实务

# 第一章

# 走进网络营销

## 知识结构图

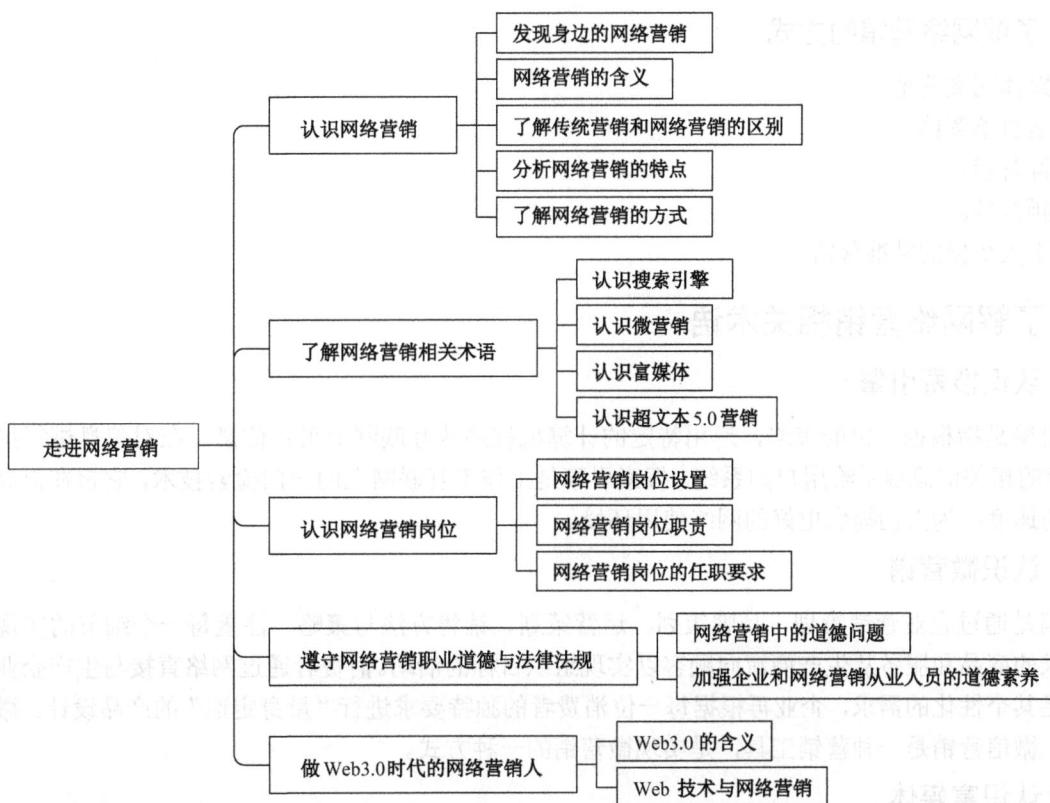

## 考试说明

1. 了解网络营销相关术语。
2. 理解网络营销岗位。

## 知识精讲

## 一、认识网络营销

### （一）网络营销的含义

1. 网络营销是企业整体营销战略的组成部分。

2．网络营销不是网上销售。

3．网络营销不等于电子商务。

4．网络营销不只是建立企业网站。

## （二）了解传统营销和网络营销的区别

1．营销媒体不同。

2．消费者的体验不同。

3．沟通方式和渠道不同。

## （三）分析网络营销的特点

1．跨时空。

2．多媒体。

3．成长性。

4．整合性。

5．技术性。

## （四）了解网络营销的方式

1．自媒体图文营销。

2．搜索引擎营销。

3．社群营销。

4．视频营销。

5．基于大数据的精准营销。

# 二、了解网络营销相关术语

## （一）认识搜索引擎

搜索引擎是指根据一定的策略，运用特定的计算机程序从互联网上采集信息，在对信息进行组织和处理后，将检索的相关信息展示给用户的系统。搜索引擎是工作于互联网上的一门检索技术，它旨在提高人们获取搜集信息的速度，为人们提供更好的网络使用环境。

## （二）认识微营销

微营销是通过企业营销策划、品牌策划、运营策划、销售方法与策略，注重每一个细节的实现，引导可以满足需求的商品和服务从生产商流向顾客以实现组织目标的活动。消费者通过网络直接与生产企业发生联系并提出满足其个性化的需求，企业再根据每一位消费者的独特要求进行"量身定造"的产品设计。微营销不是微信营销，微信营销是一种营销工具，是实现微营销的一种方式。

## （三）认识富媒体

富媒体，指具有动画、声音、视频或多媒体交互性的信息传播方法，富媒体可应用于各种网络服务中。

## （四）认识超文本 5.0 营销

超文本 5.0 简称 H5，是互联网的下一代标准，是构建与呈现互联网内容的一种语言方式，被认为是互联网的核心技术之一。超文本 5.0 营销即在 H5 场景下开展的营销活动。H5 场景与以往的文字、图片、图文等形式相比，展现更加精美、更加有趣，互动性更强，它具有动画、触燥等更多的元素功能，让用户不再枯燥乏味地阅读内容，此外，它的传播性也很强，除了可以分享到朋友圈、发送给朋友，还可以分享到各个社交媒体渠道。它还具备数据收集功能，可以使用调查问卷、会议报名等表单，甚至有很多制作 H5 场景的工具平台还提供后台数据统计功能，企业可以清晰地看到 H5 场景的曝光量、链接点击、填表数量等信息。由于 H5 场景更容易引发用户的阅读和分享，制作一个优秀的 H5 甚至可以达到数亿的曝光量，所以现在很多商家企业都在应用 H5 场景，以达到更好的营销效果。

### 三、认识网络营销岗位

#### （一）网络营销岗位设置

企业网络营销主营通常设置以下岗位。

1．网络营销主管。

2．网络营销策划专员。

3．网络市场调研员。

4．搜索引擎优化（SEO）专员。

5．网站推广专员。

6．网络销售专员。

7．在线客户服务专员。

#### （二）网络营销岗位职责

1．网络营销主管。

以互联网为平台进行企业宣传、产品展示、动态发布、客户维护、加盟商谈的工作开展，从而达到网络营销的目的。

网络营销主管主要从事以下工作。

（1）建立、管理网络营销团队，分配团队工作，对工作效果进行考核。

（2）负责公司网站的注册、年检及维护工作。

（3）负责网络营销团队的日常管理工作，提升团队整体水平。

（4）掌握市场动态，策划并制定有效的网络营销策略。

（5）优化整合现有网络营销渠道，开拓新的营销渠道。

（6）分析竞争对手营销手段，寻求可借鉴方式并加以创新。

（7）本部门员工的工作指导、监督、管理、考核工作。

2．网络营销策划专员。

网络营销策划就是为了达成特定的网络营销目标而进行的策略思考和方案规划的过程。

网络营销策划专员主要从事以下工作。

（1）负责整个网络渠道的推广宣传工作，制订公司年度网上品牌、广告和营销组合推广策略和计划。

（2）负责搜索引擎竞价广告、联盟广告、广告投放和优化。

（3）分析和挖掘市场需求，寻求新的营销方式，优化营销策略。

（4）根据品牌运营的需要，制定品牌全网营销和广告策略。

（5）进行推广效果分析，调整并优化推广方案。

3．网络市场调研员。

网上调研就是通过在线调查表或电子邮件等方式，完成网上市场调研，它具有高效率、低成本的特点，是网络营销的主要职能之一。

网络市场调研员主要从事以下工作。

（1）根据企业经营需求制订市场调研计划。

（2）根据调研任务选择合适的调研方法并设计调研问卷。

（3）利用有效的方法实施网上调研。

（4）负责调研方案的具体实施，按时执行调研项目的每个环节，保证数据和信息的充分和真实。

（5）分析整理信息并撰写市场调研报告。

4．SEO 专员。

SEO 专员主要从事以下工作。

（1）负责网站长尾关键词挖掘及关键词分析和部署。

（2）定期跟踪竞争对手的网站，并制定一个可执行的网站优化方案。

（3）及时与技术部门沟通，并反馈 SEO 修改的情况。

（4）负责网站的站内优化和外链建设，以及定期查看网站的收录和关键词流量。

5．网站推广专员。

网站推广是网络营销最基础的工作之一，它利用网络营销的方法来扩大站点的知名度，吸引用户的访问量，从而达到宣传企业和企业产品的效果。

网站推广专员主要从事以下工作。

（1）熟悉网站推广流程，撰写网站推广策划书。

（2）利用各种网站优化技术和方法，制作并发布宣传广告。

（3）撰写网络广告文案。

（4）通过多种网络工具发布商务信息。

6．网络销售专员。

网络销售专员是将互联网技术与市场营销相结合，通过各种技术手段，迅速提高网站综合排名和访问量，吸引客户通过网络咨询和购买企业产品的专业销售人员。

网络销售专员主要从事以下工作。

（1）负责公司网上贸易平台的操作管理和产品信息的发布。

（2）负责在线商品的询盘、还盘、订货、交货、运货、退货等各项业务工作。

（3）负责网上单证的业务处理。

（4）通过网络进行渠道开发和业务拓展。

（5）按时完成销售任务及分析。

7．在线客户服务专员。

在线客户服务是利用网上服务工具常见问题解答（FAQ）页面向顾客提供有关产品、公司情况等信息，运用 E-mail 工具使企业与顾客在网上进行交流与沟通，实现双向互动。

在线客户服务专员主要从事以下工作。

（1）制定网站客户的服务流程。

（2）制定不同类型的客户关系管理策略。

（3）运用多种在线服务工具回复常见的客户问题。

（4）处理各种表单反馈的信息。

（5）熟悉整个交易流程，了解售前、售中、售后过程中可能出现的问题及解决方法。

### （三）网络营销岗位的任职要求

1．认同企业的经营理念。

2．具备深厚的专业知识储备。

3．具有良好的学习和创新能力。

4．持有正面的价值观。

5．具备团队协作意识和人际沟通能力。

## 四、遵守网络营销职业道德与法律法规

### （一）网络营销中的道德问题

1．侵犯隐私权。

2．信息欺诈。

3．信息污染。

4．信息安全。

### （二）加强企业和网络营销从业人员的道德素养

1．企业要端正经营思想，树立社会营销观念。

2．企业领导者要不断提高自身素质，成为坚守网络营销道德的表率。

3．促进网络营销道德和企业文化的结合。

4．建立网络营销道德规章制度。

## 五、做 Web3.0 时代的网络营销人

### （一）Web3.0 的含义

网站内的信息可以直接与其他网站的相关信息进行交互，能通过第三方信息平台同时对多家网站的信息进行整合使用。

### （二）Web 技术与网络营销（见表 2-1）

表 2-1　Web 技术与网络营销

| Web 发展阶段 | Web1.0 | Web2.0 |
| --- | --- | --- |
| 网络营销 | 搜索引擎营销<br>网络广告<br>邮件营销<br>病毒性营销<br>会员制营销<br>网上商店营销<br>网上拍卖<br>信息发布 | 博客营销<br>电子书营销<br>网络社区营销<br>即时通信营销 |

**经典例题解析**

1．根据一定的策略，运用特定的计算机程序从互联网上采集信息，在对信息进行组织和处理后，将检索的相关信息展示给用户的系统是（　　　）。

A．微营销　　　　　　　B．富营销　　　　　　C．搜索引擎　　　　　D．SEO

【答案】C

【解析】搜索引擎是指根据一定的策略，运用特定的计算机程序从互联网上采集信息，在对信息进行组织和处理后，将检索的相关信息展示给用户的系统。搜索引擎是工作于互联网上的一门检索技术，它旨在提高人们获取搜集信息的速度，为人们提供更好的网络使用环境。

2．基于超文本 5.0 标准开发的互动营销方式，能利用移动端特性，结合丰富的交互操作和动态效果，提供沉浸式的体验，提高用户参与度和品牌传播效果。这种营销方式是（　　　）。

A．富媒体　　　　　　B．H5 营销　　　　　　C．搜索引擎　　　　　D．微营销

【答案】B

【解析】超文本 5.0 营销即在 H5 场景下开展的营销活动。H5 场景与以往的文字、图片、图文等形式相比，展现更加精美、更加有趣，互动性更强。它具有动画、触控等更多的元素功能，让用户不再枯燥乏味地阅读内容。此外，它的传播性也很强，除了可以分享到朋友圈、发送给朋友，还可以分享到各个社交媒体渠道。除了链接，还提供二维码。它还具备数据收集功能，可以使用调查问卷、会议报名等表单，甚至有很多制作 H5 场景的工具平台还提供后台数据统计功能。

3．小红在电商公司负责根据调研任务选择合适的调研方法并设计调研问卷，利用有效的方法实施网上调研。小红从事的网络营销岗位是（　　　）。

A．网络营销主管　　　B．网站推广专员　　　C．网络市场调研员　　D．SEO 专员

【答案】C

【解析】网络市场调研员主要从事以下工作。

（1）根据企业经营需求制订市场调研计划。

（2）根据调研任务选择合适的调研方法并设计调研问卷。

（3）利用有效的方法实施网上调研。

（4）负责调研方案的具体实施，按时执行调研项目的每个环节，保证数据和信息的充分和真实。

（5）分析整理信息并撰写市场调研报告。

4．利用网络营销的方法来扩大站点的知名度，吸引用户的访问量，从而达到宣传企业和企业产品的效果。这种工作是（　　）。

  A．网店客服　  B．店铺运营　  C．网络市场调查　  D．网站推广

【答案】D

【解析】网站推广是网络营销最基础的工作之一。它利用网络营销的方法来扩大站点的知名度，吸引用户的访问量，从而达到宣传企业和企业产品的效果。

5．下列属于网络营销主管的工作是（　　）。

  A．优化整合现有网络营销渠道，开拓新的营销渠道

  B．通过多种网络工具发布商务信息

  C．根据企业经营需求制订市场调研计划

  D．处理各种表单反馈的信息

【答案】A

【解析】网络营销主管主要从事以下工作。

（1）建立、管理网络营销团队，分配团队工作，对工作效果进行考核。

（2）负责公司网站的注册、年检及维护工作。

（3）负责网络营销团队的日常管理工作，提升团队整体水平。

（4）掌握市场动态，策划并制定有效的网络营销策略。

（5）优化整合现有网络营销渠道，开拓新的营销渠道。

（6）分析竞争对手营销手段，寻求可借鉴方式加以创新。

（7）本部门员工的工作指导、监督、管理、考核工作。

## 同步练习

1．＿＿＿＿＿＿＿＿＿是工作于互联网上的一门检索技术，旨在提高人们获取搜集信息的速度。

2．＿＿＿＿＿＿＿＿＿不是微信营销，微信营销是一种营销工具，是实现＿＿＿＿＿＿＿＿的一种方式。

3．＿＿＿＿＿＿＿＿是互联网的下一代标准，是构建与呈现互联网内容的一种语言方式，被认为是互联网的核心技术之一。

4．＿＿＿＿＿＿＿＿＿＿是在H5场景下开展的营销活动。

5．＿＿＿＿＿＿＿指具有动画、声音、视频或多媒体交互性的信息传播方法，＿＿＿＿＿＿＿可应用于各种网络服务中。

6．网络营销主管是以＿＿＿＿＿＿＿＿为平台进行＿＿＿＿＿＿＿、产品展示、＿＿＿＿＿＿＿＿、客户维护、＿＿＿＿＿＿＿＿＿的工作开展，从而达到＿＿＿＿＿＿＿＿的目的。

7．网络营销策划就是为了达到特定的＿＿＿＿＿＿＿＿目标而进行的＿＿＿＿＿＿＿＿和＿＿＿＿＿＿＿＿的过程。

8．负责搜索引擎竞价广告、联盟广告、广告投放和优化的是＿＿＿＿＿＿＿＿＿专员。

9．网上调研具有＿＿＿＿＿＿＿、＿＿＿＿＿＿＿＿＿的特点，是＿＿＿＿＿＿＿＿的主要职能之一。

10．负责网站长尾词挖掘及关键词分析和部署的是＿＿＿＿＿＿＿＿专员。

11．利用各种网站优化技术和方法，制作并发布宣传广告的是＿＿＿＿＿＿＿＿＿专员。

12．负责网上单证的业务处理的是＿＿＿＿＿＿＿＿专员。

## 单元练习题

### 一、选择题

1．通过企业营销策划、品牌策划、运营策划、销售方法与策略，注重每一个细节的实现，引导可以满足

需求的商品和服务从生产商流向顾客以实现组织目标的活动的是（　　　　）。

    A．微营销            B．微博营销          C．微信营销          D．微客营销

  2．具有动画、声音、视频或多媒体交互性的信息传播方法是（　　　　）。

    A．富媒体            B．搜索引擎          C．H5营销          D．微营销

  3．宏达公司在开展网络营销活动时，使用的营销场景具有动画、触控等元素功能，还具备了数据收集功能，可以使用调查问卷、会议报名等表单。这种营销场景是（　　　　）。

    A．富媒体            B．搜索引擎          C．H5营销          D．微营销

  4．小刘在公司负责在线商品的询盘、还盘、订货、交货、运货、退货等各项工作。小刘的工作岗位是（　　　　）。

    A．网络销售主管                       B．网络销售专员

    C．SEO专员                        D．网络营销策划专员

  5．决定员工工作态度、行为方式和工作绩效的关键是其对（　　　）的认同程度。

    A．企业文化        B．企业经营理念      C．企业规章制度     D．企业培训

  6．小红在电商工作中，熟悉整个交易流程，了解售前、售中、售后过程中可能出现的问题及解决方法。小红的工作岗位是（　　　　）。

    A．在线客服专员      B．网络销售专员      C．SEO专员      D．网站推广专员

  7．下列属于在线客户服务专员负责的工作是（　　　　）。

    A．优化整合现有网络营销渠道，开拓新的营销渠道

    B．运用多种在线服务工具回复常见的客户问题

    C．根据企业经营需求制订市场调研计划

    D．制订品牌全网营销和广告策略

  8．小伟在工作过程中，要定期跟踪竞争对手的网站，并制订一个可执行的网站优化方案。他从事的网络营销岗位是（　　　　）。

    A．网站推广专员                      B．网络营销策划专员

    C．网络营销主管                      D．SEO专员

  9．小芳在工作单位负责调研方案的具体实施，按时执行调研项目的每个环节，保证数据和信息的充分和真实。小芳从事的网络营销岗位是（　　　　）。

    A．网络市场调研员                   B．网络营销策划专员

    C．网络营销主管                      D．SEO专员

  10．小吴在工作单位担任网络营销主管，下列选项中，属于小吴工作内容的是（　　　　）。

    A．根据品牌运营的需要制定品牌全网营销和广告策略

    B．分析竞争对手营销手段，寻求可借鉴方式并加以创新

    C．选择合适的调研方法并设计调研问卷

    D．负责网站长尾关键词挖掘及关键词分析和部署

## 二、简答题

1．简述网络营销岗位的任职要求。

2．企业为了开展网络营销活动，应该设置哪些岗位？

# 第二章

# 分析网络消费者购买行为

## 知识结构图

分析网络消费者购买行为
- 了解网络消费者
  - 网络用户
  - 网民
  - 网络消费者
  - 网络推广对象
- 分析网络消费者的购买动机
  - 网络消费者购买动机的类型
  - 网络消费者的新需求特点和趋势
  - 马斯洛需求层次引出的五种消费市场
  - 消费者对产品的需求
  - 掌握网络消费者的动机
- 把握网络消费行为
  - 网络消费者购买行为的特征
  - 影响网络消费者购买行为的因素
  - 网络消费者的购买行为过程

## 考试说明

1. 了解网络消费者。
2. 掌握网络消费者购买动机的类型。
3. 了解网络消费者的新需求特点和趋势。
4. 掌握网络消费者购买行为的特征。
5. 掌握影响网络消费者购买行为的因素。
6. 掌握网络消费者的购买行为过程。

### 知识精讲

## 一、了解网络消费者

### （一）网络用户

网络用户是一个极为宽泛的概念，是基于硬件使用者的总称，指所有将其终端（包括计算机、移动终端等）连接上互联网进行网络活动的用户，主要分为企业用户和个人用户。

### （二）网民

1．我国网络用户规模。

2．我国网上用户结构特征。

（1）上网时间呈现阶段化。

（2）职业趋向大众化、多元化。

（3）互联网持续向高龄人群渗透。

（4）学历层次逐渐下降。

（5）收入水平稳步增长。

（6）性别比例中女性持续偏低。

### （三）网络消费者

1．网络消费者的基本特征。

（1）自我意识强。

（2）理性。

（3）求知欲强。

（4）互动意识增强。

2．网络用户、网民、网络消费者之间的联系。

网络用户、网民、网络消费者之间呈现出一种必然的联系，接入互联网方式种类越发达、越便捷，网络用户的数量越庞大，网民的数量相应地增长，网络消费者的数量也相应增长。三者是整体与局部的关系，尤其是网民与网络消费者之间的关系更为密切。

### （四）网络推广对象

1．网络推广对象分析。

（1）男性/女性。

（2）少年、青年、中年、老年消费者群体。

（3）文化水平及职业层。

（4）收入阶层。

（5）消费习惯。

2．目标用户定位策略。

（1）正确理解目标用户地位，把握顾客心理，让产品深入人心。

（2）确定目标用户定位须具备两个条件。

① 目标用户中所有人必须具备 1~2 个基本相同的条件。

② 目标用户具备一定的规模。

## 二、分析网络消费者的购买动机

### （一）网络消费者购买动机的类型

1．网络消费者的需求动机（见图 2-1）。

图 2-1  马斯洛需求层次论

2．网络消费者的心理动机。

（1）理智动机。

理智动机是指消费者对某种商品有了清醒的了解和认知，在对这个商品比较熟悉的基础上所进行的理性抉择和做出的购买行为。

（2）感情动机。

感情动机是指由于人的喜、怒、哀、乐等情绪和道德、情操、群体、观念等情感所引起的购买动机。

（3）惠顾动机（信任动机）。

惠顾动机是指消费者基于理智经验和感情之上的，对特定的网站、图标广告、商品产生特殊的信任与偏好，而重复地、习惯性地前往访问并购买的一种动机。

## （二）网络消费者的新需求特点和趋势

1．明显的交叉性。

2．超前性。

3．较多的理性化因素。

4．需求个性化色彩明显。

5．消费行为的主动性增强。

6．消费者兴趣、聚集、交流的需求表现突出。

7．体验化选择。

## （三）马斯洛需求层次引出的五种消费市场

1．生理需求——满足最低需求层次的市场，消费者只要求产品具有一般功能即可。

2．安全需求——满足对安全有要求的市场，消费者关注产品对身体的影响。

3．社交需求——满足对交际有要求的市场，消费者关注产品是否有助提高自己的交际形象。

4．尊重需求——满足对产品有与众不同要求的市场，消费者关注产品的象征意义。

5．自我实现需求——满足对产品有自己判断标准的市场，消费者拥有自己固定的品牌。

## （四）消费者对产品的需求

1．生理需求的满足。

2．安全需求的满足。

3．社交需求的满足。

4．尊重需求的满足。

5．自我实现需求的满足。

## （五）掌握网络消费者的动机

1．理智动机。

2．感情动机。

3．惠顾动机。

## 三、把握网络消费行为

### （一）网络消费者购买行为的特征

1．个性消费的回归。

2．消费需求的差异性。

3．消费的主动性增强。

4．对购买方便性的需求与购物乐趣的追求并存。

5．价格仍然是影响消费心理的重要因素。

6．网络消费仍然具有层次性。

7．网络消费者的需求具有交叉性。

### （二）影响网络消费者购买行为的因素

1．心理因素。

（1）知觉。

知觉是指消费者感官直接接触刺激物所获得的直观的、形象的反应，属于感性认识。

（2）学习。

消费者在购买和使用商品的实践中，逐步获得和积累经验，并根据经验调整购买行为的过程，称为学习。

（3）信念和态度。

外界事物的刺激，可使人们产生一定的信念和态度，从而影响人们的行为，包括消费行为。

2．外部因素。

（1）个人因素。

（2）经济状况。

（3）文化因素。

（4）社会因素。

### （三）网络消费者的购买行为过程

1．确认需求。

2．搜集信息。

消费者一般从以下四种来源获得信息。

（1）自身信息来源。

（2）商业性来源。

（3）公众媒体来源。

（4）购物经验来源。

3．比较选择。

4．购买决策。

5．事后评价。

---

**经典例题解析**

1．网络消费者的基本特征不包括（    ）。

    A．自我意识强        B．较为感性        C．求知欲强        D．互动意识增强

【答案】B

【解析】网络消费者的基本特征有以下几个方面。

（1）自我意识强。目前，网络消费者多以年轻人为主，学历较高。他们自主性强，对事物有自己的见解和判断力，个性较强。尊重和理解他们，是企业网络营销活动的出发点。

（2）理性。现在的网络消费者大多头脑冷静，对各种宣传能做出理性分析，不轻易动心。购买前会认真

地比较分析，货比三家，不轻易做决定。

（3）求知欲强。他们对新事物充满好奇心，爱好广泛；对新产品、新营销模式比较容易接受，愿意大胆尝试。

（4）互动意识增强。在网络环境下，他们更愿意参与到产品的设计、生产、销售、售后等各个环节中，体验其中的参与性和乐趣。

2．网民群体中，老年人的比重在逐渐提升，催发了"银发经济"，这体现了（　　）。

A．上网时间呈现阶段化　　　　　　B．职业趋向大众化、多元化

C．互联网持续向高龄人群渗透　　　D．收入水平稳步增长

【答案】C

【解析】互联网持续向高龄人群渗透是网络消费者的基本特征之一。2019年6月，网民中10～39岁网民群体占比最高，达24.6%；40～49岁网民占比由2018年的15.6%提升至17.3%，50岁以上网民群体占比由2018年底的12.5%提升至13.6%。

3．马斯洛曾经提出：满足对产品有与众不同要求的市场，消费者关注产品的象征意义。这体现了网络消费者的（　　）动机。

A．生理需求　　　B．心理需求　　　C．尊重需求　　　D．满足需求

【答案】C

【解析】根据马斯洛的需求层次论，划分出五个消费者市场。

（1）生理需求：满足最低需求层次的市场，消费者只要求产品具有一般功能即可。

（2）安全需求：满足对安全有要求的市场，消费者关注产品对身体的影响。

（3）社交需求：满足对交际有要求的市场，消费者关注产品是否有助提高自己的交际形象。

（4）尊重需求：满足对产品有与众不同要求的市场，消费者关注产品的象征意义。

（5）自我实现需求：满足对产品有自己判断标准的市场，消费者拥有自己固定的品牌。

4．小强在网上购买打印机时，经过货比三家，认真地比较分析，最终选择了联想打印机，这体现了网络消费者的（　　）的特征。

A．自我意识强　　　B．求知欲强　　　C．理性　　　D．互动意识增强

【答案】C

【解析】现在的网络消费者大多头脑冷静，对各种宣传能做出理性分析，不轻易动心。购买前会认真地比较分析，货比三家，不轻易做决定。

## 同步练习

1．_____是指所有将其终端连接上互联网进行网络活动的用户，主要分为_____和_____。

2．_____是将网络生活作为日常生活的一部分的网络用户。

3．网民具有鲜明的_____和_____。

4．网民中规模最大的群体是_____。

5．_____是网民中将在线交易作为生活消费的一部分的群体。

6．网络消费者的基本特征包括_____、_____、_____、_____。

7．人类维持自身生存的最基本要求是_____，_____是人们行动最原始的动力。

8．尊重具体分为_____和_____。

9．最高层次的需要是_____。

10．网络消费者的心理动机主要体现在_____、_____、_____。

11．消费潮流的领袖是指_____。

12．进入21世纪后，_____已成为消费的主流。

13．_____是网络消费方式和传统消费方式的一个重要区别，也是网络消费最大的优势。

14．消费资料分为三个层次：＿＿＿＿＿＿、＿＿＿＿＿＿、＿＿＿＿＿＿。

15．网络消费者的需求具有＿＿＿＿＿＿。

16．影响消费者购买行为的心理因素，除了由＿＿＿＿＿引起动机这一最重要因素，还有＿＿＿＿＿＿、＿＿＿＿＿＿、＿＿＿＿＿＿和＿＿＿＿＿＿等特点。

17．影响网络消费者购买行为的外部因素包括＿＿＿＿＿＿、＿＿＿＿＿＿、＿＿＿＿＿＿、＿＿＿＿＿＿等。

18．企业在营销活动中要注意发挥消费者购买行为中＿＿＿＿＿＿这个内在因素的作用。

19．＿＿＿＿＿＿是决定消费者购买行为的根本因素。＿＿＿＿＿＿是影响消费者行为的基本因素。

20．网络消费者的购买过程可以分为＿＿＿＿＿、＿＿＿＿＿、＿＿＿＿＿、＿＿＿＿＿和＿＿＿＿＿五个阶段。

21．消费者一般获得信息的来源有＿＿＿＿＿＿、＿＿＿＿＿＿、＿＿＿＿＿＿、＿＿＿＿＿＿。

22．为了使自己的消费需求与购买能力相匹配，＿＿＿＿＿＿是购买过程中必不可少的环节。

## 单元练习题

### 一、选择题

1．下列关于我国网上用户的基本特征的说法，错误的是（　　　）。

　　A．上网时间呈现阶段化　　　　　　　　B．互联网持续向高龄人群渗透

　　C．收入水平稳步增长　　　　　　　　　D．学历层次逐渐上升

2．（　　　）要解决部门内外、各层级间的信息流转需求，追求的是效率和效益的提升。

　　A．B端用户的产品　　　　　　　　　　B．O端用户的产品

　　C．C端用户的产品　　　　　　　　　　D．P端用户的产品

3．某服饰品牌自成立之初，直接锚定年轻女性消费群体。这体现了网络推广对象分析中的（　　　）。

　　A．收入阶层　　　　　　　　　　　　　B．少年、青年、中年、老年消费群体

　　C．男性/女性　　　　　　　　　　　　D．消费习惯

4．下列不属于网络消费者的心理动机的是（　　　）。

　　A．理智动机　　　　B．感情动机　　　　C．信任动机　　　　D．惠利动机

5．晓红特别信任某网站上的运动鞋，经常从该网站订购运动鞋。由此可见，晓红的购买动机是（　　　）。

　　A．理智动机　　　　B．惠顾动机　　　　C．消费动机　　　　D．感情动机

6．马斯洛曾经提出：满足对产品有自己判断标准的市场，消费者拥有自己固定的品牌。这体现了网络消费者（　　　）动机。

　　A．生理需求　　　　B．心理需求　　　　C．尊重需求　　　　D．自我实现需求

7．根据马斯洛需求层次理论，消费者关注"获得别人的认可"，把产品当作一种身份的象征。这体现了网络消费者（　　　）动机。

　　A．生理需求　　　　B．心理需求　　　　C．尊重需求　　　　D．满足需求

8．根据马斯洛需求层次理论，消费者会根据自己的消费能力选择价格最便宜的产品，他们最关心的就是产品最基本的需要，至于材质、样式不是这类消费者考虑的范畴。这体现了网络消费者的（　　　）动机。

　　A．生理需求　　　　B．心理需求　　　　C．尊重需求　　　　D．满足需求

9．根据马斯洛需求层次理论，最高层次的需求是（　　　）。

　　A．自我实现需求　　B．心理需求　　　　C．尊重需求　　　　D．生理需求

10．消费资料分为三个层次，不包括下列选项中的（　　　）。

　　A．生存资料　　　　B．发展资料　　　　C．享受资料　　　　D．生活资料

11．"双11"大促期间，某网上商城针对不同网络消费者的特点，采取有针对性的促销方法。这体现了网络消费者购买行为的（　　　）。

　　A．个性消费的回归　　　　　　　　　　B．消费需求的差异性

  C．消费的主动性增强         D．对购买方便性的需求

  12．某休闲服饰品牌签约了某国际影星作为代言人，推出的新款卫衣曾一度被炒到 6800 元一件。这体现了影响网络消费者购买行为的外部因素是（  ）。

  A．个人因素    B．经济状况    C．文化因素    D．社会因素

## 二、简答题

  1．网络消费者的购买行为过程主要体现在哪些方面？

  2．与传统的购买方式相比，网络购买者的购买决策过程表现出哪些鲜明的特点？

  3．简述网络消费者购买行为的基本特征。

## 三、综合分析题

  哈根达斯这个听起来颇具北欧风情的冰激凌品牌，是马特斯在 1961 年创办的。哈根达斯进行了另类而清晰的自我定位——哈根达斯将自身定位为顶级雪糕的代表，以自我沉醉、愉悦的感官享受为卖点，占领高端成人消费市场。

  20 世纪 80 年代，哈根达斯在欧美市场大获成功。其成功的秘诀不仅在于强调品牌的"尊贵、稀有"气质，更在于将浪漫爱情与品牌形象紧密相连。哈根达斯将冰激凌的甜蜜香滑口感与浓郁的爱情情感相结合，一方面抓住了女性群体对于浪漫情调和美味食物往往难以抵抗的特质；另一方面，这种定位使产品与目标客户之间产生了深层的情感维系。无论是该品牌广告中对于"爱她，就带她去哈根达斯"的极尽渲染和强调，还是顾客在品味冰品时脑中泛起的种种浮想，都将顾客群体更牢固地锁定在幻想、渴望、尝试和享受的氛围中。

  围绕着尊贵冰品的定位，哈根达斯在品牌塑造上的低调路线赋予了其神秘感和矜持感，契合情人间"我在你眼中独一无二"的情感需求，精心营造出小资情调和高品质的生活氛围。

  根据以上资料回答下列问题：

  1．围绕着尊贵冰品的定位，哈根达斯在品牌塑造上迎合了消费者对产品的什么需求？

  2．影响网络消费者购买行为的外部因素有哪些？

  3．简述网络消费者的购买过程。

# 第三章

# 研究网络营销环境与市场

## 知识结构图

```
                                          ┌─ 网络调研的定义
                                          ├─ 网络调研的优势
                                          ├─ 网络调研的类型
                              策划网络调研 ─┤
                                          ├─ 网络调研的目的
                                          ├─ 网络调研的方法
                                          └─ 网络调研的步骤

                                          ┌─ 网络商务信息的定义
                                          ├─ 网络商务信息搜集的要求
研究网络营销环境与市场 ─┤    管理网络商务信息 ─┤  网络商务信息的类型
                                          ├─ 网络商务信息搜集的途径与方法
                                          └─ 统计网络商务信息

                                          ┌─ 市场细分的定义
                                          ├─ 利基市场的定义
                                          ├─ 细分网络市场
                              确定网络目标市场 ─┤
                                          ├─ 分析网络目标用户
                                          ├─ 分析竞争对手
                                          └─ 定位网络目标市场
```

## 考试说明

1. 了解网络市场调研的定义和优势。
2. 理解网络市场调研的类型和目的。
3. 掌握网络市场调研的方法和步骤。
4. 理解市场细分的含义。
5. 掌握细分网络市场。

6. 理解网络目标用户。

7. 掌握竞争对手的分析。

8. 掌握网络目标市场的定位。

## 知识精讲

## 一、策划网络调研

### （一）网络调研的定义

网络调研就是利用互联网作为沟通和了解信息的工具，对顾客需要、市场机会、竞争对手、行业发展等信息进行搜集、整理、分析和研究。网络调研的目的是解决网络市场细分和网络市场定位的重要手段，是为开展网络营销奠定合理的前提和基础。

### （二）网络调研的优势

1. 信息搜集过程的互动性。

2. 信息的及时性和共享性。

3. 调研的便捷性和经济性。

4. 调研结果的可靠性和客观性。

### （三）网络调研的类型

1. 描述性调研。

2. 因果性调研。

3. 预测性调研。

### （四）网络调研的目的

1. 行业市场分析。

（1）行业背景。

（2）细分市场前景与状况。

2. 目标用户分析。

3. 竞争对手分析。

### （五）网络调研的方法

1. 网络直接调研。

（1）数据统计法。

（2）专题讨论法。

（3）网络问卷法。

（4）网络 A/B 测试法。

2. 网络间接调研。

（1）利用搜索引擎查找资料。

（2）访问相关网站搜集资料。

（3）利用网上数据库查找资料。

### （六）网络调研的步骤

1. 网络调研的目的和任务。

2. 确定网络调研对象。

3. 设计调研活动。

4. 确定调查时间和调查期限。

5. 网络调研的参与人员。

6. 项目预算与活动效果预估。

7. 撰写报告。

## 二、管理网络商务信息

### （一）网络商务信息的定义

网络商务信息是指存储于各个网络站点并在网络上传播的与商务活动有关的各种信息的集合，是各种网络商务活动之间相互联系、相互作用的描述和反映。

### （二）网络商务信息搜集的要求

1. 及时。

2. 准确。

3. 适度。

4. 经济。

### （三）网络商务信息的类型

1. 网络市场信息。

2. 数据信息。

### （四）网络商务信息搜集的途径与方法

1. 市场信息搜集的途径与方法。

（1）使用网络调研问卷。

（2）登录官方机构网站查询信息。

（3）登录第三方咨询平台网站查询信息。

（4）通过社交媒体网站统计信息。

2. 数据信息搜集的途径与方法。

（1）利用 Web 日志搜集数据信息。

（2）使用平台统计工具搜集数据信息。

### （五）统计网络商务信息

1. 搜索。

2. 集成。

3. 整理。

## 三、确定网络目标市场

### （一）市场细分的定义

市场细分是指营销者通过市场调研，依据消费者的需要和欲望、购买行为和购买习惯等方面的差异，把某一产品的市场整体划分为若干个具有相似特征的市场。

### （二）细分网络市场

网络营销市场细分是企业进行网络营销的一个非常重要的战略步骤，是企业认识网络营销市场，研究网络营销市场，进而选择网络目标市场的基础和前提。

1. 地理细分市场。

（1）地理位置。

（2）城镇大小。

（3）地形和气候。

2. 人口统计细分市场。

（1）女性市场。

（2）Z世代用户市场。

（3）新中产市场。

3．心理细分市场。

（1）兴趣。

（2）购买动机。

（3）生活方式。

4．行为细分市场。

（1）购买时间。

（2）购买数量。

（3）购买频率。

（4）购买习惯。

## （三）分析网络目标用户

1．购物社交化。

2．注重体验。

3．商品综合信息比较。

4．绿色消费理念提升。

5．共享理念提升。

## （四）分析竞争对手

1．区分竞争对手。

行业内的竞争对手可以按照竞争力的大小分为五个等级。

第一级：行业翘楚，也就是行业内排名靠前、竞争力最强的对手，行业翘楚就是我们需要学习和模仿的对象。

第二级：实力相当的竞争对手，是实力与自己不相上下的对手，这些企业是行业中强劲的对手，相互竞争度最大。

第三级：实力比自己略差，把你视作追赶目标的对手，比自己略差的竞争对手是要重点关注的，因为一不小心，对方就极有可能在短期内赶上或是超越你。

第四级：行业小企业，这类企业与你实力悬殊较大，竞争力比较小，在短期内不构成威胁。

第五级：行业新秀，行业新秀在起步阶段也要重点关注，因为新秀很可能就是市场上杀出的一匹黑马，直接进入第二或第三级别。

2．研究竞争对手

（1）访问竞争对手的网站，并对其进行分析。

（2）评估你的竞争对手在社会化媒体的表现。

（3）去竞争对手的网站进行用户体验度检测。

## （五）定位网络目标市场

1．避免与大公司竞争。

2．差异化市场定位。

（1）产品创新。

（2）服务差异化。

（3）品牌形象差异化。

## 经典例题解析

1．网络调研不会受到天气、交通、工作时间等影响，调查过程中最繁重、最关键的信息搜集和数据统计工作在网络调研平台上都可以即时完成。这体现了（　　）。

　　A．上网时间的阶段化性　　　　　　　　B．调研的便捷性和经济性

　　C．结果的可靠性与客观性　　　　　　　D．收入稳步性与增长性

**【答案】** B

**【解析】** 同传统市场调研相比，网络调研具有信息搜集过程的互动性、信息的及时性和共享性、调研的便捷性和经济性及调研结果的可靠性和准确性四大优势。网络调研不会受到天气、交通、工作时间等的影响，调查过程中最繁重、最关键的信息搜集和数据统计工作在网络调研平台上都可以即时完成。

　　2．在取得过去和现在的各种市场情报资料的基础上，经过分析研究，运用科学的手段和方法，预测未来某一环节因素的变动对企业市场营销活动的影响。这属于（　　）。

　　A．描述性调研　　　B．因果性调研　　　C．预测性调研　　　D．互动性调研

**【答案】** C

**【解析】** 预测性调研是在取得过去和现在的各种市场情报资料的基础上，经过分析研究，运用科学的方法和手段，预测未来某一环节因素的变动对企业市场营销活动的影响，是解决"做什么"的问题。

　　3．下列选项中属于一手资料调查的是（　　）。

　　A．某公司通过访问相关网站搜集资料　　　B．利用百度调查搜集资料

　　C．王刚通过面对面问答法调查　　　　　　D．李琴运用网络 A/B 测试法调查

**【答案】** D

**【解析】** 网络市场直接调研的方法有数据统计法、专题讨论法、在线问卷法和网络 A/B 测试法。网络 A/B 测试法是通过在网络中所投放的广告内容与形式进行实验。设计几种不同的广告内容和形式在网站平台上发布，广告的效果可以通过服务器端的访问统计软件随时监测，通过查看客户的反馈信息来判断，能够提供给企业第一手的信息资料。

　　4．小丽每次网购时，都会"货比三家"，不仅仅是追求更低的价格，而且会比较商品的各方面信息。这体现了网络消费者（　　）。

　　A．注重体验　　　　　　　　　　　　　　B．比较商品的综合信息

　　C．消费观念提升　　　　　　　　　　　　D．购物的社会化

**【答案】** B

**【解析】** 随着购物信息更加透明，比价行为正变得越来越大众化。值得注意的是，消费者"货比三家"不只是追求更低的价格，而是会比较商品的各方面信息，做一个"精明的消费者"。还有很多消费者对于购物时间尤其看重，不再追求商品的丰富化，而希望在短时间内买到自己需要的产品。

　　5．"泡泡玛特"的品牌图形代表了品牌的产品特色，也象征了品牌的潮流和个性。泡泡的形状圆润，代表了品牌的温暖和亲切，使品牌更具亲和力。这体现了（　　）。

　　A．产品创新　　　　　　　　　　　　　　B．服务差异化

　　C．品牌形象差异化　　　　　　　　　　　D．产品质量差异化

**【答案】** C

**【解析】** 品牌形象包括两个方面：一是品牌视觉形象，包含品牌 Logo、网站界面等元素；二是社会形象，指的是品牌在各种社会阶层心中的形象。因此，企业可以从这两个方面着手实现差异化：生动、鲜明、易于识别的品牌形象设计和良好社会公益形象，使品牌更具亲和力。

📖 **同步练习**

　　1．网络调研的目的是解决＿＿＿＿＿＿和＿＿＿＿＿＿的重要手段，是为开展＿＿＿＿＿＿奠定合理的前提和基础。

　　2．同传统市场调研相比，网络调研具有＿＿＿＿＿＿、＿＿＿＿＿＿、＿＿＿＿＿＿和＿＿＿＿＿＿。

　　3．根据调研的目的和功能可以把网络调研分为＿＿＿＿＿＿、＿＿＿＿＿＿、＿＿＿＿＿＿。

　　4．通过描述寻找解决问题的答案，解决"是什么"问题的是＿＿＿＿＿＿调研。

5. 通过了解现象发生的原因，解释市场行为，解决"为什么"问题的是_____调研。

6. 企业通常针对_____、_____、_____这三个方面内容开展网络调研。

7. 行业市场分析的核心工作是通过_____和_____及_____，完成项目的存在依据和发展前景数据支撑。

8. 行业背景关乎着项目的前景和优势，调研的目的是了解_____，预测_____。

9. 对细分市场前景与状况调研的目的是为了支撑项目_____和_____。可以利用_____、_____、_____等方式获得。

10. 目标用户分析调研的目的是企业根据用户的_____、_____、_____、_____、_____等信息而抽象出来形成用户画像。可利用_____、_____、_____等方式获得。

11. 开展网络调研主要有两种方法：_____和_____。

12. 直接调研的方法有_____、_____、_____和_____。

13. _____的实施主要是通过搜集网络用户行为数据进行分析。

14. 专题讨论法可通过_____、_____、_____等方式进行。

15. 网络问卷法的优点是_____、_____、_____、_____，既节约调查员的_____，又能够利用_____，快速形成_____。

16. 网络间接调研包含利用_____查找资料，访问_____搜集资料，利用_____查找资料。

17. 网络调研对象主要包括_____、_____、_____和_____等。

18. 调查活动的设计应根据_____、_____、_____、_____做出选择。

19. 市场细分，是指营销者通过_____，依据消费者的_____、_____和_____等方面的差异，把某一产品的____整体划分为若干个具有相似特征的_____。

20. 企业需要针对网络消费者进行细分，可分为_____、_____、_____和_____。

21. 依据城镇大小可以把市场细分为_____、_____、_____和_____。

22. _____作为互联网的"原住民"，生活网络化程度较高，尤其体现在_____、_____领域。

23. 在娱乐社交方面，_____有着更多元化的需求，是推动互联网经济发展的重要力量。_____成为中高端群体经济的代表。

24. 用户心理特征包括_____、_____、_____、_____及_____等。

25. 根据购买习惯可将消费者划分为_____、_____、_____、_____等。

26. _____对消费者购买行为产生了极为可观的影响力。

27. _____是行业内排名靠前、竞争力最强的对手。

28. 目前网络营销渠道主要有_____、_____和_____。

29. 差异化市场定位可以体现在_____、_____、_____三个方面。

30. 品牌形象包括两个方面：一是_____，二是_____。

### 单元练习题

#### 一、选择题

1. 这一网站的网络会员特征有哪些？购买这一产品的网络消费者收入情况如何？这类调研属于（　　）。

  A．描述性调研    B．因果性调研    C．预测性调研    D．互动性调研

2．为了应对"618"大促，公司决定加大网络广告投放力度，为此，公司开展了"网络广告能否增加产品未来的销售额"的调研。这属于（   ）。

  A．描述性调研    B．因果性调研    C．预测性调研    D．互动性调研

3．用户画像是企业常用的调研方式，用户画像是为了开展（   ）调研。

  A．行业市场分析   B．竞争对手分析   C．目标用户分析   D．网络市场调研

4．某公司通过分析调研的目标市场，策划目标市场中的讨论话题，通过制造话题的矛盾点，引发网络用户讨论，进而获取有用的信息。这属于网络直接调研中的（   ）。

  A．数据统计法    B．专题讨论法    C．在线问卷法    D．网络 A/B 测试法

5．某品牌开展"扫码赢红包"活动，增加品牌与消费者的互动性，通过扫码赢红包建立起消费者数据库，既激活了消费者兴趣，又收集了消费者信息。这体现了网络目标用户（   ）。

  A．消费观念提升         B．注重体验

  C．商品综合信息比较       D．购物的社会化

6．下列属于网络直接调研的是（   ）。

  A．通过网络问卷法调研      B．通过数据库查找资料调研

  C．通过相关网站搜集资料调研   D．通过利用搜索引擎调研

7．消费者在网络上购买汤圆时，北方地区消费者的检索词往往是"元宵"，而南方地区消费者的检索词往往是"汤圆"。这体现了（   ）。

  A．心理细分市场        B．人口统计细分市场

  C．地理细分市场        D．行为细分市场

8．人们对工作、消费、娱乐的特定习惯和模式，分为"传统型""节约型""奢侈型"等。这体现了心理细分市场中的（   ）。

  A．个性      B．兴趣      C．生活方式     D．行为习惯

9．行业内的竞争对手有很多，其中，行业内排名靠前、竞争力最强的对手是（   ）。

  A．行业新秀     B．行业黑马     C．行业翘楚     D．行业小企业

10．某电商平台首先实现"名牌折扣+限时抢购+IF 品保险"的网络营销定位，其限时性、限量性与奢侈品相结合的模式，较大程度地带动了消费者的购买冲动，提升消费者重复购买的可能性。这体现的是（   ）。

  A．产品创新         B．品牌形象差异化

  C．服务差异化        D．产品质量差异化

## 二、简答题

1．同传统市场调研相比，网络调研的优势有哪些？

2．简述实施网络调研的步骤。

3．网络目标客户的具体要求更具有针对性，主要体现在哪些方面？

### 三、综合分析题

星巴克通过市场价值链分析，揭示了普通顾客如何成为忠诚顾客的过程，这一过程包括：顾客购买商品或服务后，对商品或服务感到满意，对企业形象有好的评价，对售后服务感到满意，从媒体持续接受有关该企业的正面信息产生持续购买行为，成为忠诚顾客并对外宣传，帮助建立口碑，扩大顾客群。此外，星巴克通过营销培训服务员的待客技巧，建立顾客数据库，开设熟客俱乐部，进一步巩固顾客忠诚度。

（1）树立以顾客为中心的经营理念。顾客是企业生存发展的基础，市场竞争的实质就是争夺顾客。

（2）了解顾客的需要，提高顾客满意度。了解顾客的需要是企业提高顾客满意度的前提，专业化市场营销的核心就在于能比竞争者更好地满足顾客的需求。

（3）科学地进行顾客关系管理，培养顾客忠诚度。要提高顾客满意度，建立顾客对企业和产品品牌的忠诚，企业必须以"顾客为中心"的理念来管理他们的价值链及整个价值让渡系统。

此外星巴克还特别关注"第三生活空间"，针对忙乱寂寞的都市生活。

星巴克为人们创造出了一方属于自己的小天地，在这里你可以休憩、静思、交流，你能充分感受到人与人之间的融洽气氛。

根据以上内容回答下列问题：

1. 上述关于星巴克对顾客忠诚度的解释，体现了哪种细分市场的方式？这种细分市场包括哪些部分？

2. 星巴克需要进行差异化的市场定位，主要体现在哪些方面？

# 自媒体图文推广

**知识结构图**

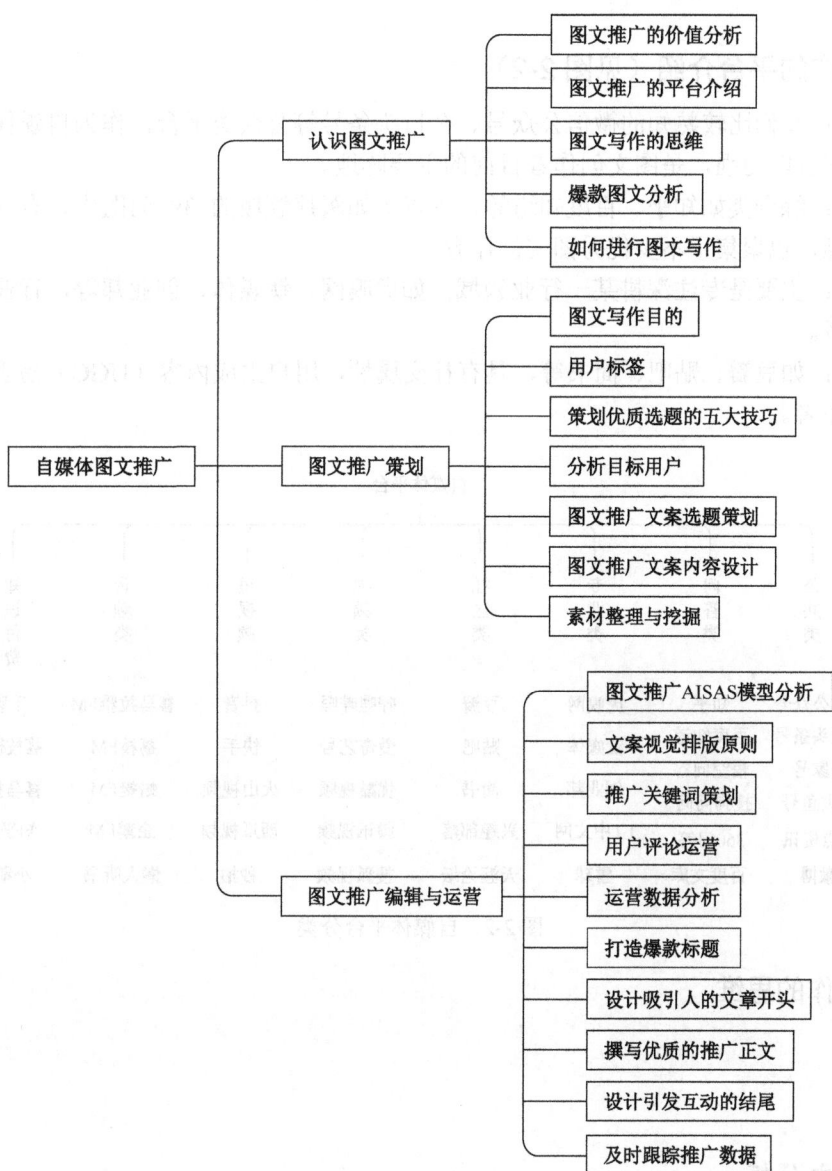

1. 了解自媒体平台的分类。
2. 掌握自媒体图文写作。
3. 掌握自媒体图文推广策划。
4. 掌握自媒体图文编辑与运营。

知识精讲

# 一、认识图文推广

## （一）图文推广的价值分析

1. 打造个人品牌。
2. 电商运营。
3. 内容付费。

## （二）图文推广的平台介绍（见图2-2）

1. 公众类平台：我们比较熟知的微信公众号、今日头条号等公众类平台，作为自媒体行业领头军，日活量大，平台稳定，聚合能力强，是图文创作者目前的主要阵地。

2. 问答类平台：综合类如知乎、百度知道等，垂直类如医疗领域的 39 问医生、有问必答等。这类平台易于搜索，人群精准，也聚集了不少优秀图文创作者。

3. 专业类平台：主要是专注深耕某一行业领域，如虎嗅网、钛媒体、创业邦等，行业针对性强，适合垂直领域的图文创作者。

4. 社区类平台：如豆瓣、贴吧、简书等，具有社交属性，用户生成内容（UGC）易于传播，目前也聚集了一些优秀图文创作者。

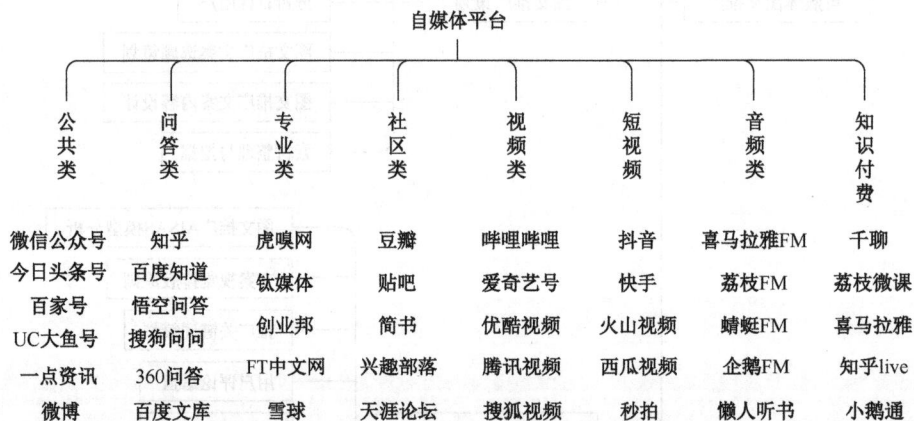

| | | | | 自媒体平台 | | | |
|---|---|---|---|---|---|---|---|
| 公共类 | 问答类 | 专业类 | 社区类 | 视频类 | 短视频 | 音频类 | 知识付费 |
| 微信公众号 | 知乎 | 虎嗅网 | 豆瓣 | 哔哩哔哩 | 抖音 | 喜马拉雅FM | 千聊 |
| 今日头条号 | 百度知道 | 钛媒体 | 贴吧 | 爱奇艺号 | 快手 | 荔枝FM | 荔枝微课 |
| 百家号 | 悟空问答 | 创业邦 | 简书 | 优酷视频 | 火山视频 | 蜻蜓FM | 喜马拉雅 |
| UC大鱼号 | 搜狗问问 | FT中文网 | 兴趣部落 | 腾讯视频 | 西瓜视频 | 企鹅FM | 知乎live |
| 一点资讯 | 360问答 | 雪球 | 天涯论坛 | 搜狐视频 | 秒拍 | 懒人听书 | 小鹅通 |
| 微博 | 百度文库 | | | | | | |

图 2-2　自媒体平台分类

## （三）图文写作的思维

1. 产品思维。
2. 用户思维。
3. 规则意识。

## （四）爆款图文分析

1. 激发用户的情感共鸣。
2. 提供适当的信息增量。

3．拟定强吸引力的标题。

4．撰写生动有趣的正文。

## （五）如何进行图文写作（见图2-3）

图2-3 图文写作步骤

# 二、图文推广策划

## （一）图文写作目的

1．产品销售类图文的核心目标是达成销售。这类图文通常要刺激用户产生需求，建立信任感，最终付诸购买行动。

2．品牌宣传类图文的核心目标是塑造品牌。这类图文通常要体现企业的品牌形象与企业文化内涵，所以图文要符合品牌调性，能引起用户的情感共鸣，加深用户对品牌的印象。

3．活动推广类图文的核心目标是吸引用户、留存用户。这类图文往往形式多样化，交互性强，可适当运用语音、视频、表情包、网页元素等，吸引用户兴趣，提高用户留存率和用户黏性。

## （二）用户标签（见图2-4）

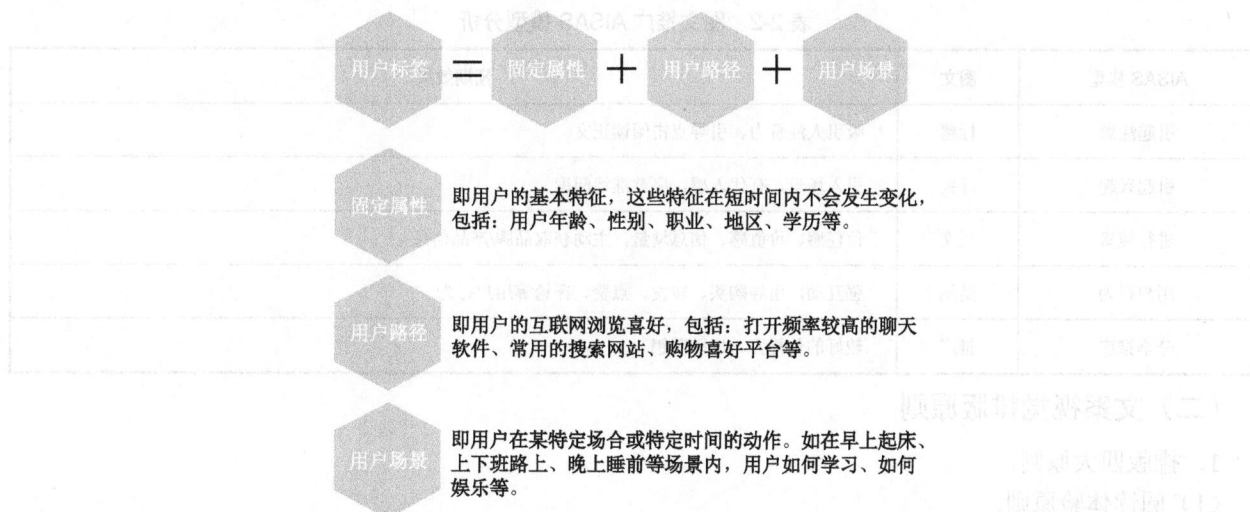

图2-4 用户标签

### （三）策划优质选题的五大技巧

1. 选题要戳中普遍痛点。
2. 选题要引发群体共鸣。
3. 选题要制造身份认同。
4. 选题要借用热点赋能。
5. 选题要提供多维度新知。

### （四）分析目标用户

构建用户画像常用的数据信息主要来自于网站后台数据、实地调研分析、权威行业报告、第三方新媒体数据分析工具。通过分析用户数据，确定用户基本信息，归纳提炼出用户群体标签，进而补充细节与场景，完善用户画像描述，让我们的目标用户分析更加科学、精准。

### （五）图文推广文案选题策划

一个好的选题，要具备以下特征。
1. 与目标用户关联度高的选题。
2. 与近期热点关联度高的选题。
3. 与日常生活关联度高的选题。

### （六）图文推广文案内容设计

1. 内容设计步骤。
（1）基于选题和素材，进行思维发散，把所有可写的观点罗列出来。
（2）整理出这些观点之间的逻辑关系，并进行适当的增减和修改。
（3）确定引领全文的核心观点，之后的子观点和案例，都是为核心观点服务。
（4）整理出完整大纲（开头引入、中间子观点/案例、收尾），并进行相应描述。
2. 内容设计大纲。
内容设计大纲通常采用"金字塔"结构，常见的金字塔结构有两种。
（1）并列结构。
（2）总分结构。

## 三、图文推广编辑与运营

### （一）图文推广 AISAS 模型分析（见表 2-2）

表 2-2　图文推广 AISAS 模型分析

| AISAS 模型 | 图文 | 预期效果 |
| --- | --- | --- |
| 引起注意 | 标题 | 吸引人注意力、引导点击阅读正文 |
| 引起兴趣 | 开头 | 引入场景，有代入感，愿意继续阅读 |
| 进行搜索 | 正文 | 信任感、价值感、信息增量，主动获取品牌/产品信息 |
| 用户行为 | 结尾 | 强互动，引导购买、转发、点赞、评论等用户行为 |
| 分享推广 | 推广 | 较好的传播力、口碑营销 |

### （二）文案视觉排版原则

1. 排版四大原则。
（1）阅读体验原则。
（2）内容调性原则。
（3）加深认知原则。

（4）持续稳定原则。

2．排版基础要求。

（1）文字规范。

（2）图文配色。

（3）内容模块化。

## （三）推广关键词策划

1．把与图文内容相关的、能想到的关键词都列出来。

2．在选择关键词时，可多参考近期热点事件。

3．将关键词合理布局在图文内容之中，特别是标题和开头。

## （四）用户评论运营

用户评论区常见的回复方法主要有置顶评论引发讨论，作者留言引导评论方向，解答用户实际问题，故事有奖征集，常规有奖互动，评论区打卡等。

## （五）运营数据分析

1．数据分析的思路（见表2-3）。

表2-3　数据分析的思路

| 推广目的 | 需要分析的数据指标 |
|---|---|
| 销售转化 | 阅读完成量、页面浏览量、用户访问时长、用户浏览页面数、转化率等 |
| 品牌传播 | 微博粉丝数、微信用户数、今日头条粉丝数、喜马拉雅订阅数等 |
| 活动推广 | 用户评价数量、主动转发的用户数、主动打赏的用户数、留言频次高的用户数等 |

2．数据分析的内容。

（1）图文分析。

基础的数据分析指标：打开率、分享率、点赞率、留言率。

高级的数据分析指标：（以7/30/60天为节点统计）平均打开率、平均分享率、最大阅读量、最高打开率。

（2）用户分析。

用户增长数据分析指标：新增关注人数、取消关注人数、净增人数、累计关注人数。

用户属性数据分析指标：性别、语言、城市分布、机型分布等。

3．数据分析的工具。

（1）自媒体数据分析工具（见表2-4）。

表2-4　自媒体数据分析工具

| 平台 | 自带统计功能 |
|---|---|
| 微信公众号 | 用户分析、图文分析、菜单分析、消息分析、接口分析、网页分析 |
| 今日头条 | 文章分析、头条号指数、粉丝分析、热词分析 |
| 百家号 | 文章分析、百家号指数、粉丝分析 |
| 大鱼号 | 文章分析、视频分析、用户分析、大鱼星级 |

（2）第三方数据分析工具。

（3）行业数据分析工具。

### （六）打造爆款标题

1. 与己相关。
2. 制造对比。
3. 引发好奇。
4. 启动情感。
5. 关键词借势。

### （七）设计吸引人的文章开头

1. 场景式开头。
2. 金句式开头。
3. 冲突式开头。
4. 故事式开头。

### （八）撰写优质的推广正文

1. 结构设计。
（1）故事类图文结构。
（2）论述类图文结构。
（3）营销类图文结构。

2. 文字及内容。
（1）补充不该省略的信息。
（2）适当增加论点、案例。
（3）聚焦主题、优化表述。

### （九）设计引发互动的结尾

1. 升华情绪式结尾。
2. 引发讨论式结尾。
3. 观点总结式结尾。
4. 引用式结尾。

### （十）及时跟踪推广数据

1. 用户数据分析。
（1）用户增长。
（2）关注来源。
（3）用户属性。
2. 图文分析。
（1）单篇图文。
（2）全部图文。

#### 经典例题解析

1. 知乎属于自媒体平台中的（　　）。

   A．公众类平台      B．问答类平台      C．专业类平台      D．视频类平台

【答案】B

【解析】问答类平台：综合类如百度知道、知乎，垂直类如医疗领域的 39 问医生、有问必答等。这类平台易于搜索人群精准，也聚集了不少优秀图文创作者。

2. 下列不属于图文写作思维的是（　　）。

   A．产品思维      B．规则思维      C．用户思维      D．互动思维

【答案】D

【解析】图文写作的思维包括：（1）产品思维；（2）用户思维；（3）规则思维。故选 D。

3．成功的爆款图文通常能够与用户建立情感连接，也就是能把话真正说到用户心坎上。由此可见，爆款图文（　　　）。

　　A．要激发用户的引发共鸣　　　　　　　　B．要戳中用户普遍痛点

　　C．要优质用户的购买服务　　　　　　　　D．要借用热点引发消费

【答案】A

【解析】通常来说，成功的爆款图文通常能够与用户建立情感连接，当内容聚焦在"向往""留恋"等情感共鸣点时，往往具备"引爆"的特质。例如，文章《母亲，谢谢你爱我》选题聚焦于平凡生活里关于爱的正能量故事，打开率和阅读量惊人。故选 A。

4．下列不属于图文推广构思的是（　　　）。

　　A．明确写作目的　　　　　　　　　　　　B．选题角度策划

　　C．视觉排版　　　　　　　　　　　　　　D．素材整理与挖掘

【答案】C

【解析】在写作之前，需要解决以下问题：此次写作的目标是什么？我们的目标用户是谁？我们要让用户了解什么信息？感受到什么？做出什么决定？通常可以用列出提纲或者以思维导图的形式梳理清楚以上问题，可以帮助我们明确写作目的，分析目标用户，策划选题角度，设计内容纲要以及整理素材，做好写作之前的准备工作。故选 C。

5．提炼用户标签可以用一个公式来表示，下列公式正确的是（　　　）。

　　A．用户标签=固定属性+用户途径+用户场景

　　B．用户标签=用户属性+固定场景+特定途径

　　C．用户标签=性别+年龄+职业

　　D．用户标签=搜索+习惯+娱乐

【答案】A

【解析】研究用户固定属性、用户路径及用户场景后，提炼出关键词，就形成了一套完整的用户标签。新媒体运营者需要在用户标签的基础上进行画像描述，以呈现完整的用户特征。故选 A。

### 同步练习

1．＿＿＿＿＿＿＿＿＿＿作为自媒体行业领头军，是图文创作者目前的主要阵地，特点是＿＿＿＿＿＿＿＿，＿＿＿＿＿＿＿＿，＿＿＿＿＿＿＿＿。

2．易于搜索，人群精准的自媒体平台是＿＿＿＿＿＿＿＿。

3．＿＿＿＿＿＿＿＿＿专注深耕某一行业领域，适合＿＿＿＿＿＿＿＿＿的图文创作者。

4．＿＿＿＿＿＿＿＿具有社交属性，用户生成内容易于传播。

5．一般来说，自媒体图文写作通过＿＿＿＿＿＿＿＿、＿＿＿＿＿＿＿＿＿＿和＿＿＿＿＿＿＿＿三个步骤完成。

6．图文推广构思包括＿＿＿＿＿＿＿＿、＿＿＿＿＿＿＿＿、＿＿＿＿＿＿＿＿、＿＿＿＿＿＿＿＿等。

7．图文推广内容编辑包括＿＿＿＿＿＿＿＿、＿＿＿＿＿＿＿＿、＿＿＿＿＿＿＿＿、＿＿＿＿＿＿＿＿、＿＿＿＿＿＿＿＿、＿＿＿＿＿＿＿＿。

8．图文推广运营包括＿＿＿＿＿＿＿＿＿＿、＿＿＿＿＿＿＿＿、＿＿＿＿＿＿＿＿。

9．＿＿＿＿＿＿＿＿＿是图文写作的第一步，基于不同的推广目的，图文主要可以分为＿＿＿＿＿＿＿＿、＿＿＿＿＿＿＿＿及＿＿＿＿＿＿＿＿。

10．产品销售类图文的核心目标是＿＿＿＿＿＿＿，品牌宣传类图文的核心目标是＿＿＿＿＿＿＿，活动推广类图文的核心目标是＿＿＿＿＿＿＿、＿＿＿＿＿＿＿。

11．用户标签=_____＋_____＋_____。

12．构建用户画像用的数据信息主要来自于_____、_____、_____、_____。

13．一个好的选题，要具备的特征有_____、_____和_____。

14．内容设计大纲通常采用_____结构，常见的结构有_____、_____。

15．优质的图文内容要求_____、_____、_____。

16．文案视觉排版的原则包括_____、_____、_____、_____。

17．排版的基础要求有_____、_____、_____。

18．策划关键词可分为_____、_____及_____三大步骤。

19．数据分析的内容包括_____、_____、_____。

20．一个成功的开头具有五个特点：_____、_____、_____、_____、_____。

21．常见的文章开头设计技巧有_____、_____、_____、_____。

22．自媒体图文常用的结构构架有_____、_____、_____。

23．通常来说，写好一个结尾的常见方法有_____、_____、_____、_____。

24．微信公众号后台的图文分析主要分为_____和_____两个部分。

## 单元练习题

### 一、选择题

1．哔哩哔哩属于自媒体平台中的（　　）。

    A．公众类平台　　　　　B．问答类平台　　　　C．专业类平台　　　　D．视频类平台

2．喜马拉雅 FM 属于自媒体平台中的（　　）。

    A．短视频类平台　　　　B．音频类平台　　　　C．社区类平台　　　　D．视频类平台

3．虎嗅网属于自媒体平台中的（　　）。

    A．公众类平台　　　　　B．问答类平台　　　　C．专业类平台　　　　D．视频类平台

4．对于内容创作者来说，遵守社会主义核心价值观，遵守自媒体平台的管理规范，不制造低俗、夸张、虚假的内容的行为。这属于（　　）。

    A．产品思维　　　　　　B．互动思维　　　　　C．用户思维　　　　　D．规则思维

5．一般来说，自媒体图文写作可以通过三个步骤完成，下列选项中里不属于图文写作步骤的是（　　）。

    A．图文推广构思　　　　　　　　　　B．图文推广内容编辑

    C．图文推广日常运营　　　　　　　　D．图文推广总结

6．图文推广日常运营的工作，一般不包括（　　）。

    A．分析目标用户　　　　　　　　　　B．推广关键词策划

    C．用户评论运营　　　　　　　　　　D．运营数据分析

7．下列不属于推文推广构思的是（　　）。

    A．明确写作目的　　　　　　　　　　B．视觉排版

    C．选题策划　　　　　　　　　　　　D．素材整理与挖掘

8．通过对图文数据和用户数据进行分析，持续了解用户的真实需求，加强对图文质量的判断，不断优化内容，迭代升级内容。这属于（　　）。

    A．图文推广构思　　　　　　　　　　B．图文推广内容编辑

    C．图文推广日常运营　　　　　　　　D．图文推广总结

9．自媒体图文推广主要有销售转化、品牌宣传、活动推广、用户服务、内容传播等目的，（　　）是图文写作的第一步。

A．明确写作目的　　　　　　　　　　　　B．分析目标用户

C．素材整理与挖掘　　　　　　　　　　　D．设计开头

10．一个好的卖货图文，可以提高转化率，优化用户体验，增加品牌美誉度，（　　）的核心目标是达成交易。

A．明确写作目的　　　　　　　　　　　　B．产品销售类图文

C．品牌宣传类图文　　　　　　　　　　　D．活动推广类图文

11．（　　）往往形式多样化，交互性强，可适当运用语音、视频、表情包、网页元素等吸引用户，核心目标是吸引用户、留存用户。

A．明确写作目的　　　　　　　　　　　　B．产品销售类图文

C．品牌宣传类图文　　　　　　　　　　　D．活动推广类图文

12．下列属于自媒体数据分析工具的是（　　）。

A．西瓜助手　　　　B．新媒体管家　　　C．今日头条　　　D．壹伴

## 二、简答题

1．爆款图文应具备的共同属性有哪些？

2．简述进行图文推广内容编辑时的具体步骤。

3．简述策划优质选题的技巧。

## 三、综合分析题

某花店为客户制定了一系列的活动策划，以提升花店的知名度和销售额。

（1）宣传推广：为花店制作精美的宣传资料，如海报、传单、宣传册等，展示花店的产品和特色。这些宣传资料在店内、社交媒体、线上平台等渠道进行广泛传播，吸引潜在客户的关注。

（2）定制礼品：为花店定制礼品，如贺卡、装饰品、纪念品等。这些礼品与花店的特色相结合，成为花店的独家产品，提升品牌形象。同时，也作为花店的赠品，吸引更多客户。

（3）节日促销：在重要的节日或纪念日，如情人节、母亲节、圣诞节等，为花店设计促销活动。推出限时折扣、买一送一等优惠活动，吸引客户购买。同时，制作活动的宣传资料，提醒客户参与活动。

根据以上内容回答下列问题：

1．自媒体时代，图文推广的营销价值主要体现在哪几个方面？

2. 该花店在社交媒体、线上平台宣传所用的图文，基于不同的推广目的，图文可大致分为哪几类？

3. 该花店宣传使用的图文需要一个可以引发互动的结尾，请简述常见的结尾方法。

# 第五章

# 搜索引擎推广

## 知识结构图

```
                                                    ┌─ 搜索引擎优化的定义
                                                    ├─ 搜索引擎工作流程
                                                    ├─ 网页排名算法
                                    实施搜索引擎优化推广 ├─ 相关指标
                                                    ├─ 明确SEO的目标
                                                    ├─ 设置网页中SEO关键参数
                                                    ├─ 分析SEO关键词
                                                    └─ 设计与优化友好网页

                                                    ┌─ 搜索引擎营销漏斗模型
                                                    ├─ 关键词质量度
            搜索引擎推广 ─── 实施搜索引擎竞价推广 ├─ 开展搜索引擎营销的四项重要工作
                                                    ├─ 设置搜索竞价广告
                                                    ├─ 策划专题页
                                                    └─ 分析SEM数据

                                                    ┌─ 常见的网络广告付费形式
                                                    ├─ 百度搜索推广付费方式
                                    计算搜索推广成本 ├─ 根据预算搭建账户
                                                    ├─ 设置关键词出价
                                                    └─ 计算点击价格
```

## 考试说明

1. 理解搜索引擎优化的含义和目标。
2. 理解搜索引擎工作流程。
3. 掌握搜索引擎优化关键词的分类、挖掘、处理和部署。

4. 理解搜索引擎营销漏斗模型。

### 知识精讲

## 一、实施搜索引擎优化推广

### （一）搜索引擎优化的定义

搜索引擎优化是指通过分析各搜索引擎对网站网页的抓取、收录规则，在网站设置和网页内容上进行优化，从而提升网页在搜索引擎自然搜索结果中（非商业性推广结果）的收录数量及排序位置。

搜索引擎优化的基本目标是增加网页收录、提高关键词排名，从搜索引擎中获得更多的免费流量，以及更好地展现品牌形象。

### （二）搜索引擎工作流程

1. 在互联中发现、搜集网页信息。
2. 对信息进行分析建立索引库。
3. 对用户输入的搜索词进行处理。
4. 根据排名结果排序并返回搜索结果。

### （三）网页排名算法

1. 谷歌排名算法。
2. 百度排名算法。

### （四）相关指标

1. 权重。
2. 百度权重。
3. 百度指数。
4. Alexa 排名。

### （五）明确 SEO 的目标

不同的企业进行搜索引擎优化的目的不同，主要分为以下几种：
1. 获取精准流量并提升转化率。
2. 提升品牌知名度。
3. 新品宣传。
4. 企业品牌口碑维护。

### （六）设置网页中 SEO 关键参数

1. 网页标题的 SEO 参数设置。
2. 关键词参数的 SEO 设置。
3. 描述参数的 SEO 设置。

### （七）分析 SEO 关键词

1. 关键词的分类。
关键词通常按照搜索目的、关键词长短和关键词热度进行分类。
（1）按照搜索目的分类。按照搜索目的分类可分为：导航类关键词、事务类关键词和信息类关键词。
（2）按照关键词长短分类。选择长短关键词时，通常会使用 2/8 理论和长尾理论进行分析。
（3）按照关键词热度分类。关键词热度分析分为热门关键词、一般关键词和冷门关键词。
2. 关键词的挖掘。
（1）关键词挖掘方法。

①竞争对手网站。

②搜索结果 TOP10。

③百度相关搜索。

④官方指数。

（2）关键词挖掘工具。

①在线平台。

②百度关键词策划。

3．关键词的处理。

（1）关键词挑选。

首先挑选出和自己网站主题内容相关的关键词，只保留能够带来"有效流量"的关键词，然后挑选出搜索量大但是市场竞争小的关键词。

（2）关键词分组。

在对关键词进行分组的时候，要充分考虑关键词的长度、搜索量、竞争强度、词性、商业价值及所属细分类型等要素。

4．关键词的部署。

网站关键词部署"金字塔"定律如下：

（1）可部署核心关键词，少而精，一般为 2~3 个词。

（2）分类页可以部署二级拓展词，它仅次于核心关键词，每个分类页包含 2~3 个结构相同或意义相近的关键词。

（3）专题页可以部署比较热门的关键词，这些关键词比较热门但不易分类，一般通过专题页进行优化。

（4）标签页可以部署次热门关键词，标签是分类的有效补充，标签关键词介于热门关键词和长尾关键词之间。

（5）文章页可以部署长尾关键词，长尾效应的前提是放量，要不断研究用户的搜索习惯并针对内容更新。

## （八）设计与优化友好网页

1．单个网页 SEO 优化。

2．网站图片 SEO 优化。

# 二、实施搜索引擎竞价推广

## （一）搜索引擎营销漏斗模型

搜索引擎营销漏斗模型是指在营销的过程中，从最初匹配用户到最终转化成交的过程就像一个漏斗，它包含五个环节：展现、点击、访问、咨询到生成订单。

1．展现量。

展现量即关键词展现在用户面前的次数，是漏斗原理的第一层。

影响展现量的因素主要是账户整体设置、关键词和网民搜索量。

2．点击量。

点击即网民看到搜索推广广告后的点击次数。

影响点击量的因素主要是关键词和创意。

3．访问量。

访问量即网民到达网页的次数，用户顺利又快捷地打开你的页面，才算访问到你的页面，这主要跟网站的打开速度和网页能否打开有关。

4．咨询量（注册量）。

当用户点击后登录你的页面，能否吸引用户的购买欲望而去咨询，对于一些行业来说，这一层为咨询量（如教育行业的访问咨询），对于搜索推广的目的是用户注册的公司来说，这一层为注册量。

5．订单量。

当用户有欲望就会去购买你的产品，订单量靠的是产品或者销售。

### （二）关键词质量度

1．预估点击率。

2．业务相关性。

3．着陆页体验。

### （三）开展搜索引擎营销的四项重要工作

开展搜索引擎营销，首先要做好四步：账户操作、专题页策划、数据分析、效果优化。

### （四）设置搜索竞价广告

1．搜索竞价广告的特点。

2．搜索竞价广告账户。

### （五）策划专题页

1．专题页策划四步法。

专题页策划的原则就是抓住用户眼球、吸引用户点击、提供良好的用户体验，一般流程遵循引入、痛点、产品、召唤四个环节。

2．专题页案例分析。

### （六）分析 SEM 数据

1．分析维度。

2．数据评估指标。

3．数据分析方法。

## 三、计算搜索推广成本

### （一）常见的网络广告付费形式

1．CPT。

2．CPM。

3．CPA。

4．CPC。

### （二）根据预算搭建账户

账户根据预算可分为小账户、中账户、大账户。

### （三）设置关键词出价

1．关键词出价的分类。

2．关键词出价原则。

### （四）计算点击价格

1．点击价格。

2．最低展现价格。

3．点击价格的计算方法。

### 经典例题解析

1．下列属于搜索引擎优化的目标的是（　　　）。

　　A．明确搜索引擎优化的目的　　　　　　　B．提升网站的认可度

　　C．提升品牌知名度　　　　　　　　　　　D．增加活动推广性

【答案】C

【解析】SEO 的目标有：（1）获取精准流量并提升转化率；（2）提升品牌知名度；（3）新品宣传；（4）企业品牌口碑维护。故选 C。

2．下列选项中，不属于搜索引擎的工作过程的是（　　　）。

    A．信息采集        B．信息查询        C．用户接口        D．内容付费

【答案】D

【解析】搜索引擎的工作原理是从互联网上抓取网页，建立索引数据库，在索引数据库中搜索排序。它的整个工作过程大体分为信息采集、信息分析、信息查询和用户接口四部分。基本步骤如下：（1）在互联中发现、搜集网页信息；（2）对信息进行分析建立索引库；（3）对用户输入的搜索词进行处理；（4）根据排名结果排序并返回搜索结果。故选 D。

3．下列关键词的分类中，属于按照关键词长短分类的是（　　　）。

    A．导航类关键词                B．长尾关键词

    C．商业类关键词                D．选题类关键词

【答案】B

【解析】长尾关键词一般比目标关键词字数多，通常用于网站的栏目页面、内容页面和专题页面优化。长尾关键词的个数是没有限制的，一个网站可能有成千上万个。长尾关键词具有多样性、多元化、个性化的特点，能给网站带来更多的流量。

4．搜索引擎营销漏斗模型中的（　　　）是漏斗原理的第一层。

    A．展现量        B．信息量        C．转化量        D．销售量

【答案】A

【解析】展现量即关键词展现在用户面前的次数，是漏斗原理的第一层。影响展现量的因素主要是账户整体设置、关键词和网民搜索量。故选 A。

5．下列不属于关键词挖掘工具的是（　　　）。

    A．在线平台        B．5118        C．壹伴        D．百度关键词策划

【答案】C

【解析】关键词挖掘工具有：①在线平台，主流的站长平台（如 ChinaZ、aiku、5118）都引进了成熟的关键词挖掘工具；②百度关键词策划，百度推出了免费的关键词扩展工具——百度关键词规划师。

## 同步练习

1．搜索引擎优化的基本目标是＿＿＿＿＿＿＿＿＿＿＿＿＿＿＿＿＿＿＿。

2．搜索引擎的整个工作过程大体分为＿＿＿＿＿＿、＿＿＿＿＿＿、＿＿＿＿＿＿、＿＿＿＿＿＿等。

3．＿＿＿＿＿＿＿＿首先按照一定的方式和要求对网络上的＿＿＿＿＿＿＿＿站点进行搜索，并把所获得的信息保存下来以备建立＿＿＿＿＿＿＿和＿＿＿＿＿＿＿。

4．搜索引擎对已经搜集到的资料按照网页中的字符特性予以分类，并以巨大表格的形式存入数据库，这个过程即是＿＿＿＿＿＿＿。

5．关键词通过按照＿＿＿＿＿＿、＿＿＿＿＿＿、＿＿＿＿＿＿进行分类。

6．按照搜索目的分类可分为＿＿＿＿＿＿、＿＿＿＿＿＿和＿＿＿＿＿＿。

7．2/8 理论是主攻主要的关键词用来获得＿＿＿＿＿＿、＿＿＿＿＿＿和＿＿＿＿＿＿。

8．长尾关键词具有＿＿＿＿＿＿、＿＿＿＿＿＿、＿＿＿＿＿＿的特点。

9．关键词热度分为＿＿＿＿＿＿、＿＿＿＿＿＿和＿＿＿＿＿＿。

10．关键词挖掘方法有＿＿＿＿＿＿、＿＿＿＿＿＿、＿＿＿＿＿＿、＿＿＿＿＿＿。

11．关键词挖掘工具包括＿＿＿＿＿＿和＿＿＿＿＿＿。

12．关键词的处理包括＿＿＿＿＿＿和＿＿＿＿＿＿。

13．一般合理的网站关键词部署类似＿＿＿＿＿＿形状，被称为＿＿＿＿＿＿定律。

14．网站关键词部署首先可部署_____，少而精，一般为_____个词。

15．标签页可以部署_____，标签是分类的有效补充，标签关键词介于_____和
_____之间。

16．搜索引擎营销漏斗模型包含的环节有_____、_____、_____、_____到_____。

17．影响展现量的因素主要是_____、_____和_____。

18．影响点击量的因素主要是_____和_____。

**单元练习题**

## 一、选择题

1．搜索引擎的工作原理是从互联网上抓取网页，建立索引数据库，在索引数据库中搜索排序，工作过程大致分为四类。下列选项中，不属于搜索引擎的工作过程的是（　　）。

    A．信息采集　　　　　　B．信息查询　　　　C．用户接口　　　　D．内容付费

2．搜索引擎的网页排名算法是非常复杂的，但是研究网页排名算法的得分要素有利于我们开展搜索引擎优化，下列属于网页排名算法的是（　　）。

    A．百度排名算法　　　B．营销排名算法　　C．运营排名算法　　D．搜索排名算法

3．网页排名算法里有谷歌排名算法，下列关于谷歌发布的网页排名算法公式正确的是（　　）。

    A．关键词得分*0.5　　　　　　　　　　　B．关键词得分*0.3

    C．域名得分*0.3　　　　　　　　　　　　D．域名得分*0.5

4．下列关于谷歌发布的网页排名算法公式正确的是（　　）。

    A．谷歌得分=（关键词*0.2）+（域名权重*0.3）+（外链得分*0.3）+（用户数据权重*0.1）+（内容质量得分*0.1）+（人工提分）-（人工/自动降分）

    B．谷歌得分=（关键词*0.3）+（域名权重*0.25）+（外链得分*0.25）+（用户数据权重*0.1）+（内容质量得分*0.1）+（人工提分）-（人工/自动降分）

    C．谷歌得分=（关键词*0.5）+（域名权重*0.1）+（外链得分*0.2）+（用户数据权重*0.1）+（内容质量得分*0.1）+（人工提分）-（人工/自动降分）

    D．谷歌得分=（关键词*0.3）+（域名权重*0.3）+（外链得分*0.2）+（用户数据权重*0.1）+（内容质量得分*0.1）+（人工提分）-（人工/自动降分）

5．下列关于排名算法的说法不正确的是（　　）。

    A．相关度越高的网页页面，在排序方面就越会获得更高的加分

    B．研究网页排名算法的得分要素不利于我们开展搜索引擎优化

    C．对于中文的网站来说，在百度获得好的排名就是 SEO 工作成功的关键

    D．谷歌关键词得分影响因子包括网页 title、Hx、文本内容、外链中、域名/网址

6．百度搜索引擎在衡量网页质量时，会从三个维度综合权衡给出一个质量打分，下列选项中不属于这三个维度的是（　　）。

    A．内容质量　　　　　　B．浏览体验　　　　C．流行内容　　　　D．可访问性

7．（　　）是指搜索引擎给网站和各个网页赋予的权威值，是对网站和各页面的一个整体的评分。

    A．权重　　　　　　　　B．百度权重　　　　C．百度指数　　　　D．Alexa

8．（　　）是以百度海量网民行为数据为基础的数据分析平台，是当前互联网乃至整个数据时代最重要的统计分析平台之一。

    A．权重　　　　　　　　B．百度权重　　　　C．百度指数　　　　D．Alexa

9．下列不属于 Alexa 提供的评价指标信息的是（　　）。

    A．综合排名　　　　　　B．浏览体验排名　　C．到访量排名　　　D．页面访问量排名

10．下列说法错误的是（　　）。

    A．网站权重越高说明搜索引擎对于网站的认可度越高

B．Alexa 排名数字越小，表示网站获得的流量就越多，网站用户也越高

C．Alexa 排名是目前比较权威的世界排名网站，主要分为横向排名和纵向排名

D．百度权重不是百度官方的权威数据

11．下列选项中属于影响百度排名算法的网页排序的因素是（　　）。

　　A．权威性　　　　　　　B．权重　　　　　　　C．指数　　　　　　　D．优化性

12．（　　）是通过研究关键词搜索趋势、洞察网民兴趣和需求、监测舆情动向、定位受众特征等，可以为企业营销决策提供重要的依据。

　　A．权重　　　　　　　　B．百度权重　　　　　C．百度指数　　　　　D．Alexa

13．下列属于搜索引擎的目标的是（　　）。

　　A．明确搜索引擎优化的目的　　　　　　B．提升网站的认可度

　　C．提升品牌知名度　　　　　　　　　　D．增加活动推广性

14．下列选项中不属于网页标题的 SEO 参数设置原则的是（　　）。

　　A．标题中的关键词与内容题文相符　　　B．主要关键词的位置靠右

　　C．关键词不要堆砌　　　　　　　　　　D．添加品牌词

15．选择关键词的时候，我们应该遵循的原则是（　　）。

　　A．明确关键词目的　　　　　　　　　　B．围绕核心关键词进行设置

　　C．缩短长尾关键词组合　　D．活动推广关键词

16．下列选项中错误的是（　　）。

　　A．关键词一般不超过 3 个

　　B．在描述参数的 SEO 设置中，应尽量简洁准确地描述

　　C．在描述的设置上字符一般规定为 80 个字符内（包括标点符号）

　　D．在选择关键词的时候，应建议遵循围绕长尾关键词进行设置

17．在关键词的分类中，按照搜索目的分类的是（　　）。

　　A．导航类关键词　　　　B．长尾式关键词　　　C．商业类关键词　　　D．选题类关键词

## 二、简答题

1．简述搜索引擎工作的流程。

2．简述关键词挖掘的方法。

3．搜索引擎营销漏斗模型的环节包括哪几个部分？

## 三、综合分析题

在一场营销活动中，搜索广告就像黏合剂一样，将曝光、内容、转化等不同场景紧密联系起来，将分散的营销资源整合成一个有机的整体。OPPO 与快手携手打造的"你还挺能耐"项目，在实现跨场景流量整合的同时，也达成了对目标人群的精准营销，并产生了持续的长尾效应。其关键在于——构建搜索全链路，成为营销新中枢。

首先，快手站内上线了话题页，拉满了新品的话题度。当有趣的话题和突出的卖点激发了用户的兴趣时，评论区的"猜你想搜"功能便以关键词引导用户点击进入搜索超级品牌专区。这样用户不再需要主动去搜索，

而且被动地激发了潜在需求。这些需求是之前没有被发掘的真实需求，能够自然地转化为主动的搜索行为。数据显示，话题猜搜词的点击率比照组提高了 54%，成功地连接了用户的主动搜索意图。

搜索行为背后隐藏着巨大的需求价值。如果说搜索品牌专区是需求汇聚的阵地，那么快手热榜更像是一个放大器，挖掘潜在的搜索需求，扩大搜索带来的曝光。如今，热搜热榜已经成为用户获取最新热门信息的重要渠道。在快手，高关注度的热榜能激发流量势能，为营销活动增添动力。"你还挺能耐"项目将活动相关的话题推上了快手热榜的第六位，"#谁家的孩子这么有能耐？"这个问句形式进一步激发了用户的好奇心和点击欲。这个趣味横生的话题获得了超过 1000 万的曝光量，点击率也高于平均水平。

根据以上内容回答下列问题：

1. 在上述营销活动中，如果想在百度排名中获得好的排名，可以从哪几个影响网页排序的重要因素入手？

2. 网页标题对于搜索引擎排名是十分重要的，而网络标题中应该涵盖更多的关键词，这些关键词可大致分为哪几类？

# 第六章

# 社群营销

## 知识结构图

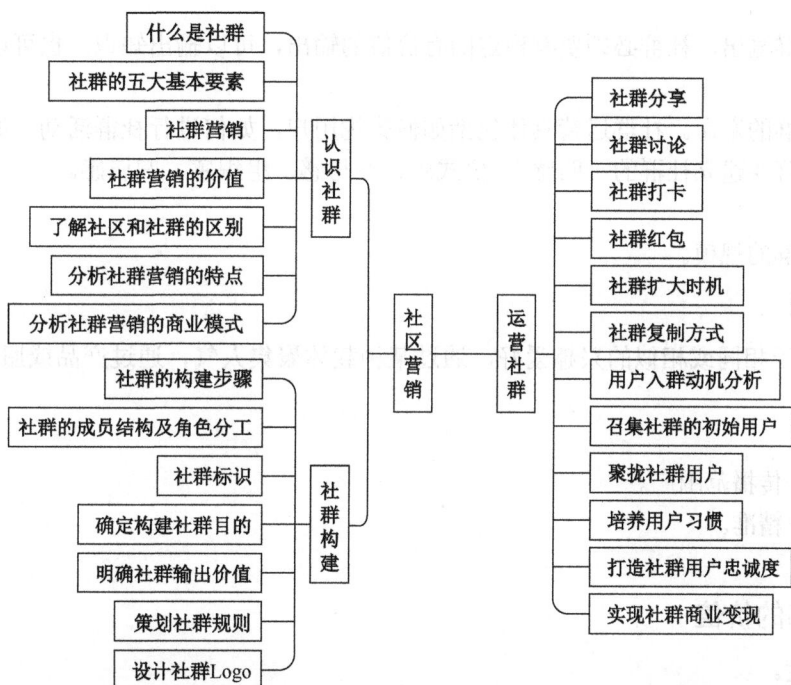

考试说明

1. 理解社群的含义和要素。
2. 理解社群营销的含义、优势和价值。
3. 掌握社群营销的特点和商业模式。
4. 掌握社群的构建和运营。

知识精讲

# 一、认识社群

## （一）什么是社群

社群是一群有相互关系的人形成的网络，其中人和人要产生交叉的关系和深入的情感链接，才能被看作社群。社群中的人和人是有关系链接的，关系链接度就是人与人之间的一种了解和交流。

## （二）社群的五大基本要素

1. 社群链接。

根据其链接的属性不同，社群链接可以分为：产品链接、兴趣链接、标签链接、空间链接以及情感链接。

（1）产品链接：以一款或一类产品为链接点聚集人群。

（2）兴趣链接：以一个共同的喜好/兴趣为链接点聚集人群。

（3）标签链接：标签是一种很容易被识别、很容易记住的符号。标签链接是以某一个标签为链接点聚集人群。

（4）空间链接：以所在空间相同而聚集人群。

（5）情感链接：情感上分为爱情、友情、亲情等，最常见的情感链接社群是同学群、亲友群等。

2. 社群成员结构。

社群成员结构，就是在社群中承担不同工作角色的人，包括创始人、管理员、参与者、开拓者、合伙人、付费者。

3. 社群价值。

社群价值就是社群输出，社群必须要有稳定的有价值的输出，可以输出知识，也可以输出信息等。

4. 社群运营。

社群运营决定社群的寿命。社群运营具体包括如何聚拢用户，如何进行社群活动，如何打造用户忠诚度，社群变现等。通过运营要建立社群的"四感"：仪式感、参与感、组织感、归属感。

5. 社群复制。

社群复制决定社群的规模。

## （三）社群营销

社群营销，是基于相同或相似的兴趣爱好，通过某种载体聚集人气，通过产品或服务满足群体需求而产生的商业形态。

社群营销的优势。

1. 传播速度快，传播范围广。

2. 社群营销用户精准。

3. 沟通畅快。

## （四）社群营销的价值

1. 感受品牌温度。

2. 刺激产品销售。

3. 维护顾客黏性。

## （五）分析社群营销的特点

1. 弱中心化。

2. 互动性强。

3. 情感营销。

4. 自行运转。

## （六）分析社群营销的商业模式

1. 社群广告变现。

2. 社群电商变现。

3. 收会员费变现。

## 二、社群构建

### （一）社群的构建步骤

1. 社群人群定位。
2. 引流吸粉，确定群结构。
3. 价值输出。
4. 社群运营。

### （二）社群的成员结构及角色分工

1. 创始人。
2. 管理员。
3. 参与者。
4. 开拓者。
5. 合伙人。
6. 付费者。

### （三）社群标识

所谓社群标识，可以理解为社群标签，这些标签能够彰显社群的独特性，也能够提升社群的辨识度。

### （四）确定构建社群目的（见表2-5）

表2-5 建立社群的目的

| 建立社群的目的 | 说 明 |
| --- | --- |
| 销售产品 | 销售产品，获取盈利 |
| 提供服务 | 服务客户，维护客户关系，挖掘潜在客户 |
| 拓展人脉 | 形成自己的人脉圈 |
| 成长提升 | 一起学习和分享 |
| 打造品牌 | 打造品牌，树影响力 |

### （五）明确社群输出价值

构建社群价值需要注意以下几个问题。

1. 价值要尽可能抓住群成员的痛点。
2. 价值要具体，且有回报载体。
3. 价值要有互惠互利的共生点。

### （六）策划社群规则

社群规则一般包括以下几个方面的内容。

1. 引入规则。

第一种邀请制：这种类型适合邀请一些 KOL（关键意见领袖）来捧场，借助他们的影响力，帮助本社群做宣传推广。

第二种付费制：最常见的模式就是付费买产品。

第三种申请制：需要像申请工作一样提出申请，经过考核后才能入群，一些高端社群会员筛选过程较麻烦，审核方式会通过问卷、邮箱、一对一私聊等形式进行。

第四种任务制：这种方式入群，一般需要完成一定的"任务"后方可加入。

第五种举荐制：即入群的人要经过群内人的推荐才可以加入，这种方式一般推荐人都会给被推荐人解释群的作用，让入群者对群有所了解；推荐人和被推荐人本来就互相了解，更容易进行互动，也便于群的管理。

2. 入群规则。

3．交流规则。

交流规则用来维护社群日常交流环境，特别是在线学习群。设置交流规则，是为了在活跃度和诱发刷屏之间寻求一个平衡点。

对于违规的群员，一般采取的模式有：（1）小窗提醒；（2）公开提醒晒群规；（3）私下警告；（4）直接移除。

4．分享规则。

常见的分享规则有领袖主导制、嘉宾空降制、轮换上台制、经验总结制。

5．淘汰规则。

淘汰规则主要针对两种人群："捣乱者"；群内参与少、贡献少的人。

常见的淘汰规则有人员定额制、犯规剔除制、积分淘汰制、成果淘汰制。

### （七）设计社群 Logo

1．尽量使用矢量图。

2．结合品牌 Logo。

## 三、运营社群

### （一）社群分享

1．语音分享。

2．微信群私密分享。

3．纯文字分享。

4．视频、音频直播/录播分享。

### （二）社群讨论

1．活动前内容策划。

（1）话题不能太大、太沉重，要简单、易讨论，让人可以随时参与。

（2）设计话题时，可以多考虑如何提起大家的兴趣点。

（3）话题设计可以根据最近发生的事件去设计话题，也可以对接下来的节日活动进行讨论。

（4）紧抓热点。

2．活动进行时。

（1）开场介绍。

（2）引申阶段。

（3）互动热场。

（4）收尾。

3．活动结束后。

### （三）社群打卡

在社群中，"打卡"活动的作用有以下四点。

1．让用户形成习惯，在社群中打卡是一种有效养成好习惯的方式。

2．能随时掌握用户的活跃数据，运营者通过用户的具体表现，能够了解社群的整体运营情况，打卡对于运营者来说，是一个很好的反馈，可以随时掌握用户的活跃数据。

3．帮助筛选用户，打卡机制可以帮助运营者筛选出精准用户，因为普通的粉丝根本坚持不下去，只有忠实粉丝才会每天打卡，这部分用户有很高的变现几率。

4．形成一种竞争的氛围，人都会有惰性，打卡机制可以形成一种竞争的氛围。

### （四）社群红包

1．活跃气氛。

2．新人报到。

3. 激活群员。

4. 宣布喜讯。

5. 发小广告。

## （五）社群扩大时机

1. 单个社群运营模式已闭环。

2. 社群内出现分化领域的苗头。

3. 做好了扩大运营的准备。

4. 社群已经形成了自己的群文化。

## （六）社群复制方式

1. 平级裂变复制。

2. 上下级裂变复制。

3. 分化整合裂变复制。

4. 地域裂变复制。

## （七）用户入群动机分析（见表2-6）

表2-6　用户入群动机

| 入群动机 | 说　明 |
|---|---|
| 联络的需要 | 同事、老乡、同学、家人保持联系 |
| 工作的需要 | 对内信息通报，对外客户服务 |
| 交友的需要 | 找到同行、同好、同城等 |
| 学习的需要 | 寻找比自己更专业的人的帮助 |
| 宣传的需要 | 加入群是为了宣传自己的产品或服务 |
| 生活的需要 | 吃饭、聚会、旅游的一个圈子 |

## （八）召集社群的初始用户

1. 线下推销。

2. 免费服务。

3. 策划吸粉活动。

## （九）聚拢社群用户

1. 了解用户，定位目标。

2. 收集评价，改进产品。

3. 创新运营形式，延长社群生命周期。

4. 多与粉丝进行交流。

5. 组织活动，建立线上线下连接。

6. 分化社群，建设小圈子。

7. 引导不同社群互动。

8. 定期进行人员淘汰。

9. 推出社群福利。

## （十）培养用户习惯

1. 进入下意识。

2. 心理暗示力。

3. 用鼓励去刺激"习惯"。

4. 借助固定的活动培养用户习惯。

## （十一）打造社群用户忠诚度

1. 建立客户数据，保证通畅的沟通管道。
2. 情感互动。
3. 利益互动。

## （十二）实现社群商业变现

1. 产品变现。
2. 会员费变现。
3. 广告变现。
4. 用户打赏变现。
5. 产品众筹变现。

### 经典例题解析

1. 下列不属于社群链接的是（　　）。

    A. 产品链接　　　　　　B. 空间链接　　　　　C. 渠道链接　　　　　D. 标签链接

【答案】C

【解析】根据其链接的属性不同，社群链接可以分为产品链接、兴趣链接、标签链接、空间链接以及情感链接五大要素。故选C。

2. （　　）决定社群的寿命，包括如何聚拢用户，如何进行社群活动，如何打造用户忠诚度，社群变现等。

    A. 社群运营　　　　　　B. 社群复制　　　　　C. 社群排名　　　　　D. 社群驱动

【答案】A

【解析】社群运营决定社群的寿命。社群运营具体包括如何聚拢用户，如何进行社群活动，如何打造用户忠诚度，社群变现等。通过运营要建立社群的"四感"：仪式感、参与感、组织感、归属感。

3. 下列选项中不属于社群营销商业模式的是（　　）。

    A. 社群广告变现　　　　　　　　　　　B. 社群电商变现

    C. 收会员费变现　　　　　　　　　　　D. 销售行为变现

【答案】D

【解析】常见的社群营销商业模式有：（1）社群广告变现；（2）社群电商变现；（3）收会员费变现。故选D。

4. 下列选项中不属于社群成员结构的是（　　）。

    A. 创始人　　　　　　B. 管理员　　　　　C. 合伙人　　　　　D. 营销员

【答案】D

【解析】一个完整的社群成员结构包含创始人、管理员、参与者、开拓者、合伙人和付费者。故选D。

5. 为了让社群中有想法的粉丝参与进来，提高社群的价值，同时帮助社群粉丝实现利益的最大化，帮助社群粉丝的项目和产品众筹到位。这体现了社群商业变现中的（　　）。

    A. 渠道业务变现　　　　　　　　　　　B. 点击变现

    C. 广告变现　　　　　　　　　　　　　D. 产品众筹变现

【答案】D

【解析】众筹是社群经济中最好的商业模式。社群最大的特点是拥有广泛的粉丝群体。通过众筹，让社群中有想法的粉丝参与进来，提高了社群的价值，同时帮助社群粉丝实现利益的最大化，帮助社群粉丝的项目和产品众筹到位。

📖 **同步练习**

1. 社群的五大要素为_____、_____、_____、_____、_____。

2. 社群链接根据其链接的属性不同，社群链接可以分为_____、_____和_____。

3. 社群成员结构包括_____、_____、_____、_____、_____。

4. 通过运营要建立社群的"四感"：_____、_____、_____、_____。

5. _____是由于移动互联网的发展才出现的营销模式。

6. 社群营销的优势有_____，_____，_____。

7. 社群营销的价值包括_____、_____、_____。

8. 社群营销的特点有_____、_____、_____、_____。

9. 常见的社群营销商业模式有_____、_____、_____。

10. 社群通常是_____、_____的，_____相对精准。

11. 社群电商实质上就是_____。

12. 通过_____的方式变现，是最简单直接的变现方式。

13. 社群的构建步骤包括_____、_____、_____、_____。

14. 一个完整的社群成员结构包含_____、_____、_____和_____。

15. 社群创始人的一般特质包括_____、_____。

16. 建立社群的主要目的有_____、_____、_____。

17. 社群价值的表现形式多种多样，关键在于_____。

18. 引入规则的门槛主要有_____、_____、_____。

19. 入群规则设置需要注意的细节有_____、_____、_____。

20. 对于违规的群员，一般采取的模式有_____、_____、_____、_____。

21. 常见的分享规则有_____、_____、_____。

22. 淘汰规则主要针对两种人群：_____；_____。

23. 社群分享模式有_____、_____、_____、_____。

24. 群讨论一般经历的三个阶段是_____、_____、_____。

25. 在社群中，"打卡"活动的作用有_____、_____、_____。

26. 在社群里发红包一般可以达到的目的有_____、_____、_____、_____。

27. 社群运营的整个过程中，包括_____、_____、_____、_____。

28. 社群复制方式有_____、_____、_____、_____。

29. 用户入群的动机一般包括_____、_____、_____、_____。

30. 针对大量的陌生用户，需要进行活动策划的活动方式有_____、_____、_____。

31. 打造社群用户忠诚度的方法有_____、_____、_____。

32. 常见的商业变现形式有_____、_____、_____、_____。

**单元练习题**

## 一、选择题

1. 下列关于社群营销优势的描述正确的是（　　）。
    A．一个社群如果能够复制出多个平行社群，将会形成巨大的社群规模
    B．社群营销最大的优势便是传播速度及范围
    C．社群营销就是这个产品适用于所有人，针对于不同兴趣的人
    D．用户在购买产品时不再是基于某个场景的消费，更多的是基于功能性的消费

2. （　　）是将商家已有的产品通过社群作为渠道卖给消费者。
    A．社群广告变现                B．社群电商变现
    C．收会员费变现             D．销售行为变现

3. 群成员在加入社群之初，必须向社群支付一定的费用后，才能进入社群、参加社群活动、享受社群服务。这是（　　）。
    A．社群广告变现                B．社群电商变现
    C．收会员变现                D．销售行为变现

4. 一个完整的社群成员包括很多角色，下列关于各成员具体的角色分工的说法错误的是（　　）。
    A．创始人是社群组建离不开的灵魂人物
    B．管理者能挖掘与培养核心社群成员，组建一个核心管理团队，以便共同管理社群
    C．参与者是未来大规模社群复制时的超级种子用户，是复制社群规模的基础
    D．付费的渠道可以是购买相关产品、社群协作的产出、基于某种原因的赞助等

5. 下列说法错误的是（　　）。
    A．建立社群的主要目的不包括成长提升
    B．社群可以给群成员带来价值
    C．在构建社群之前，首先要明确建立社群的目的是什么
    D．建立社群的目的之一是提供服务，主要包括服务客户、维护客户关系、挖掘潜在用户

6. 下列选项中不属于建构社群目的的是（　　）。
    A．销售产品                  B．拓宽人脉
    C．成长提升                  D．打造优越

7. 下列不属于构建社群价值时需要注意的问题的是（　　）。
    A．价值要尽可能抓住群成员的痛点     B．价值要让更多的人了解某个产品
    C．价值要具体，且有回报载体         D．价值要有互惠互利的共生点

8. 一个健康并能长久运营的社群既能满足成员的某种价值需求，又能给运营人员带来一定的回报，这样才能形成一个良好的循环。这体现了（　　）。
    A．价值要尽可能抓住群成员的痛点     B．价值要让更多的人了解某个产品
    C．价值要具体，且有回报载体         D．价值要有互惠互利的共生点

9. 下列不属于引入社群规则的门槛是（　　）。
    A．题文制           B．申请制           C．任务制           D．举荐制

10. 群中分享讨论有助于提升群质量，下列不属于社群常见的分享规则的是（　　）。
    A．领袖主导制     B．经验总结制     C．活动推广制     D．轮换上台制

11. 下列选项中不属于常见的社群淘汰规则的是（　　）。
    A．末位淘汰制     B．积分淘汰制     C．成果淘汰制     D．人员定额制

12. 各大平台的软文也可以列入分享的内容，语音分享的总结也可以整理成文字，形成二次传播。这是（　　）的社群分享模式。
    A．语音分享                 B．文字分享
    C．视频分享                 D．微信群私密分享

13. 群讨论是指定一个话题，让每一个成员都参与进来，通过相互讨论的方式获得高质量的输出。下列不属于群讨论活动环节的是（　　）。

  A．开场介绍    B．引申阶段    C．紧抓热点    D．总结收尾

14. 在被讨论的问题间需要自然过渡衔接，让大家可以及时结束上一个问题的讨论，进入下一个问题。这是社群讨论活动进行时的（　　）。

  A．开场介绍    B．引申阶段    C．紧抓热点    D．总结收尾

15. 社群打卡是社群成员为了养成某一习惯所采取的某一种行为，下列选项中不是打卡活动的作用的是（　　）。

  A．让用户形成习惯       B．能随时掌握用户的活跃数据

  C．能锻炼用户的意志      D．能形成一种竞争的氛围

16. 对主群进行精准划分，即从普通群里找到优质的人，组成核心群，或者根据不同的级别分组。这是（　　）。

  A．平级裂变复制       B．上下级裂变复制

  C．分化整合裂变复制      D．地域裂变复制

## 二、简答题

1. 简述社群的基本要素。

2. 简述社群营销的特点。

3. 简述社群建构的基本步骤。

4. 简述社群规则包括的内容。

5. 决定一个产品的市场地位不仅仅是产品本身的质量好、用户数量多就足够，还应考虑"习惯用户的总量"。简述培养用户习惯的方法。

## 三、综合分析题

新开业的水晶坊玉石珠宝店为了扩大品牌影响力，实施了社群裂变的营销策略，以下是具体的执行步骤。

第一步：征集裂变种子。加盟店的店主、店员动员自己的强关系网络（亲人、朋友、贵人）成为裂变种子。

第二步：推出裂变奖励机制。裂变种子需自行建立社群，邀请他人进群，同时享有以下裂变奖励。奖励1：成功建立社群并邀请40人加入，可获得价值198元的玉髓平安扣吊坠一件。奖励2：若社群人数达到100人，可以到店内领取价值2680元的3D彩雕平安扣玉璧一件。奖励3：享受群内粉丝消费产生的销售额的10%作为额外奖励，建立的社群越多，潜在收益越大。

第三步：粉丝进群领福利。裂变种子邀请粉丝加入社群后，新粉丝可到店领取珍珠吊坠、珍珠手链或粉晶手链等小礼品。

第四步：实现循环裂变。到店领取赠品的粉丝，可以申请成为推广大使。且成为推广大使，他们也可以建立40人的社群，并获得玉髓平安扣吊坠奖励；若继续邀请新成员使社群人员达到100人，则可获得3D彩雕平安扣玉璧一件以及群粉丝消费的奖励。

根据以上内容回答下列问题：

1. 结合上述内容，简述社群营销的优势与价值。


2. 简述社群复制方式。

# 短视频营销

## 📖 知识结构图

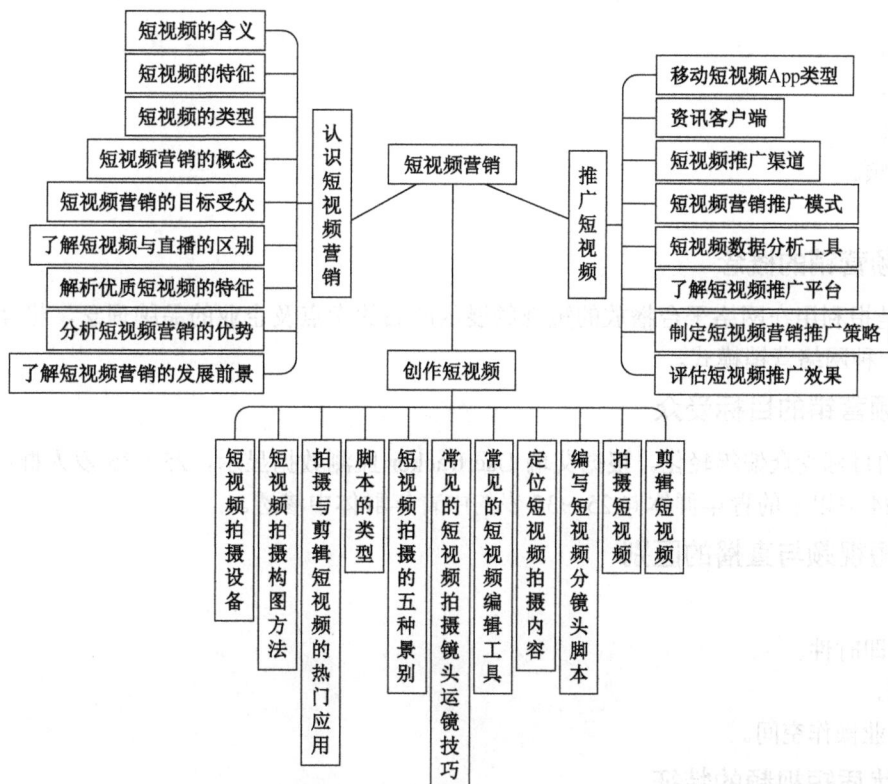

短视频营销

**认识短视频营销**
- 短视频的含义
- 短视频的特征
- 短视频的类型
- 短视频营销的概念
- 短视频营销的目标受众
- 了解短视频与直播的区别
- 解析优质短视频的特征
- 分析短视频营销的优势
- 了解短视频营销的发展前景

**推广短视频**
- 移动短视频App类型
- 资讯客户端
- 短视频推广渠道
- 短视频营销推广模式
- 短视频数据分析工具
- 了解短视频推广平台
- 制定短视频营销推广策略
- 评估短视频推广效果

**创作短视频**
- 短视频拍摄设备
- 短视频拍摄构图方法
- 拍摄与剪辑短视频的热门应用
- 脚本的类型
- 短视频拍摄的五种景别
- 常见的短视频拍摄镜头运镜技巧
- 常见的短视频编辑镜头工具
- 定位短视频拍摄内容
- 编写短视频分镜头脚本
- 拍摄短视频
- 剪辑短视频

## ✍ 考试说明

1. 理解短视频的含义、特征及类型。
2. 理解短视频营销的概念。
3. 掌握短视频推广。

### 知识精讲

## 一、认识短视频营销

### （一）短视频的含义

短视频是指在各种新媒体平台上播放的、适合在移动状态和短时休闲状态下观看的、高频推送的视频内容。

### （二）短视频的特征

短视频时长短，一般在10分钟以内，内容节奏较快，情节相对完整，制作门槛低，网络平台分享便捷，传播速度快，适合碎片化时间浏览。

### （三）短视频的类型

1. 网络视频广告。
2. 宣传片。
3. 品牌活动。
4. 系列短片。
5. UGC视频。
6. 影视短视频。
7. 微电影。

### （四）短视频营销的概念

短视频营销是指利用在网络平台播放的短视频展示产品的卖点及企业的品牌理念，将互联网、视频、营销三者相结合的一种网络营销模式。

### （五）短视频营销的目标受众

短视频营销的目标受众偏年轻化。根据艾瑞 Usertracker 监测数据显示，25～35岁人群占比高达51.3%，短视频正逐渐从24岁以下的青年群体向25～35岁的中青年群体中渗透。

### （六）了解短视频与直播的区别

1. 传播性。
2. 互动性和即时性。
3. 场景限制。
4. 平台的商业操作空间。

### （七）解析优质短视频的特征

1. 标题有创意或亮点。
2. 内容有价值/趣味。
3. 视频画质清晰。
4. 配乐节奏恰当。

### （八）分析短视频营销的优势

1. 互动性强。
2. 成本低。
3. 传播速度快。
4. 目标受众精准。
5. 传播周期长。

（九）了解短视频营销的发展前景

1．大众化。

2．社会化。

3．专业化。

## 二、创作短视频

### （一）短视频拍摄设备

1．智能手机。

2．单反相机。

3．摄像机。

### （二）短视频拍摄构图方法

1．中心构图法。

2．三分构图法。

3．前景构图法。

4．黄金分割构图法。

5．九宫格构图法。

6．透视构图法。

### （三）拍摄与剪辑短视频的热门应用

1．抖音 App——记录美好生活。

2．快手 App——记录世界记录你。

3．美拍 App——让短视频更好看。

4．Faceu 激萌 App——卖萌神器。

5．小影 App——电影级的后期剪辑。

6．乐秀 App——全能的视频编辑器。

### （四）脚本的类型

1．拍摄提纲。

2．分镜头脚本。

3．文学脚本。

### （五）短视频拍摄的五种景别

1．特定。

2．近景。

3．中景。

4．全景。

5．远景。

### （六）常见的短视频拍摄镜头运镜技巧

1．推镜头。

2．拉镜头。

3．摇镜头。

4．移镜头。

5．跟镜头。

6．甩镜头。

7．升镜头和降镜头。

## （七）常见的短视频编辑工具

1. 快剪辑。
2. 爱剪辑。
3. 会声会影。
4. Premiere。

# 三、推广短视频

## （一）移动短视频 App 类型

1. 社交型。
2. 工具型。
3. 聚合内容型。

## （二）资讯客户端

1. 今日头条。
2. 百家号。
3. 一点资讯。

## （三）短视频推广渠道

1. 同步推广。
2. 贴吧推广。
3. 论坛推广。
4. 社群推广。
5. 媒体推广。

## （四）短视频营销推广模式

1. 注意。

吸引用户的目光，举办新闻发布会，利用媒体宣传视频。

2. 兴趣。

通过"炒作"方式来引起关注。

3. 搜索。

达到让用户主动在互联网上对视频内容链接进行搜索的效果。

4. 观看。

促进用户观看的方法包括与影响力大的平台合作，设置主题页面及采用置顶方式等。

5. 分享。

分享可以让短视频呈病毒式传播，使得短视频营销达到理想的效果。

## （五）短视频数据分析工具

工具一：抖抖侠。

工具二：飞瓜数据。

## （六）了解短视频推广平台

短视频可以进行推广的平台主要有四种类型。

1. 移动短视频 App，如美拍、抖音、快手、西瓜视频等。
2. 资讯客户端，如今日头条、百家号、一点资讯等。
3. 社交媒体，如新浪微博、微信、QQ 等，微博的收益主要来自广告收益和内容收益。
4. 在线视频，如大鱼号、腾讯视频、搜狐视频、爱奇艺视频、哔哩哔哩、乐视视频等，创作者可以在这些平台中收到平台分成和广告收益。

选择短视频推广平台前，一定要对比分析各个平台的特点。

（1）可以通过应用市场了解不同短视频平台的功能介绍、软件特色。

（2）下载短视频 App 了解其视频以及用户群体。

（3）查阅短视频平台报告。

## （七）制定短视频营销推广策略

1．诉求清晰，明确营销目的。

2．内容策划，结合产品诉求。

3．广告植入，润物细无声。

4．视频制作，严格控制时长。

5．视频发布，把握发布时间。

6．推广宣传，注重标题和封面。

7．推广渠道，偏好社交媒体。

## （八）评估短视频推广效果

1．短视频播放量。

2．用户观看反应。

3．行动影响程度。

4．利用数据工具深入分析短视频营销数据。

### 经典例题解析

1．企业对自己的产品进行推广，宣传产品的设计理念、优势亮点、功能特点等而设计的宣传片是（    ）。

　　A．企业宣传片　　　　B．产品宣传片　　　　C．公益宣传片　　　　D．大众宣传片

【答案】B

【解析】企业通过视频短片对企业形象和品牌进行宣传，彰显企业实力，让社会大众对品牌留下印象，从而为企业树立良好的口碑。依据内容的不同，宣传片的类型有企业宣传片、产品宣传片、公益宣传片和招商宣传片。宣传片的制作一般需要专业的团队进行策划、拍摄、后期剪辑等。产品宣传片是企业对自己的产品进行推广，宣传产品的设计理念、优势亮点、功能特点等而设计的宣传片。

2．平台用户自己创作内容，并分享发布到网络平台上。这是新媒体内容运营中的（    ）。

　　A．UGC　　　　　　　B．PGC　　　　　　　C．OGC　　　　　　　D．MCN

【答案】A

【解析】UGC 视频是"User Generated Content"的简称，含义是用户生产内容。即平台用户自己创作内容，并分享发布到网络平台上。相对于原创视频而言，UGC 视频的创作成本低，一般个人就能完成拍摄和制作，内容着重反映生活。

3．短视频营销有很多优势，随着技术的进步，网民观看短视频习惯的养成，短视频的发展前景非常可观，下列不属于短视频营销的发展趋势的是（    ）。

　　A．大众化　　　　　　B．社会化　　　　　　C．精准化　　　　　　D．专业化

【答案】C

【解析】短视频营销有很多的优势，随着技术的进步，网民观看短视频习惯的养成，短视频的发展前景非常可观，大众化、社会化、专业化是短视频营销的发展趋势。

4．短视频营销有一个经典高效的运营模式，即"AISWS"，下列关于该模式的步骤正确的是（    ）。

　　A．吸引、注意、兴趣、观看、分享

　　B．注意、兴趣、搜索、观看、分享

　　C．吸引、注意、兴趣、搜索、分享

　　D．注意、兴趣、搜索、交流、分享

【答案】B

【解析】短视频营销有一个经典高效的运营模式，即"AISWS"模式，该模式一共分为五个步骤：注意、兴趣、搜索、观看、分享。

5．侧重于随手拍视频，为用户提供方便的拍摄模板和背景音乐，可以帮助用户制作和分享短视频。这指的是（　　）短视频。

　　A．社交型　　　　　　　　B．热点型　　　　　　　　C．工具型　　　　　　　　D．聚合内容型

【答案】C

【解析】工具型短视频为用户提供方便的拍摄模板和背景音乐，可以帮助用户制作和分享短视频，如美拍App为用户提供了很多视频滤镜和表情，用户多数为女性，这种类型的短视频平台更适合进行美妆类、时尚类短视频营销。

## 同步练习

1．短视频内容融合了＿＿＿＿＿＿、幽默搞怪、＿＿＿＿＿＿、社会热点、＿＿＿＿＿＿、公益教育、＿＿＿＿＿＿、商业制定等主题。

2．短视频通常时长短，一般在＿＿＿＿＿＿以内。

3．常见的短视频类型有＿＿＿＿＿＿、＿＿＿＿＿＿、＿＿＿＿＿＿、＿＿＿＿＿＿、＿＿＿＿＿＿、＿＿＿＿＿＿。

4．网络视频广告的＿＿＿＿＿较低，＿＿＿＿＿＿可以进行调整。

5．宣传片的类型有＿＿＿＿＿＿、＿＿＿＿＿＿、＿＿＿＿＿＿和＿＿＿＿＿＿。

6．依据内容的不同，品牌活动视频类型的形式有＿＿＿＿＿、＿＿＿＿＿等节庆活动，＿＿＿＿＿、＿＿＿＿＿＿等会议活动，＿＿＿＿＿、＿＿＿＿＿＿等商业活动，＿＿＿＿＿＿、＿＿＿＿＿＿等体育娱乐活动。

7．影视短视频的类别有＿＿＿＿＿、＿＿＿＿＿和＿＿＿＿＿三类。

8．微电影具有＿＿＿＿＿＿、＿＿＿＿＿＿、＿＿＿＿＿＿等特点。

9．短视频营销以＿＿＿＿＿＿为重要载体，以＿＿＿＿＿＿为基本工具，内容丰富、无所不包，通过＿＿＿＿＿＿、＿＿＿＿＿＿及＿＿＿＿＿＿达到＿＿＿＿＿＿的目的。

10．根据功能不同，短视频App可以分为＿＿＿＿＿＿、＿＿＿＿＿＿和＿＿＿＿＿＿三种类型。

11．资讯客户端包括＿＿＿＿＿＿、＿＿＿＿＿＿和＿＿＿＿＿＿。

12．短视频推广渠道包括＿＿＿＿＿＿、＿＿＿＿＿＿、＿＿＿＿＿＿、＿＿＿＿＿＿。

13．短视频营销有一个经典高效的运营模式，即＿＿＿＿＿＿模式，该模式的步骤分为＿＿＿＿＿＿、＿＿＿＿＿＿、＿＿＿＿＿＿、＿＿＿＿＿＿、＿＿＿＿＿＿。

14．＿＿＿＿＿＿平台是短视频一站式数据化运营中心。

15．＿＿＿＿＿＿是一个短视频大数据追踪分析平台。

16．＿＿＿＿＿＿是一款全网短视频电商数据服务网站。

17．短视频可以进行推广的平台类型有＿＿＿＿＿＿、＿＿＿＿＿＿、＿＿＿＿＿＿、＿＿＿＿＿＿。

18．在短视频生态里，主要玩家可以分为＿＿＿＿＿＿、＿＿＿＿＿＿、＿＿＿＿＿＿三类。

## 单元练习题

### 一、选择题

1．关于短视频的特征，下列说法错误的是（　　）。

　　A．时长短，一般在12分钟以内　　　　　　B．内容节奏比较快，情节相对完整

　　C．制作门槛低　　　　　　　　　　　　　　D．网络平台分享便捷，传播速度快

2.（　　）是为公众着想、提升公众生活品质和福利待遇、构建美好和谐社会、传播正能量而设计的宣传片。

　　A．企业宣传片　　　　　B．产品宣传片　　　　C．公益宣传片　　　　D．大众宣传片

3．下列不属于影视短视频类型的是（　　）。

　　A．盘点　　　　　　　　B．迷你电影　　　　　C．混剪　　　　　　　D．影视解说

4．关于短视频和直播的区别，下列说法正确的是（　　）。

　　A．短视频是实时呈现的影像

　　B．短视频的传播周期长，传播维护成本低

　　C．直播可以随时随地利用碎片化的时间观看

　　D．直播是拍摄完成之后再经过一定的后期剪辑呈现的视频文件

5．短视频在当今的社会中已经十分普遍了，根据功能不同，短视频 App 可以有多种类型，下列选项中不属于移动端短视频 App 类型的是（　　）。

　　A．社交型　　　　　　　B．热点型　　　　　　C．工具型　　　　　　D．聚合内容型

6．侧重于随手拍视频，为用户提供方便的拍摄模板和背景音乐，可以帮助用户制作和分享短视频。这指的是（　　）短视频。

　　A．社交型　　　　　　　B．热点型　　　　　　C．工具型　　　　　　D．聚合内容型

7．下列选项中不属于咨询客户端类型的是（　　）。

　　A．今日头条　　　　　　B．西瓜视频　　　　　C．百家号　　　　　　D．一点资讯

8．短视频数据分析工具（　　）的主要功能：数据监测、电商分析、播主查找、热门素材收集，其特色是查看选品商品的转化率。

　　A．抖抖侠　　　　　　　B．飞瓜数据　　　　　C．蝉妈妈　　　　　　D．一淘

9．下列选项中不属于短视频数据分析工具的是（　　）。

　　A．抖抖侠　　　　　　　B．飞瓜数据　　　　　C．蝉妈妈　　　　　　D．一淘

10．下列选项中不属于短视频推广平台的是（　　）。

　　A．移动短视频 App　　　　　　　　　　　B．资讯客户端

　　C．社交媒体　　　　　　　　　　　　　　D．流量终端

## 二、简答题

1．简述优质短视频的特征。

2．简述短视频营销的优势。

3．简述短视频推广的渠道。

4．短视频营销取得的效果如何，需要从评估短视频推广效果的哪几个要素进行分析？

# 第八章

# 网络营销策划

## 知识结构图

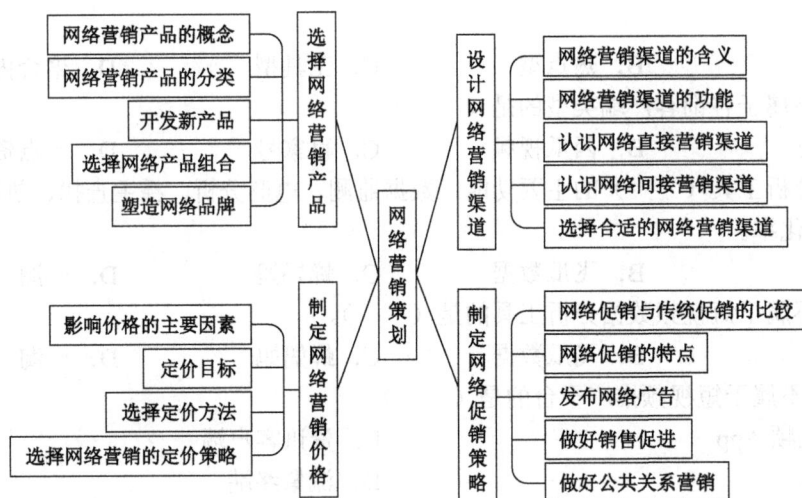

## 考试说明

1．掌握网络营销的 4P 策略。
2．了解网络营销的 4C 策略。

## 知识精讲

# 一、选择网络营销产品

## （一）网络营销产品的概念

1．核心产品。
2．形式产品。
3．期望产品。
4．延伸产品。
5．潜在产品。

## （二）网络营销产品的分类

1．实体产品。

2．虚体产品（见表2-7）。

表2-7　虚体产品

| 商品形态 | | 销售品种 |
|---|---|---|
| 虚体商品 | 数字商品 | 资料库检索、研究报、论文、电子新闻、电子书刊、电子报刊 |
| | | 各类软件 |
| | | 网络游戏、歌曲、电影、网络小说 |
| | 在线服务 | 股市行情分析、银行、金融咨询服务 |
| | | 网络交友、远程医疗、法律求助 |
| | | 航空/火车订票；预约饭店、餐馆；电影票、音乐会、球赛入场券预订；旅游预约服务；医院预约挂号 |

## （三）开发新产品

1．非连续性创新策略。

2．连续性创新策略。

3．增加花色品种策略。

4．改进或调整策略。

5．重新定位策略。

6．低价格推出策略。

## （四）选择网络产品组合

1．收缩策略。

2．扩张策略。

3．高档化策略。

4．低档化策略。

## （五）塑造网络品牌

网络品牌类型可以分为三种类型。

1．纯网络品牌。

2．不完全网络品牌。

3．"伪"网络品牌。

新品牌的塑造过程有三个阶段。

第一阶段：品牌传播。

第二阶段：口碑传播。

第三阶段：精准营销。

# 二、制定网络营销价格

## （一）影响价格的主要因素

1．成本。

2．市场需求。

3．竞争因素。

4．其他因素。

## （二）定价目标

1．生存目标。

2．利润最大化目标。

3．市场占有率最大化目标。

4．产品质量最优目标。

5．应对和防止竞争目标。

## （三）选择定价方法

1．成本导向定价法。

成本加成定价法计算公式：进货成本+仓库成本+推成本+其他费用+利润=最终定价。

2．需求导向定价法。

3．竞争导向定价法。

（1）跟随法。

（2）高价法。

（3）低价法。

## （四）选择网络营销的定价策略

1．个性化定价策略。

2．低价定价策略。

（1）直接低价策略。

（2）折扣低价策略。

（3）促销低价策略。

3．免费定价策略。

（1）完全免费。

（2）限制免费。

（3）部分免费。

4．拍卖定价策略。

（1）竞价拍卖。

（2）竞价拍买。

（3）集体议价。

5．使用定价策略。

6．心理定价策略。

（1）尾数定价。

（2）整数定价。

（3）声望定价。

（4）弧形数字定价。

（5）分割定价。

# 三、设计网络营销渠道

## （一）网络营销渠道的含义

借助互联网将产品从生产者转移到消费者的所有中间环节，其中包括各类电子中间商以及其他可以协助产品到达消费者的个人和企业。它一方面为消费者提供产品信息，供消费者进行选择；另一方面，在消费者选择产品后，能完成交易手续。

## （二）网络营销渠道的功能

1．订货交易功能。

2．支付结算功能。

3．物流配送功能。

## （三）认识网络直接营销渠道

1．优点。

生产企业能够直接接触消费者，企业可以直接从网站收集获得真实的第一手市场需求信息，网络直接营销降低了企业的营销成本，因此企业能够以较低的价格销售自己的产品，消费者也能够买到低于传统市场价格的产品，企业能够利用网络工具直接联系消费者，及时了解消费者对产品的愿望和需要，并据此开展各种形式的促销活动，迅速扩大产品的市场占有率。企业一方面能通过网络及时了解消费者对产品的意见和建议，并针对这些意见和建议，向消费者提供技术服务，解决疑难问题，提高产品的质量，改善企业的经营管理；另一方面，通过这种一对一的销售模式，企业可以与消费者建立良好的关系。

2. 缺点。

互联网确实使企业有可能直接面对所有消费者，但这仅仅是一种可能。只有那些真正有特色的网站才会有大量的访问者，互联网给企业带来的更为现实的问题是"赢者通吃"。要解决这个问题，一是尽快建立高水准的专门服务于商务活动的网络信息服务中心，但这对于一般的企业来说难度较大；二是借助网络的间接营销渠道。

### （四）认识网络间接营销渠道

1. 优点。

（1）可以解决"拿钱不给货"或者"拿货不给钱"的问题，从而大大降低了买卖双方的风险，确保了双方的利益。一般来说，这些专业的网络中介机构知名度高、信誉好。

（2）由于网络中介机构汇集了大量的产品信息，消费者进入一个网站 （中介机构）就可以获得不同厂家的同类产品的信息，生产企业也只需要通过同一个中间环节就可以和消费者发生交易关系，从而大大简化了交易过程，加快了交易速度，使生产企业和消费者都感到方便快捷。

（3）在结算方式上，网络商品交易中心一般采用统一集中的结算模式，即在指定的商业银行开设统一的结算账户，对结算资金实行统一管理，从而有效地避免了多形式、多层次的资金截留、占用和挪用，极大地提高了资金的风险防范能力。

2. 缺点。

信息资料的充实有待于更多的企业、商家和消费者参与，整个交易系统的技术水平与飞速发展的计算机网络技术难以保持同步等。

### （五）选择合适的网络营销渠道

1. 产品因素。

（1）产品价格。

（2）产品的特性。

（3）产品的标准化程度。

（4）新产品。

2. 市场因素。

（1）目标市场范围。

（2）客户集中程度。

（3）客户的购物习惯。

（4）需求的季节性。

（5）竞争状况。

3. 企业自身因素。

4. 中间商因素。

5. 市场环境因素。

## 四、制定网络促销策略

### （一）网络促销与传统促销的比较

1. 时空观念的变化。

2. 信息沟通方式的变化。

3．消费群体和消费行为的变化。

4．对网络促销的新理解。

## （二）网络促销的特点

1．网络促销超越时空限制，可以全天候提供服务。

2．网络促销是在虚拟市场上进行的。

3．网络促销是通过网络传递商品和服务的存在、性能、功效及特征等信息。

4．经济成本低。

## （三）发布网络广告

1．策划网络广告。

（1）确定网络广告的目标。

（2）明确网络广告受众。

（3）制定网络广告的费用预算。

2．制作网络广告。

3．发布网络广告。

（1）信息流广告。

与传统广告对比，信息流广告的优势如下。

①用户精准。

②用户体验好。

③传播范围广。

④形式丰富。

一般来说，信息流广告的制作投放流程如下。

①精准定向目标用户。

②撰写高点击率的创意。

③遵从简洁的设计风格。

④根据用户使用场景，选择卖点。

⑤持续优化投放方向。

（2）搜索引擎广告。

搜索引擎广告的特点如下。

①具有极强的针对性。

②可跟踪的广告效果。

③受众广泛。

在投放搜索引擎广告时，应注意的问题如下。

①提高关键词质量。

②推广地域及推广时间。

③关键词标题及创意。

## （四）做好销售促进

1．有奖促销。

2．打折促销。

3．返券促销。

4．电子优惠券促销。

5．赠品促销。

6．网上积分促销。

### （五）做好公共关系营销

1．企业网站宣传。

2．网上新闻发布。

3．发送电子推销信（电子新闻稿）。

4．参加或主持网上论坛。

5．栏目赞助。

6．网络危机公关。

## 经典例题解析

1．消费者在某化妆品门店购买化妆品后，店员会随机赠送本店的新品面膜、化妆棉小样等，这些属于（　　）。

  A．核心产品　　　　　B．延伸产品　　　　　C．期望产品　　　　　D．潜在产品

【答案】D

【解析】潜在产品是指由企业提供的、延伸产品之外的、能满足消费者潜在需求的产品，主要指产品的超值利益。

2．消费者所期望的通过交易得到的最为核心或最为基本的效用是（　　）。

  A．核心产品　　　　　B．形式产品　　　　　C．期望产品　　　　　D．延伸产品

【答案】A

【解析】网络营销产品整体概念指的是通过网络营销，消费者所期望的能满足其需求的所有有形实物产品和无形服务，由核心产品、形式产品、期望产品、延伸产品和潜在产品五个层次构成。核心产品是指消费者所期望的通过交易得到的最为核心或最为基本的效用。这一层次的效用是目标市场消费者所期望的无差别利益。企业进行网络营销就是要最大限度地向消费者提供各种效用。

3．在市场环境不好，或企业经营状况不景气等情况下，企业降低经营成本，减少支出。这种网络产品组合策略是（　　）。

  A．收缩策略　　　　　B．扩张策略　　　　　C．高档化策略　　　　　D．低档化策略

【答案】A

【解析】收缩策略就是企业减少经营的产品种类，缩小经营范围。该策略通常在市场环境不好，或企业经营状况不景气等情况下采用，目的是降低经营成本，减少支出。

4．以产品单位成本为基本依据，加上预期利润来确定价格的定价方法被称为（　　）。

  A．成本导向定价法　　　　　　　　B．需求导向定价法

  C．竞争导向定价法　　　　　　　　D．市场导向定价法

【答案】A

【解析】成本导向定价法是以产品单位成本为基本依据，再加上预期利润来确定价格的一种定价方法。定价时只考虑成本的定价方法包括成本加成定价法、保本定价法、投资回收定价法，其中成本加成定价法是目前最基本、最普遍的定价方法。

5．企业为了更有效地吸引客户，扩大销售，在价格方面给顾客的优惠被称为（　　）。

  A．打折促销　　　　　B．买就赠　　　　　C．新品试用　　　　　D．发放优惠券

【答案】A

【解析】价格折扣是企业为了更有效地吸引顾客，扩大销售，在价格方面给顾客的优惠。它包括数量折扣、功能折扣、现金折扣和季节折扣。

## 同步练习

1．＿＿＿＿＿是企业开展营销活动的基础。

2．消费者所期望的能满足其需求的所有有形实物产品和无形服务，由_____、_____、_____、_____和_____五个层次构成。

3．企业进行网络营销就是要_____。

4．_____是核心产品的物质载体，产品的基本效用通过_____的物质形态反映与体现出来。

5．_____是网络营销产品的整体概念中特有的层次。

6．在网络上销售的产品，按照产品性质的不同，可分为_____和_____。

7．数字商品包括_____和_____。

8．通过对现有产品的改进或调整而形成一种新产品，也可以用来替代旧产品的策略是_____。

9．选择网络产品组合的策略包括_____、_____、_____等。

10．收缩策略的目的是_____。

11．网络品牌可以分为_____、_____、_____。

12．品牌传播阶段的推广方式主要有_____、_____、_____等。

13．口碑传播阶段可以采取在_____、_____、_____等网站展开互动营销。

14．影响网上价格的最主要因素是_____、_____。

15．网络营销定价目标主要有_____、_____、_____、_____、_____。

16．需求导向定价法的特点是_____。

17．根据本企业产品的竞争能力，定价可分为_____、_____和_____。

18．_____就是利用网络互动性和消费者的个性化需求来确定商品价格的一种策略。

19．_____是互联网诞生后网络营销方式的一种创新，_____策略也已经成为网络营销的重要策略。

20．低价定价策略主要包括_____、_____和_____三种策略。

21．免费定价策略常见的形式有_____、_____、_____。

22．_____是一种较为新颖的定价策略，使用这种策略的前提是_____ _____、_____。

23．网上拍卖竞价方式有_____、_____、_____。

24．对于一些产品质量不易鉴别、产品成本不易估算的产品，比较适合采用的心理定价策略是_____。

25．一个完善的网上营销渠道应具有的功能包括_____、_____、_____。

26．互联网给企业带来的更为现实的问题是_____。

27．产品因素包括_____、_____、_____。

28．企业自身因素包括_____、_____、_____、_____等。

29．网络促销与传统促销相比较，主要发生的变化包括_____、_____、_____、_____。

30．_____是与内容混排在一起的广告，一般隐藏在一些新闻、煽情的故事等场景中。

31．信息流广告主要的形式有_____、_____、_____三种。

32．搜索引擎广告包括_____、_____、_____和_____等形式。

33．企业网络宣传的核心是企业的_____、_____、_____。

34．价格折扣包括_____、_____、_____和_____。

35．_____是提高企业网站知名度的主要环节，是开展企业网络公共关系活动的基础任务之一。

36．_____是网络公共关系营销的常见形式。

**单元练习题**

**一、选择题**

1. 买完货物的售后服务、质量保证、信贷统称为（　　）。
   A. 核心产品　　　　B. 延伸产品　　　　C. 期望产品　　　　D. 潜在产品

2. 下列不属于有形产品的因素的是（　　）。
   A. 式样　　　　　　B. 包装　　　　　　C. 特征　　　　　　D. 品牌

3. 丽丽在家电城买了一台空调，商家免费上门送货。这种上门送货的服务属于（　　）。
   A. 核心产品　　　　B. 延伸产品　　　　C. 期望产品　　　　D. 潜在产品

4. 国内体育用品公司李宁、安踏等针对高端用户群，推出一系列价格千元以上的高端运动产品，成功树立了高端企业形象。这属于网络产品组合策略中的（　　）。
   A. 收缩策略　　　　B. 扩张策略　　　　C. 高档化策略　　　D. 低档化策略

5. 亚马逊公司在稳稳占领了图书这个主营商品市场后，开始增加新的经营品种，其业务范围已经从图书成功地拓展到其他利润丰厚的商品。这属于网络产品组合策略的（　　）。
   A. 收缩策略　　　　B. 扩张策略　　　　C. 高档化策略　　　D. 低档化策略

6. 新品牌的塑造过程的阶段不包括（　　）。
   A. 品牌创造　　　　B. 口碑传播　　　　C. 品牌传播　　　　D. 精准营销

7. 推广方式主要有搜索引擎优化、搜索引擎营销、新闻公关传播、软文推广等。目标在于提高品牌的知名度，提高企业网站的访问量是新品牌塑造过程中的（　　）阶段。
   A. 品牌创造　　　　B. 口碑传播　　　　C. 品牌传播　　　　D. 精准营销

8. 最重要的是留住潜在客户，并将潜在客户变成真正的客户。这是新品牌塑造过程中的（　　）阶段。
   A. 品牌创造　　　　B. 口碑传播　　　　C. 品牌传播　　　　D. 精准营销

9. 在下列影响价格的主要因素中，（　　）是需要考虑行业的热销品牌、品类、产品的。
   A. 成本　　　　　　B. 市场需求　　　　C. 竞争因素　　　　D. 其他因素

10. 下列不属于常见的定价方法的是（　　）。
    A. 成本导向定价法　　　　　　　　B. 需求导向定价法
    C. 竞争导向定价法　　　　　　　　D. 市场导向定价法

11. 下列不属于常见的竞争导向定价法的是（　　）。
    A. 跟随法　　　　　B. 高价法　　　　　C. 低价法　　　　　D. 创新法

12. 当本企业的产品质量或花色款式特别良好，售前、售中、售后服务又特别周到时，可以采用（　　）。
    A. 跟随法　　　　　B. 高价法　　　　　C. 低价法　　　　　D. 创新法

13. 下列不属于低价定价策略的是（　　）。
    A. 直接低价策略　　B. 折扣低价策略　　C. 促销低价策略　　D. 渠道低价策略

14. 下列属于直接营销策略渠道的优点的是（　　）。
    A. 可以解决"拿钱不给货"或"拿货不给钱"的问题
    B. 信息资料的充实有待于更多的企业、商家、消费者参与
    C. 降低了企业的营销成本，能够以较低的价格销售自己的产品
    D. 在结算方式上，网络商品交易中心采用统一集中的结算模式，提高了资金的风险防范意识

15. 网络营销渠道的产品因素不包括（　　）。
    A. 产品价格　　　　B. 产品特征　　　　C. 新产品　　　　　D. 产品供货

16. 下列说法正确的是（　　）。
    A. 目标市场范围越大，渠道相应越大
    B. 客户分布集中时适合采用间接销售
    C. 对于喜欢到企业购买商品、购买量大的消费者，企业可以采用间接销售

    D．自己的产品有独特之处的，应该与竞争者采用相同或相近的销售渠道

17．广告效果越好，内容性就要越强，因此这要求投放者必须不断优化广告，提高信息流广告和用户之间的相关度，给用户带来良好的体验，从而实现广告的目的。这体现了信息流广告的（    ）优势。

    A．用户精准            B．用户体验好        C．传播范围广        D．形式丰富

18．（    ）是出现在社交媒体用户的好友动态或者资讯媒体和视听媒体内容流中的广告。

    A．宣传片广告        B．搜索引擎广告        C．信息流广告        D．场景收取广告

19．下列不属于在投放搜索引擎广告时应注意的问题的是（    ）。

    A．提高关键词质量                 B．受众关注度

    C．推广地域及推广时间           D．关键词标题及创意

20．下列属于公共关系营销的是（    ）。

    A．精准营销           B．网络品牌塑造        C．生存目标        D．企业网站宣传

## 二、简答题

1．在网络营销中，一般有哪几种常用的新产品开发策略？

2．定价目标的确定要服务于企业整体营销目标的实现，一般网络营销定价目标有哪些？

3．简述选择网络营销定价的策略。

4．简述心理定价策略的种类。

5．简述影响网络营销渠道的选择的因素。

6．简述信息流广告的制作投放流程。

## 三、综合分析题

    天猫一直在积极推动汽车品牌入驻其平台，但汽车行业的 B2B2C 的销售模式使得生产商与经销商之间的利益协调存在难题。汽车生产商需要维护与经销商的合作关系，而经销商遍布中国各个城市，以个体规模而言，加入天猫平台的门槛较高。因此，社交媒体的好友动态、资讯媒体和视听媒体中的信息流广告成为各大汽车品

牌常用的促销手段。

在本次"天猫汽车节"活动中，东风雪铁龙成为最大受益者，也是最为主动的参与者。将消费者从线上驱使到线下的转化环节，历来是"O2O"模式的难点。许多提供"未消费退款"服务的团购网站发现，消费者在冲动消费后往往会冷静下来并申请退款。而在本次活动中，东风雪铁龙通过设置极低的参与门槛——仅需支付 0.01 元，成功地吸引了消费者参与到活动中，消费者还可以享受活动的福利——到店试驾即可获得赠送的雨伞。此外，东风雪铁龙还采用低价策略和"砸金蛋抽大奖"等促销活动，极大地激发了消费者的购买热情。

东风雪铁龙天猫店铺在活动期间不仅实现了 281 台汽车的销售，还收集了 9501 条潜在销售线索，并吸引了超过 40 万次的访问量。这些数据将会被东风雪铁龙的"数字营销"部门进行深入挖掘和二次利用，以优化未来的营销策略。

根据以上案例回答下列问题：

1．网络促销的特点有哪些？

2．与传统的广告对比，信息流广告有什么优势？

3．东风雪铁龙采用了哪几种促销方式？

# 网店运营

# 第一章

# 网店的含义和类型

✍ **知识结构图**

📔 **考试说明**

1. 了解开店的概念和形式。
2. 了解网店的类型。

🔍 **知识精讲**

## 一、国内主流电商平台

### （一）淘宝网开店

淘宝网作为中国最大的 C2C 电商交易平台，经过多年的发展，聚集了大量的网购用户，加之较低的开店门槛，使之成为个人开店的首选平台。

1. 淘宝网开店条件。

（1）阿里巴巴工作人员无法创建淘宝店铺。

（2）一个身份证号只能创建一个淘宝店铺。

（3）同账户若创建过 U 站或其他站点，则无法创建淘宝店铺，可更换账户开店。

（4）同账户若创建过天猫店铺，则无法创建淘宝店铺，可更换账户开店。

（5）同账户若在 1688 批发网有过经营行为（发过供应产品信息、下单订购诚信通服务、卖家发起订单、报价、下单订购实地认证、开通旺铺、企业账户注册入口注册过企业账户），则无法创建淘宝店铺，可更换账户开店。

（6）淘宝账户如果违规，被淘宝网处罚永久禁止创建店铺，则无法创建淘宝店铺。

（7）经淘宝网排查认证，实际控制的其他淘宝账户被淘宝网处以特定严重违规行为而进行处罚或发生过严重危及交易安全的情形的，则无法创建淘宝店铺。

## （二）天猫网开店

天猫网开店需要具备企业资质，必须有企业营业执照才可以申请。需要有品牌注册证明，还必须有自有品牌认证或品牌所有人的销售授权。

1．查询申请资格。

（1）品牌：天猫网枚举的热招品牌，也可以推荐优质品牌给天猫网，部分类目不限定品牌入驻。

（2）企业：合法登记的企业用户，并且能够提供天猫网入驻要求的所有相关文件，不接受个体工商户、非中国大陆企业。

依据"天猫入驻标准"文件，同一主体开多家天猫店铺的，要求店铺间经营的品牌及商品不得重复，一个经营大类下专营店只能申请一家。

2．准备资料。

（1）下载全部资质清单，关注选择经营的类目、店铺类型、品牌来源。

（2）准备的资料要加盖开店公司公章（鲜章）。

（3）如申请材料不全，天猫网会退回给卖家重新提交。申请者应事先将资料准备齐全，争取一次性通过审核。

3．入驻资料提交。

（1）选择店铺的类型、品牌、类目。

（2）填写品牌信息。

（3）填写企业信息。

4．品牌评估。

非天猫网热招品牌，天猫网将会评估企业和品牌的实力，然后再决定其能否开店。

（1）品牌定位：风格、受众群体、货单价。

（2）品牌经营实力：品牌成立时间、线下经营情况 （门店近一年交易额、外贸出口额等）、淘宝网或其他平台的经营情况。

（3）品牌特色：原创设计师品牌，特色服务。

（4）企业实力：工厂、企业的获奖和运营计划等信息。

5．开店。

（1）发布商品。

（2）网店装修。

（3）上线上架。

## （三）京东开店

在众多 B2C 电商平台中，京东的客户体验、产品质量和物流速度相对优势比较突出。京东强大的渠道实力、良好的品牌口碑以及给力的招商政策，也吸引了广大商家的进驻。

1．资质条件。

针对国内网络零售市场，京东提供了三类入驻平台。

一是第三方零售平台，针对的商家为 POP 商家；店铺类型为旗舰店、专营店、专卖店；经营模式为 SOP、FBP 等。

二是自营零售平台，针对的商家为京东自营供应商；店铺类型为京东自营店；经营模式为 OEM 等。

三是京喜拼购平台，针对的商家为拼购兼社交渠道"玩家"；店铺类型为旗舰店、专营店、专卖店；经营模式为 SOP、FBP 等。

目前入驻这三类平台都要求商家须具备企业法人资质，但不同平台、不同店铺类型、经营类目（所属行业）入驻的资质内容和标准也不同。

2．经营模式。

目前京东平台为商家提供了 SOP、SOPL、FBP、LBP 等几种经营模式。自主申请入驻京东的商家，默认经营模式为 SOP 模式，而 FBP、LBP 等模式是邀请制，需要提前与招商联系，在招商复审开店时可改为想申请的经营模式。不同经营模式的区别如下。

（1）SOP 模式：在店铺运营过程中，商家自己完成商品信息的上传、展示、咨询答复、商品销售、发票开具、物流配送服务以及售后服务的提供等。

（2）SOPL 模式：京东给商家一个独立操作的后台，商家每日将产生的订单打包送到京东仓储中心，由京东完成购物订单的配送和收款，由商家给消费者开具商品发票。

（3）FBP 模式：完成入驻后，商家负责完成商品信息的上传、咨询答复、商品推广宣传等事宜。消费者下单成功后，京东根据双方签订的协议提供仓储及配送等供应链管理服务，并由京东给消费者开具商品发票。

（4）LBP 模式：京东给商家一个独立操作的后台；商家每日将产生的订单打包送到京东仓储中心，由京东完成购物订单的配送和收款，由京东给消费者开具商品发票。

# 二、主流跨境电商平台

## （一）速卖通入驻

速卖通作为阿里巴巴未来国际化的重要战略产品，依靠阿里巴巴庞大的会员基础，目前已成为全球产品品类最丰富的跨境电商平台之一。因为其整个页面（分中英文版）的操作简单整洁，加上阿里巴巴完善的客户培训体系，非常适合初级卖家开店。

1．速卖通入驻要求。

（1）需要企业营业执照（注：现在个体工商户也可入驻）。

（2）卖家必须要有一个企业支付宝账号（有企业营业执照才可以办理企业支付宝）。

（3）需要有商标（R/TM 标，个别类目需要纯英文商标）。

（4）卖家必须拥有或代理一个品牌经营，根据品牌资质，可选择经营品牌官方店、专卖店或专营店。

（5）卖家必须缴纳技术服务年费，各经营大类的技术服务年费不同，经营到自然年年底，拥有良好的服务质量及不断壮大经营规模的优质店铺将有机会获得年费返还奖励。

2．速卖通运费模板创建。

（1）运费模板：商品可支持的物流方式以及各物流方式的折扣信息。可以设置多套模板，设置其中一套为默认模板。

（2）标准运费：支持使用 UPS、EMS、DHL、FedEx、TNT 和挂号航空大小包等物流方式。系统提供的标准运费为各物流方式官方公布运费，店铺可根据获得的物流折扣自行设置相应折扣，专线服务系统提供的运费为实际需支付的运费。

（3）自定义运费：对指定国家或区域可以自行设置标准运费、免运费或者是自定义运费。

## （二）亚马逊入驻

基于亚马逊全球各站点所提供的信息及第三方出口跨境的相关数据，通过对品牌基础、品牌服务、品牌影响力、品牌潜力等四个维度的分析，评选出亚马逊全球开店中国出口跨境品牌百强榜单。百强榜单从地域分布、行业品类、卖家类型、创新元素、全球布局等五个方面呈现出鲜明的特点。

第一，百强品牌地域分布广泛，来自全国 11 个省市的 32 个城市，涵盖华南、华东、华北、华中、西南等地区，东南沿海相对集中，并呈现出东南沿海向北部和中部辐射、延伸的趋势。以深圳、广州为核心的珠三角地区的卖家品牌占据了百强榜中半数以上的名额。杭州、宁波、上海组成的长三角地区的卖家品牌占据了榜单 1/5 左右的席位。

第二，百强品牌行业分布多元，横跨数码电子、服饰鞋靴、家具家居、美容个护、户外运动、厨具园艺、宠物玩具、计算机办公等 21 种品类。其中，表现突出的优势品类主要集中在两方面。一方面是消费电子品牌，以无线产品、电子数码及计算机周边配件几大品类为主，占榜单近三成比例；另一方面是纺织、服装、家具、鞋靴等领域，占榜单四成比例。

第三，出海卖家的类型丰富。既有从品牌诞生之初便上线，并跟随亚马逊一起成长起来的亚马逊原生品牌，也有像出门问问、ROMWE 等，注重产品性能、外观设计以及用户体验的互联网原生品牌，同时也不乏像李宁、波司登等传统知名品牌登陆亚马逊的北美、欧洲等地的国际站点。此外，较早涉足跨境电商领域的制造商、贸易商也意识到了品牌的重要性，开始向品牌商转型，包括绿联、丝棠、安致等。

第四，百强品牌体现出越来越多的创新元素，包含技术创新、设计创新。以技术创新为例，出门问问通过客户评价了解到消费者对电池续航的需求强烈，于是采用双层屏这种创新设计让电池综合使用的续航时间更长。

第五，百强品牌表现出全球化布局的趋势。数据显示，在百强品牌中，布局 3 个及以上亚马逊国际站点的卖家占 80%以上，布局 7 个及以上亚马逊国际站点的卖家占 50%以上。同时，有近半数的卖家同时面向个人消费者以及机构、企业类买家开展业务。为了帮助中国卖家更好地建立和打造自己的品牌，亚马逊全球开店为卖家推出了"品牌+"计划，通过有针对性、定制化的服务，全方位的品牌保护，创新的互联网产品和工具，满足品牌在不同发展阶段的推广和发展需求。在品牌发展的全周期，帮助中国企业轻量化投入、数据化运营，并与终端消费者直接互动。

1．亚马逊平台费用（以美国站点为例）。

月租费：专业卖家每月 39.99 美元，个人卖家无月租费。

单件销售费用：专业卖家无须付费，个人卖家每件收取 0.99 美元的销售佣金，不同品类商品的销售佣金比例和按件最低佣金都有不同的规定，收取两者的较高者。

2．亚马逊跟卖。

（1）亚马逊跟卖是指亚马逊允许在别人创建的产品页面下销售同样的产品。跟卖实质上是通过共享 Listing，经亚马逊平台允许的一种销售方式，跟卖的英文名称是 Sell Yours on Amazon。

（2）亚马逊跟卖的优势和劣势。

跟卖的优势：跟卖的产品一般流量大、曝光高，在这样一个 Listing 下跟卖，往往能为店铺带来高曝光度和流量；跟卖商品为热门商品，尤其是抢到黄金购物车之后，能获得快速的订单转化；订单量暴增，可以稀释订单缺陷率（Order Defect Rate，ODR）。

跟卖的劣势：同一个 Listing 下面，商家众多，价格战在所难免；为了抢到黄金购物车，跟卖卖家之间会低价竞争，导致产品利润率低；跟卖虽然是亚马逊平台许可的售卖行为，但是规则和要求复杂，跟卖卖家如果不注意，很可能会造成侵权而导致被投诉。

（3）亚马逊跟卖规则。产品必须完全一致，包括产品本身、包装、品牌、赠品、功能、数量等。跟卖产品必须为无品牌、没有在平台备案的产品。跟卖卖家可以通过品牌检索网站查询该产品是否已经注册商标。

3．黄金购物车（Buy Box）。

黄金购物车的设计是为了帮助买家比较提供同种产品的不同卖家，带来更好的消费体验，每个合格的卖家获得黄金购物车的资格都是相同的，评价越高的卖家获得的概率会越大些。亚马逊中 82%的交易都是通过黄金购物车来完成的，有黄金购物车比没有的销量至少高出 4 倍。

（1）获得黄金购物车需要具备以下三个基础条件：该账号是专业卖家账号，出售商品至少 2~6 个月，新账户一般会在 3 个月左右获得黄金购物车的权利；商品要有库存/不能是二手货；高卖家评价。

（2）提高获得黄金购物车的概率必须要做好以下几个方面：使用 FBA 发货；发货时间为 1~3 天，订单缺失率<1%，出货延迟率<4%，出货前取消率<2.5%；提高客户满意度，产品平均评价 4 星以上。

4．未处理的订单（Pending Order）。

未处理的订单简称挂单，主要是指该订单正处于亚马逊审核团队审核的状态。出现未处理的订单的原因主要是以下几个方面。

（1）银行问题。买家已付款，但是亚马逊未获取买家银行卡的开卡行对这笔订单的支付授权，国外不同的银行所处理的时间不同。

（2）物流问题。买家在不同店铺购买的通过 FBA 发货的产品被集结为一个订单，但是一些产品 FBA 有库存，一些产品缺货，这个时候，为了提高买家的购买体验，FBA 会分单派送，先将有库存的产品发货，那么这时候订单的状态也是 Pending。

（3）买家问题。对于一些买家虽然满足 FBA 发货的条件，但是买家还处于"购买状态"，亚马逊也会将买家的订单处于 Pending 状态，等待买家购买结束后，亚马逊会集结这些订单产品，而在集结过程中，订单也处于 Pending 状态。

## 三、网店的类型

### （一）旗舰店

商家以自有品牌（商标为 R 或 TM 状态）入驻天猫开设的店铺。旗舰店可以有以下几种类型。
（1）经营一个自有品牌商品的品牌旗舰店。
（2）经营多个自有品牌商品，且各品牌归同一实际控制人的品牌旗舰店（仅限天猫主动邀请入驻）。
（3）卖场型品牌（服务类商标）所有者开设的品牌旗舰店（仅限天猫主动邀请入驻）。

### （二）专卖店

专卖店是指商家持品牌授权文件开设的店铺。天猫专卖店有以下两种类型。
（1）经营一个授权销售品牌商品的专卖店。
（2）经营多个授权销售品牌的商品，且各品牌归同一实际控制人的专卖店（仅限天猫主动邀请入驻）。

### （三）专营店

专营店是指经营同一招商大类下两个及以上品牌商品的店铺。天猫专营店有以下几种类型。
（1）经营两个及以上他人品牌商品的专营店。
（2）既经营他人品牌商品，又经营自有品牌商品的专营店。
（3）经营两个及以上自有品牌商品的专营店。

### 经典例题解析

1．关于在淘宝网上开设店铺的条件，下列说法错误的是（　　）。
　　A．阿里巴巴工作人员无法创建淘宝店铺
　　B．一个身份证只能创建一个淘宝店铺
　　C．同账户如创建过 U 站或其他站点，则无法创建淘宝店铺，可更换账户开店
　　D．同账户如创建过天猫店铺，则无法创建淘宝店铺，不可更换账户开店
【答案】D
【解析】同账户如创建过天猫店铺，则无法创建淘宝店铺，可更换账户开店。
解题反思：判断开设条件，一定要弄清哪些可以更换账户开店，哪些不可以。

2．自主申请入驻京东的商家，默认的经营模式为（　　）。
　　A．SOP 模式　　　　　　B．FBP 模式　　　　　　C．LBP 模式　　　　　　D．SOPL 模式
【答案】A
【解析】自主申请入驻京东的商家，默认的经营模式为 SOP 模式。而 FBP、LBP 等模式是邀请制。
解题反思：京东的各种经营模式一定要分清，千万不能记混。

3．商家以自有品牌（商标为 R 或 TM 状态）入驻天猫开设的店铺类型属于（　　）
　　A．旗舰店　　　　　　B．专卖店　　　　　　C．专营店　　　　　　D．品牌店
【答案】A
【解析】旗舰店是指商家以自有品牌（商标为 R 或 TM 状态）入驻天猫开设的店铺。
解题反思：各店铺类型的概念要牢记，以此学会分辨店铺类型。

## 同步练习

1．天猫开店需要具备_____资质，必须有_____才可以申请。

2．天猫开店需要有_____证明，必须有_____或者_____。

3．合法登记的企业用户，并且能够提供天猫入驻要求的所有相关文件，接受_____、
_____。

4．京东提供的入驻平台类型包括_____、_____、_____。

5．目前京东平台为商家提供了_____、_____、_____、_____等几种经营模式。

6．_____模式下京东给商家一个独立操作的后台，商家每日将产生的订单打包送京东仓储中心，由京东完成购物订单的配送和收款，由商家给消费者开具商品发票。

7．_____作为阿里巴巴未来国际化的重要战略产品，非常适合初级卖家开店。

8．亚马逊平台月租费，专业卖家每月_____美元，个人卖家_____。

9．_____是指亚马逊允许在别人创建的产品页面下销售同样的产品。

10．亚马逊中 82%的交易都是通过_____来完成的。

11．_____指商家以自有品牌（商标为 R 或 TM 状态）入驻天猫开设的店铺。

12．_____是经营多个授权销售品牌的商品，且各品牌归同一实际控制人的专卖店（仅限天猫主动邀请入驻）。

13．经营两个及以上他人品牌商品的店铺类型是_____。

## 单元练习题

### 一、选择题

1．非天猫热招品牌，天猫将会评估企业和品牌的实力确定是否允许开店，评估的内容不包括（　　）。

A．品牌定位　　　　　　　　　　　　B．品牌经营实力

C．品牌等级　　　　　　　　　　　　D．企业实力

2．针对京东自营供应商的京东入驻平台是（　　）。

A．第三方零售平台　　　　　　　　　B．自营零售平台

C．京喜拼购平台　　　　　　　　　　D．厂商自建平台

3．在店铺运营过程中，商家自己完成商品信息的上传、展示、咨询答复、商品销售、发票开具、物流配送服务及售后服务提供等。这种京东平台的经营模式是（　　）。

A．SOP　　　　　　B．SOPL　　　　　　C．FBP　　　　　　D．LBP

4．在亚马逊平台上，必须为无品牌、没有在平台备案的产品是（　　）。

A．跟卖产品　　　　　　　　　　　　B．品牌商品

C．自有品牌商品　　　　　　　　　　D．稀有商品

5．亚马逊中 82%的交易都是通过（　　）来完成的。

A．Listing　　　　　B．亚马逊跟卖　　　C．黄金购物车　　　D．TNT

6．亚马逊平台出现未处理的订单的原因，不包括（　　）。

A．银行问题　　　　B．物流问题　　　　C．买家问题　　　　D．卖家问题

7．商家持品牌授权文件在天猫开设的店铺，经营一个授权销售品牌商品的店铺或经营多个授权销售品牌的商品，且各品牌归同一实际控制人的店铺。这指的是（　　）。

A．旗舰店　　　　　B．专卖店　　　　　C．专营店　　　　　D．品牌店

8．鑫鑫公司在天猫开设了一家既能经营他人品牌商品，又能经营自有品牌商品的店铺，此店铺类型属于（　　）。

A．旗舰店　　　　　B．专卖店　　　　　C．专营店　　　　　D．品牌店

## 二、简答题

1．简述淘宝开店的条件。

2．针对国内网络零售市场，京东提供的入驻平台有哪些类型？

3．主流的跨境电商平台有哪些？

4．国内主流的电商平台有哪些？

5．网店的类型有哪些？

# 第二章

# 网店的定位和策划

## 知识结构图

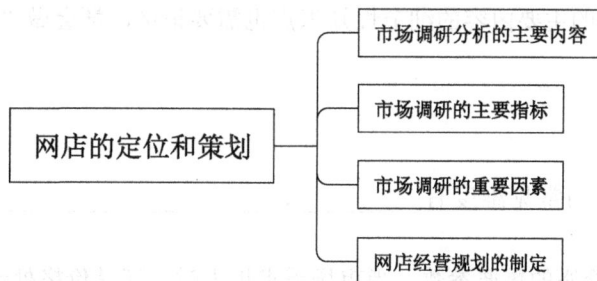

```
                              ┌─────────────────────────┐
                          ┌───┤  市场调研分析的主要内容    │
                          │   └─────────────────────────┘
                          │   ┌─────────────────────────┐
        ┌──────────────┐  ├───┤  市场调研的主要指标        │
        │ 网店的定位和策划 ├──┤   └─────────────────────────┘
        └──────────────┘  │   ┌─────────────────────────┐
                          ├───┤  市场调研的重要因素        │
                          │   └─────────────────────────┘
                          │   ┌─────────────────────────┐
                          └───┤  网店经营规划的制定        │
                              └─────────────────────────┘
```

## 考试说明

1. 理解市场调研分析的主要内容。
2. 掌握市场调研的主要指标。
3. 理解市场调研的重要因素。
4. 理解网店经营规划的制定。

## 知识精讲

## 一、市场调研分析的主要内容

1. 消费者人群特征分析。

消费者人群特征分析是从多个维度对消费者人群进行分析，然后总结出消费者全貌的过程。

2. 市场同类产品价格段分析。

市场价格是商品价值的货币表现，通常是指一定时间内某种商品在市场上形成的具有代表性的实际成交价格。

3. 消费者搜索词分析。

在电子商务平台上，客户通过关键词查找所需的商品而产生的流量往往在店铺整体流量中占据很多比重。

4. 市场产品分析。

产品数据分析具体包括收集用户对产品需求的偏好；整理分析需求偏好，提出产品开发的价格区间、功能卖点、产品创新、包装等建议；树立用户对产品及品牌持久的黏性。

## 电子商务

### 经典例题解析

1. 下列选项中，不属于市场调研分析内容的是（　　）。

　　A．消费者人群特征分析　　　　　　　B．消费者搜索词分析

　　C．分析调研数据　　　　　　　　　　D．市场产品分析

【答案】C

【解析】市场调研分析的主要内容包括：消费者人群特征分析、市场同类产品价格段分析、消费者搜索词分析、市场产品分析。

解题反思：市场调研分析的主要内容要记牢，否则无法做出判断。

2.（　　）能够形成消费者人群画像，帮助企业了解消费者人群特征。

　　A．消费者人群特征分析　　　　　　　B．市场同类产品价格段分析

　　C．消费者搜索词分析　　　　　　　　D．市场产品分析

【答案】A

【解析】对消费者人群特征进行归类分析，能够形成消费者人群画像，帮助企业了解消费者人群特征。

解题反思：市场调研分析的主要内容的细节性知识点也需要记忆，学会做"细节"类的单选题。

### 同步练习

1. 消费者人群特征分析的常见维度有_____、_____、_____、_____、_____、_____。

2. 市场供求是形成商品价格的重要参数，当市场需求扩大时，商品价格处于_____趋势，_____价值；当供求平衡时，价格相对_____，_____价值；当需求萎缩时，商品价格_____，_____价值。

3. 在进行关键词推广效果分析的过程中，分析的流程通常是_____、_____、_____、_____、_____。

### 单元练习题

#### 一、选择题

1. 消费者人群特征分析的常见维度不包括（　　）。

　　A．购买能力　　　　B．购买时间　　　　C．购买次数　　　　D．性别

2. 在企业电子商务经营活动中，运用淘宝/天猫直通车，进行关键词推广效果分析，其分析的流程是（　　）。

　　A．展现量—花费—点击（率）—投入产出比

　　B．展现量—点击（率）—花费—投入产出比

　　C．花费—投入产出比—展现量—点击（率）

　　D．花费—投入产出比—点击（率）—展现量

3. 进行产品数据分析时，不包括（　　）。

　　A．收集用户对产品需求的偏好

　　B．整理分析需求偏好，提出产品开发的价格区间、功能卖点、产品创新、包装等建议

　　C．要结构清晰、主次分明，以便阅读者正确地理解报告内容

　　D．树立用户对产品及品牌持久的黏性

#### 二、简答题

简述市场调研分析的主要内容。

## 二、市场调研的主要指标

网店指标有很多种类，具体包括流量类指标、转化率指标、成交类指标。

1. 网店流量指标，如表 3-1 所示。

表 3-1 网店流量指标

| 流量指标 | 指标解释 |
| --- | --- |
| PV（浏览量） | 店铺内页面被点击的数量，点击一次就被记为一次浏览（PV），一个用户多次点击或刷新同一个页面，就会被记为多次浏览（PV） |
| UV（访客数） | 店铺各页面的访问人数。在所选的统计时段内，如果同一访客多次访问会自动进行去重计算 |
| 纯 PV | 总 PV 减去广告弹窗、站外广告等 PV 后剩下的 PV。纯 PV 反映的是用户的主动行为 |
| 纯 UV | 减去广告弹窗、站外广告等页面的访问后，剩余页面访问者去重后的访问者之和 |
| 宝贝页 UV | 访问该宝贝页面的访客数 |
| 到达页浏览量 | 通过该来源给店铺入口页面带来的查看次数 |
| 页面平均停留时间（秒） | 用户平均浏览店铺单个页面花费的时间 |
| 人均店内停留时间（秒） | 平均每个用户连续访问店铺的时间 |
| 店铺收藏访客数 | 将店铺加入自己收藏夹内的访客数量 |
| 宝贝收藏访客数 | 将店铺内宝贝加入自己收藏夹内的访客数量 |
| 回头客数量 | 在特定的一段时间内有过两次购买记录的顾客数量 |
| 回访客比例 | 在特定的一段时间内有过两次以上访问店铺的顾客数量的比例。回访客比例=回访客数量/访客数量 |
| 跳失率 | 顾客从登录页面进入店铺后，不是继续访问店铺的其他页面而是关闭了当前页面去了另外店铺的人数比率。跳失率=跳失人数/登录页面的访问人数 |
| 跳变率 | 顾客从登录页面进入店铺后，离开当前页面，但是继续访问了店铺其他页面的人数比例。跳变率=跳变人数/登录页面的访问人数 |
| 平均访问页面数 | 平均每个顾客访问店铺的页面数量。平均访问页面数=总访问数/UV（访客数） |

2. 网店分析其他指标，如图表 3-2 所示。

表 3-2 网店分析其他指标

| 其他指标 | | 指标解释 |
| --- | --- | --- |
| 转化率类指标 | 成交转化率 | 店铺成交访客数量占总访客数量的比例。成交转化率=成交人数/访客数 |
| | 静默转化率 | 没有咨询客服直接下单购买商品的顾客比例 |
| | 访客—咨询转化率 | 来店铺访问的顾客中主动咨询客服的人数比例 |
| | 咨询—成交转化率 | 来店铺访问并且主动咨询客服的顾客中成功下单交易商品的顾客人数比例 |
| | 新顾客成交转化率 | 第一次在店铺下单购买商品的顾客人数比例 |
| | 老顾客成交转化率 | 曾在店铺发生过交易，并且再次下单购买商品的顾客人数比例 |
| 成交率类指标 | 总成交数 | 在特定的时间内所有成功交易的订单数量 |
| | 平均访客价值 | 平均每个访客带来的销售额。平均访客价值=销售额/访客数 |
| | 客单价 | 客单价=成交总金额/成交用户数 |
| | 人均成交件数 | 平均每个用户所购买的宝贝件数。人均成交件数=总成交件数/成交用户数 |
| | 人均成交笔数 | 平均每个用户购买的交易次数。人均成交笔数=支付宝交易笔数/成交用户数 |
| | 宝贝成交均价 | 宝贝平均成交的价格。宝贝成交均价=总成交金额/成交宝贝件数 |
| | 重复购买率 | 一段时间内有过重复购买的顾客数比例 |

### 经典例题解析

1. 网店的指标种类不包括（　　）。

A．流量类指标　　　　B．展现量指标　　　　C．转化率指标　　　　D．成交类指标

【答案】B

【解析】网店的指标包括流量类指标、转化率类指标、成交率类指标等。

解题反思：网店指标的种类包括三类，一定要熟练掌握，才能做出判断。

2. 店铺内页面被点击的数量是指（　　）。

A．PV　　　　　　　　B．UV　　　　　　　　C．纯 PV　　　　　　　D．纯 UV

【答案】A

【解析】PV 是指店铺内页面被点击的数量。

解题反思：PV 属于流量指标，流量指标的类型比较多，要学会区分每种类型的流量指标。

3. 成交转化率是指（　　）。

A．总访问数/UV　　　　　　　　　　　B．成交人数/访客数

C．销售额/访客数　　　　　　　　　　D．成交总金额/成交用户数

【答案】B

【解析】成交转化率=成交人数/访客数。

解题反思：成交转化率属于转化率类指标，公式要跟其他类型的指标区分。

### 同步练习

1. 店铺各页面的访问人数是指＿＿＿＿＿＿＿＿＿＿＿＿＿＿＿＿＿。

2. ＿＿＿＿＿＿＿＿＿反映的是用户的主动行为。

3. 跳失率=＿＿＿＿＿＿＿＿＿＿＿＿＿＿＿＿＿＿＿。

4. 没有咨询客服直接下单购买商品的顾客比例是指＿＿＿＿＿＿＿＿＿＿＿＿。

5. 平均访客价值=＿＿＿＿＿＿＿＿＿＿＿＿＿＿。

6. 一段时间内有过重复购买的顾客数比例是指＿＿＿＿＿＿＿＿。

### 单元练习题

#### 一、选择题

1. 反映用户主动行为的流量指标是（　　）。

A．PV　　　　　　　　B．UV　　　　　　　　C．纯 PV　　　　　　　D．纯 UV

2. 访问某旗舰店的顾客中主动咨询客服的人数占到了 40%以上，这类指标属于（　　）

A．静默转化率　　　　　　　　　　　B．访客—咨询转化率

C．咨询—成交转化率　　　　　　　　D．新顾客成交转化率

3. 本周登录北海牧场天猫旗舰店的访问人数为 100000 人，但关闭了当前页面去了另外店铺的人数为 2000 人，则本周北海牧场天猫旗舰店的跳失率为（　　）。

A．50　　　　　　　B．0.002　　　　　　C．0.02　　　　　　D．5

4. 小美在某饮品旗舰店中相中了一款名为"喝开水"的饮用水，于是主动咨询客服，并最终下单。该店铺会把小美的这一行为归为哪一类转化率指标？（　　）

A．访客—咨询转化率　　　　　　　　B．咨询—成交转化率

C．成交转化率　　　　　　　　　　　D．静默转化率

5. 曾在店铺发生过交易，并且再次下单购买商品的用户人数比例，这类指标属于（　　　）。

    A．成交转化率　　　　　　　　　　　　B．访客—咨询转化率

    C．新顾客成交转化率　　　　　　　　　D．老顾客成交转化率

## 二、简答题

1．简述网店的指标包括的类型。

2．简述转化率类指标的种类。

3．简述成交率类指标的种类。

🌐 **知识精讲**

## 三、市场调研的重要因素

1．电子商务市场调研分析的需要。

电子商务公司的市场调研分析师就像老板的军师，必须有从枯燥的调研数据中解开市场密码的本事。例如，具有商业意识的调研分析师发现，网站上的婴儿车的销售增加了，那么他基本可以预测奶粉的销量也会增加。

2．电子商务调研分析衡量指标的设定。

常用的网站分析指标有内容指标和商业指标。内容指标是衡量访问者活动的指标；商业指标是衡量访问者活动转化为商业利润的指标。电子商务的数据可分为两类：前端行为数据和后端商业数据。前端行为数据包括访问量、浏览量、点击流及站内搜索等反映用户行为的数据；后端商业数据包括交易量、投资回报率以及全生命周期管理的数据等。

3．某些指标异常变化的原因分析。

对于一些数据的异常增加或减少，一定要分析其产生的原因与市场时机，这对平台以后的发展及政策导向非常有借鉴意义。

4．利用调研分析用户的行为习惯。

市场调研分析应该分两个层次：第一，网站调研分析，是针对产品而言，就围绕产品如何运转做封闭路径的分析，得出产品的点击是否顺畅、功能展现是否完美；第二，研究客户的访问焦点，挖掘客户的潜在需求。

5．客户的购买行为分析。

当用户在电子商务网站上有了购买行为之后，就从潜在客户变成了网站的价值客户。电子商务网站一般都会将用户的交易信息（包括购买时间、购买商品、购买数量、支付金额等信息）保存在自己的数据库里面，所以对于这些用户，可以基于网站的运营数据对他们的交易行为进行分析，以估计每位用户的价值及针对每位用户扩展营销的可能性。客户的购买行为分析，如传统的 **RFM** 模型，会员聚类，会员的生命周期分析、活跃度分析等，这些对网店运营都是非常重要的。

### 经典例题解析

1. 具有商业意识的调研分析师发现，网站上的婴儿车的销售增加了，那么他基本可以预测奶粉的销量也会增加。这体现了市场调研分析的哪项重要因素？（　　）

    A．客户的购买行为分析　　　　　　　　B．利用调研分析用户的行为习惯

    C．电子商务调研分析衡量指标的设定　　D．电子商务市场调研分析需要商业敏感

【答案】D

【解析】网站上的婴儿车的销售增加了，那么他基本可以预测奶粉的销量也会增加。这体现了电子商务市场调研分析需要商业敏感。

解题反思：掌握市场调研分析的重要因素，需要注意细节性问题，否则无法做出判断。

2. 电子商务网站一般都会将用户的交易信息包括购买时间、购买商品、购买数量、支付金额等交易行为进行分析。这体现了市场调研分析的哪项重要因素？（　　）

    A．利用调研分析用户的行为习惯　　　　B．客户的购买行为分析

    C．电子商务市场调研分析需要商业敏感　D．电子商务调研分析衡量指标的设定

【答案】B

【解析】电子商务网站一般都会将用户的交易信息包括购买时间、购买商品、购买数量、支付金额等交易行为进行分析。这体现的是客户的购买行为分析。

解题反思：理解市场调研分析的 5 个重要因素，并学会判断。

### 同步练习

1. 网站分析指标有＿＿＿＿＿＿＿＿、＿＿＿＿＿＿＿＿。

2. ＿＿＿＿＿＿＿＿是衡量访问者活动的指标；＿＿＿＿＿＿＿＿是衡量访问者活动转化为商业利润的指标。

3. 电子商务的数据可分为两类：＿＿＿＿＿＿＿＿、＿＿＿＿＿＿＿＿。

4. 市场调研分析应该分两个层次：第一，＿＿＿＿＿＿＿＿；第二，＿＿＿＿＿＿＿＿。

### 单元练习题

#### 一、选择题

1. 下列选项属于网站分析指标的是（　　）。

    A．内容指标　　　　　　　　　　　　　B．流量指标

    C．前端行为数据　　　　　　　　　　　D．后端商业数据

2. 下列选项属于电子商务的数据种类的是（　　）。

    A．内容指标　　　　　　　　　　　　　B．商业指标

    C．流量指标　　　　　　　　　　　　　D．前端行为数据

3. 研究客户的访问焦点，挖掘客户潜在需求。这体现了市场调研分析的哪项重要因素？（　　）

    A．电子商务市场调研分析需要商业敏感　B．电子商务调研分析衡量指标的设定

    C．利用调研分析用户的行为习惯　　　　D．客户的购买行为分析

#### 二、简答题

简述市场调研分析的重要因素。

## 知识精讲

### 四、网店经营规划的制定

1. 客户价值评估是网店经营的核心。

当客户在网店有了购买行为之后，就从潜在客户变成了网站的价值客户，可以基于网店的销售数据对客户的交易行为进行分析，来估计客户的价值。RFM 模型是衡量客户价值的重要工具与手段之一。RFM 模型主要由三个指标组成：最后一次消费（Recency）、消费频率（Frequency）、消费金额（Monetary）。在这三个指标数据的基础上计算每个指标数据的均值为 AVG（R）、AVG（F）、AVG（M），最后通过将每位客户的三个指标与均值进行比较，可以将客户细分成 8 类：重要保持客户、重要挽留客户、重要价值客户、重要发展客户、一般保持客户、一般挽留客户、一般价值客户、一般发展客户。

2. 客户画像分析是网店经营的依据。

客户画像又称客户角色，作为一种勾画目标用户、联系用户诉求与设计方向的有效工具，客户画像在电子商务领域得到了广泛的应用。基于 RFM 模型，从基本属性、消费偏好和消费能力等方面对用户进行画像。

重要保持客户对网店的价值是最高的，客群特点是活跃度高、贡献度大、对价格不敏感、喜好定制产品等。对该客群的营销建议是，在保证用户体验的前提下，尽可能地触达用户促销及产品信息；关注此类用户的购物体验，可通过电话访问的形式，了解用户需求。

一般保持客户的特点是活跃度高、购买相对频繁、对促销比较敏感、喜欢简易类商品。对该客群的营销建议是，主要通过促销活动吸引此类用户到店消费。由于此类用户非常活跃，可以通过小激励手段，让其帮助网店营造品牌形象，如转发微博、评论送积分等。

3. 转化率是网店经营的关键。

网店的转化率代表着网店流量最终实现交易的占比。经营者在前期花了心血和金钱引流，目的就是为了让这些流量得到转化，所以引入的流量如果不能被转化为交易金额，那么就是价值低的甚至是没有价值的流量。与网店转化率相关的指标主要包括成交（访客）转化率、自然搜索转化率、咨询转化率、静默转化率等。其中，成交（访客）转化率是网店成交访客数量占总访客数量的比例，即成交转化率=成交人数/总访客数。对于网店而言，了解页面的访客转化率对网站的装修与改进有非常重要的作用。

## 经典例题解析

1. 网店经营的核心是（    ）。

    A．客户价值         B．客户画像分析     C．转化率     D．投资回报率

【答案】A

【解析】客户价值是网店经营的核心。

解题反思：店铺经营规划的内容要学会区分，会判断，会选择。

2. RFM 模型的指标不包括（    ）。

    A．最后一次消费      B．消费频率      C．消费金额      D．购买行为

【答案】D

【解析】RFM 模型主要由三个指标组成：最后一次消费、消费频率、消费金额等。

解题反思：判断 RFM 模型指标类型之前，首先要知道由哪些指标组成。

## 同步练习

1. RFM 模型主要由三个指标组成：_____、_____、_____。

2. _____是网店经营的核心。

3. _____是网店经营的依据。

4. _____是网店经营的关键。

5. _____是网店经营的最终目标。

6. _____对网店的价值最高。

7. _____的特点是活跃度高、贡献度大、对价格不敏感、喜好定制产品。

8. _____的特点是活跃度高、购买相对频繁、对促销比较敏感、喜欢简易类商品。

9. 客群通过促销活动可以吸引_____到店消费，此类用户非常活跃，可通过小激励手段，让其帮助网店营造品牌形象，如转发微博、评论送积分等。

## 单元练习题

### 一、选择题

1. （　　）是衡量客户价值的重要工具与手段。

　　A．ROI 模型　　　　　　B．AARRR 模型　　　C．CRM 模型　　　　D．RFM 模型

2. 某旗舰店通过促销活动吸引一部分消费者到店消费，由于这部分消费者非常活跃，该旗舰店还会通过转发微博、评论送积分的激励手段，让其帮助网店营造品牌形象。这部分消费者属于的客户类型是（　　）。

　　A．一般价值客户　　　　　　　　　　B．重要价值客户

　　C．一般保持客户　　　　　　　　　　D．重要保持客户

3. 对网站的装修与改进有非常重要作用的是（　　）。

　　A．了解页面的访客转化率　　　　　　B．了解页面的咨询转化率

　　C．了解页面的静默转化率　　　　　　D．了解平均访客价值

4. 对网店价值最高的客户是（　　）。

　　A．重要保持客户　　　　　　　　　　B．一般保持客户

　　C．重要价值客户　　　　　　　　　　D．一般价值客户

5. 活跃度高、贡献度大、对价格不敏感、喜好定制产品的客群是（　　）。

　　A．重要发展客户　　　　　　　　　　B．重要挽留客户

　　C．重要保持客户　　　　　　　　　　D．重要价值客户

6. RFM 模型中的 F 代表（　　）。

　　A．最后一次消费　　　B．消费频率　　　C．消费习惯　　　D．消费金额

7. 某旗舰店的投资总额为 23 万元，年均利润为 44 万元。该旗舰店的投资回报率为（　　）。

　　A．191%　　　　　　　B．52%　　　　　　C．19.1%　　　　　D．5.2%

### 二、简答题

简述店铺经营规划制定的内容。

# 第三章

# 开店前的准备

## 知识结构图

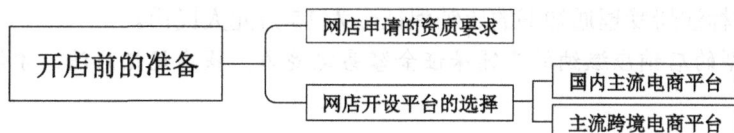

## 考试说明

1. 了解网店申请的资质要求。
2. 了解网店开设平台的选择。

## 知识精讲

### 一、网店申请的资质要求

1. 直接向天猫提交入驻申请开店的类型。

（1）开店公司注册资本大于等于100万元人民币。

（2）开店公司依法成立并持续经营两年及以上。

（3）开店公司需具备一般纳税人资格。

（4）注册商标的时间要满两年以上，如果商标是转或卖的话，也要达到一年的时间。也就是商标状态为R标，而且需注册满两年及以上，并在最近一年内未发生转让。

（5）店铺保证金金额：旗舰店、专卖店中持商标注册受理通知书的店铺的保证金为10万元人民币，持注册商标的店铺的保证金为5万元人民币；专营店中持商标注册受理通知书的店铺的保证金为15万元人民币，持注册商标的店铺的保证金为10万元人民币。

（6）软件服务年费金额参照商家经营的一级类目，分为3万元、6万元人民币两档。

2. 通过天猫转让开店的类型。

这种类型大多是想在天猫开店但是资质不全或未达标的商家。除了缴纳第一条所述费用外，还需要支付购店费用和佣金。一个天猫旗舰店的转让价格根据类目和经营情况，从几万到几十万不等。

3. 通过平台代入驻开店的类型。

这种情况适合那些本身拥有商标和公司的商家，但商家自己没有入驻成功。依据所要入驻类目的难易程度和市场需求而有所不同。

# 电子商务

1. 下列关于"直接向天猫提交入驻申请开店的类型"的叙述，不正确的是（　　）
   A. 开店公司注册资本大于等于 100 万元人民币
   B. 开店公司依法成立并持续经营两年及以上
   C. 开店公司需具备一般纳税人资格
   D. 注册商标的时间要满 5 年以上

【答案】D

【解析】直接向天猫提交入驻申请开店的类型中要求注册商标的时间要满两年以上，如果商标是转或卖，也要达到一年的时间。

解题反思：要求熟练掌握并学会判断各种类型的店铺申请资质。

2. 专营店持商标注册受理通知书的店铺保证金为（　　）人民币
   A. 3 万元　　　　　　　B. 5 万元　　　　　　　C. 10 万元　　　　　　　D. 15 万元

【答案】D

【解析】专营店持商标注册受理通知书的店铺保证金为 15 万元人民币。

解题反思：各种类型的店铺应缴纳的店铺保证金容易记混淆，找准记忆方法，才能快速做题。

## 同步练习

1. 旗舰店、专营店持商标注册受理通知书的店铺保证金为_____人民币。

2. 专营店持商标注册受理通知书的店铺保证金为_____人民币，持注册商标的店铺保证金为_____人民币。

3. 软件服务费金额参照商家经营的一级类目，分为_____、_____人民币两档。

4. 想在天猫开店但是资质不全或未达标的商家，可以通过_____开店。

5. 本身拥有商标和公司的商家，但商家自己没有入驻成功，可以通过_____开店。

6. 直接向天猫提交入驻申请开店的类型，开店公司注册资本大于等于_____人民币，开店公司依法成立并持续经营_____及以上，注册商标的时间要满_____以上，如果商标是转或卖的话，也要达到_____的时间，也就是商标状态为_____标，而且需注册满_____年及以上，并在最近_____年内未发生转让。

## 单元练习题

### 选择题

1. 某专卖店直接向天猫提交入驻申请时，属于持注册商标的店铺。此类型的店铺应该缴纳的店铺保证金为（　　）人民币。
   A. 3 万元　　　　　　　B. 5 万元　　　　　　　C. 10 万元　　　　　　　D. 15 万元

2. 某有限公司想在天猫开店但是资质不全，这样的商家可以申请的店铺类型是（　　）。
   A. 直接向天猫提交入驻申请开店的类型　　　　　B. 通过天猫转让开店的类型
   C. 通过平台代入驻开店的类型　　　　　　　　　D. 第三方零售平台

3. 本身拥有商标和公司的商家，但一直没有入驻成功。这样的商家可以申请的店铺类型是（　　）。
   A. 直接向天猫提交入驻申请开店的类型　　　　　B. 通过天猫转让开店的类型
   C. 通过平台代入驻开店的类型　　　　　　　　　D. 第三方零售平台

4. 软件服务费金额参照商家经营的一级类目，分为（　　）人民币两档。
   A. 3 万元、5 万元　　　　　　　　　　　　　　B. 5 万元、10 万元
   C. 10 万元、15 万元　　　　　　　　　　　　　D. 3 万元、6 万元

**知识精讲**

## 二、网店开设平台的选择

目前国内主流的电商平台有淘宝、天猫、京东、拼多多、唯品会等，跨境电商平台有 eBay、速卖通、亚马逊、Wish、Lazada 等。选择合适的开店平台，对网店经营来说至关重要。在选择开店平台之前，必须要了解电商平台的特点及优势，以便结合自身情况，选择合适的平台开店。

### （一）国内主流电商平台

以淘宝、天猫、京东、拼多多等为代表的国内主流电商平台，提供了近乎无所不包的海量商品，满足了亿万买家的在线需求。网络零售的快速发展，吸引了众多品牌企业及个人用户的参与。

1. 淘宝。

近年来，淘宝在 C2C 电子商务市场上占据的市场份额高达 95%以上。在近些年的发展历程中，淘宝一直在生活方式上影响并改变着网上消费者和商家。从淘便宜、淘方便到淘个性，淘宝已经成为网购潮流的开创者与引领者，并从单一的 C2C 网络集市变成包括 B2C、团购、分销、拍卖等多种电子商务模式在内的综合性零售商圈。

淘宝门槛低、创业资金少、风险低、压力小，是从事电商创业的首选平台。淘宝的店铺类型有个人店铺和企业店铺两种。目前两种店铺开店都是免费的，但为了保障消费者利益，开店成功后部分类目需缴纳一定额度的保证金，保证金在后续不开店之后可以申请解冻。

2. 天猫。

天猫（英文：Tmall，也称淘宝商城、天猫商城）成立于 2008 年 4 月，属阿里巴巴集团旗下业务，是中国最大的第三方品牌及零售平台。作为阿里巴巴全力打造的 B2C 交易平台，它整合了数千家品牌商、生产商，为商家和消费者之间交易提供一站式解决方案，提供 7 天无理由退货的售后服务，以及购物积分返现等优质服务。天猫商家入驻的资费由保证金、软件服务年费、软件服务费三部分组成。

天猫门槛较高，是大众品牌和量贩型商品商家的首选，品牌商可以很好地管理自身的服务品质和品牌形象。但是针对非天猫热招品牌，天猫将会评估企业和品牌的实力，判断是否允许其开店。正因如此，时下品牌商入驻天猫，可以通过接手转让店铺的形式开店，这样做既可以延续客流量和店铺粉丝，又可以适当拓展店铺类目。

3. 京东。

京东创办于 2004 年 6 月 18 日，京东的店铺类型有旗舰店、专卖店和专营店三种。旗舰店是指卖家以自有品牌或由权利人出具的在京东开放平台开设品牌旗舰店的独占授权文件，入驻京东开放平台开设的店铺；专卖店是指卖家持他人品牌授权文件在京东开放平台开设的店铺；专营店是指经营京东开放平台相同一级类目下两个及以上他人授权或自有品牌商品的店铺。

京东走"精品化"商品路线，助力中小品牌的发展，区别于大众品牌，京东更加侧重精准定位、产品搜索、物流配送等服务，在 3C 产品领域，京东具有强大的品牌、价格、配送和服务等优势。

4. 拼多多。

拼多多成立于 2015 年 9 月，是一家专注于 C2B 拼团的第三方社交电商平台。用户通过发起和朋友、家人、邻居等的拼团，可以以更低的价格拼团购买优质商品。其中，通过沟通分享形成的社交理念，形成拼多多独特的新社交电商思维。

拼多多店铺包括个人店铺和企业店铺，入驻拼多多平台需要缴纳保证金。个人店铺虚拟类目保证金为10000 元，其他各类目的店铺保证金均为 2000 元；企业店铺虚拟类目保证金为 10000 元，其他各类目的店铺保证金均为 1000 元

拼多多适合工厂、品牌方、品牌代理商入驻，因为这三者可以自己控制产品的成本和利润，在价格上具备一定的优势。商家通过拼多多平台拓展销售渠道、推广产品，更重要的是，可以解决产品生产过剩、库存积压等问题。

### （二）主流跨境电商平台

**1. 速卖通。**

速卖通正式上线于 2010 年 4 月，是阿里巴巴旗下面向全球市场打造的在线交易平台，被广大卖家称为"国际版淘宝"。经过多年的迅猛发展，速卖通已成为中国唯一一个覆盖"一带一路"全部国家和地区的跨境电商出口 B2C 零售平台，目前已经覆盖超过 230 个国家和地区的海外买家，主要交易市场为俄罗斯、美国、西班牙、巴西、法国等国家。

在经营跨境电商方面，速卖通平台入驻门槛较低，适合初级卖家，尤其是其产品特点符合新兴市场的卖家，以及产品性价比较高、有供应链优势、寻求价格优势的卖家，最好是供应商直接拿货销售。速卖通面对的消费群体主要是发展中国家和相对落后国家的中低端路线买家。

**2. 亚马逊。**

亚马逊公司成立于 1995 年，是美国最大的网络电子商务公司，其总部位于华盛顿州的西雅图。

亚马逊入驻基本费用包括店铺月租费和成交费，专业卖家账号的店铺月租费北美站为 39.99 美元/月，欧洲站为 25 英镑/月，日本站为 4900 日元/月。个人卖家账号不需要月租费用。成交费即类目佣金费用，不同类目佣金费用会有所差别，一般佣金比例为 8%~20%。与速卖通相比，亚马逊入驻门槛较高，入驻的多为大品牌或实力雄厚的大卖家。

**3. Wish。**

Wish 于 2011 年在美国硅谷成立，2013 年正式进军跨境电商领域。Wish 是一款移动电商购物 App，由 ContextLogic 于 2011 年独立设计开发。2018 年，Wish 累计向全球超过 3.5 亿名消费者供应了逾 2 亿款商品，月活跃用户超过 9000 万人，活跃商户有 12.5 万户，日出货量峰值达到 200 万单，订单主要来自美国、加拿大及欧洲国家。"2018 年度全球 App 下载量排行榜"显示，Wish App 荣登 2018 年全球购物类 App 下载量排行榜榜首，安装量超过 1.97 亿人。Wish 主要靠价廉物美吸引客户，在美国市场有非常高的人气，核心品类包括服装、珠宝、手机等，大部分都是从中国发货。Wish 平台有独特的推荐方式，产品品质较高，这也是它短短几年发展起来的核心因素。Wish 平台 97%的订单量来自移动端。

## 🌐 经典例题解析

**1. 国内主流电商平台不包括（　　）。**

    A. 淘宝        B. 京东        C. 速卖通        D. 天猫

**【答案】**C

**【解析】**国内主流电商平台主要包括淘宝、天猫、京东、拼多多，速卖通属于跨境电商平台。

**解题反思：**看清题目问的是国内主流电商平台，还是主流跨境电商平台。

**2. 门槛较高，是大众品牌和量贩型商品商家的首选，品牌商可以很好地管理自身的服务品质和品牌形象的是（　　）。**

    A. 淘宝        B. 京东        C. 速卖通        D. 天猫

**【答案】**D

**【解析】**天猫门槛较高，是大众品牌和量贩型商品商家的首选，品牌商可以很好地管理自身的服务品质和品牌形象。

**解题反思：**关注"大框架"内容的同时，别忘记细节。

**3. 入驻门槛较低，适合初级卖家，尤其是其产品特点符合新兴市场的卖家的电商平台是（　　）。**

    A. 速卖通        B. 亚马逊        C. Wish        D. 拼多多

**【答案】**A

**【解析】**速卖通平台入驻门槛较低，适合初级卖家，尤其是其产品特点符合新兴市场的卖家。

**解题反思：**学会区分各种电商平台的特点。

## 同步练习

1．近年来，淘宝在_____电子商务市场上占据的市场份额高达 95%以上。

2．_____门槛低、创业资金少、风险低、压力小，是从事电商创业的首选平台。

3．淘宝的店铺类型有_____和_____两种。

4．京东的店铺类型有_____、_____和_____三种。

5．_____走"精品化"商品路线，助力中小品牌的发展，区别于大众品牌，更加侧重于精准定位、产品搜索、物流配送等服务。

6．_____是一家专注于 C2B 拼团的第三方社交电商平台。

7．_____面对的消费群体主要是发展中国家和相对落后国家的中低端路线买家。

## 单元练习题

### 选择题

1．近年来，淘宝在（　　）电子商务市场上占据的市场份额高达 95%以上。
    A．B2C              B．B2B              C．C2C              D．O2O

2．卖家以自有品牌或由权利人出具的在京东开放平台开设品牌旗舰店的独占授权文件，入驻京东开放平台开设的店铺是（　　）。
    A．旗舰店          B．专卖店          C．专营店          D．自营店

3．拼多多入驻需要缴纳保证金，个人店铺虚拟类目保证金为（　　）。
    A．1000 元         B．2000 元         C．5000 元         D．10000 元

4．适合工厂、品牌方、品牌代理商入驻的国内主流电商平台是（　　）。
    A．淘宝            B．拼多多          C．速卖通          D．京东商城

5．已成为中国唯一一个覆盖"一带一路"全部国家和地区的跨境电商出口 B2C 零售平台的是（　　）。
    A．亚马逊          B．速卖通          C．Wish            D．拼多多

6．天猫商家入驻的资费组成，不包括（　　）。
    A．保证金          B．软件服务年费    C．软件服务费      D．品牌经营费

7．入驻门槛较高，入驻的大多为大品牌或实力雄厚的大卖家的跨境电商平台是（　　）。
    A．亚马逊          B．速卖通          C．Wish            D．考拉海购

8．一款移动电商购物 App 是（　　）。
    A．亚马逊          B．速卖通          C．Wish            D．考拉海购

# 第四章

# 网店开设流程

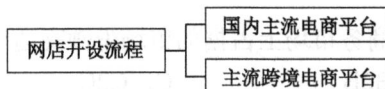

## 考试说明

掌握网店开设流程。

## 知识精讲

## 网店开设流程

### （一）国内主流电商平台

1. 淘宝网开店。

（1）注册淘宝账户。淘宝用户分为个人店铺和企业店铺两类，在注册的时候，根据个人或企业用户类型，选择不同的注册流程。在账户注册过程中，要特别注意：淘宝会员名称注册成功后就不能修改。

（2）支付宝实名认证。支付宝实名认证分为个人认证和商家认证。商家认证需要提交营业执照、公司账号等信息；个人认证相对来说更简单，只需要提交身份证号和银行账号即可办理，通过支付宝实名认证，就具有了卖家资格。

（3）淘宝开店认证。淘宝网开店有个人店铺和企业店铺两种。个人店铺要求年满16周岁，提供居民身份证；如果是个体工商户，则需要提供个体工商户营业执照。开通企业店铺需要提供企业营业执照、税务资料等信息。

2. 天猫开店。

阶段一：提交入驻资料

（1）选择店铺类型/品牌/类目。

（2）填写品牌信息。

（3）填写企业信息。

（4）店铺命名。

（5）提交审核。

阶段二：商家等待审核

（1）品牌评估。

（2）资质初审。

（3）资质复审。

阶段三：完善店铺信息

（1）激活商家账号并登录。

（2）完成开店前相关任务。

（3）锁定保证金/缴纳年费。

阶段四：店铺上线

（1）商品发布。

3. 京东开店。

商家入驻京东存在两种情况。一是受邀入驻，即不通过对外公开招商，京东招商部小二根据消费者需求及平台定位综合评估后，邀请符合需求的商户或品牌进驻；二是符合开店条件的商家根据各平台公开招商规则和流程，自主申请入驻。下面以针对 POP 商家的第三方零售平台开店为例展开介绍。

（1）选择店铺类型。POP 商家做好入驻前期准备，按要求完成账户注册并填写营业执照、法人身份、开户银行等信息资料后，需要确定店铺类型：旗舰店、专营店或专卖店。不同的店铺类型资质要求和资费标准各有不同。

（2）确定经营模式。京东平台为商家提供了 SOP、SOPL、FBP、LBP 等几种经营模式。自主申请入驻京东的商家，默认经营模式为 SOP 模式。而 FBP、LBP 等模式是邀请制，需要提前与招商联系，在招商复审开店时可改为想申请的经营模式。

## （二）主流跨境电商平台

1. 速卖通入驻。

（1）打开全球速卖通官网，点击"立即入驻"即可开始注册。设置用户名、填写账号信息、认证企业支付宝即可注册成功。

（2）提交入驻资料。

①产品清单——现在只有一小部分产品需要清单，绝大部分产品不需要。

②类目资质——在招商准入系统里继续提交想要经营的类目和店铺类型，准备相关的类目材料，等待平台审核通过。

③商标资质——在招商准入系统里进行商标资质申请，等待平台审核通过。若商标在商标资质申请页面查询不到，需要在系统内进行商标添加。

（3）缴纳年费。

在招商系统内根据所选的经营类目缴纳对应的年费（通过当天起 30 日内要完成缴费，超过 30 天没有缴费就需重新提交）。

（4）完善店铺信息。

付费完成后，进入卖家后台—店铺—店铺资产管理设置店铺名称和二级域名参考（"速卖通店铺二级域名申请及使用规范"），若申请的是官方店，还需要同步设置品牌官方直达及品牌故事内容。

（5）开店经营。入驻基本完成后，需创建运费模板、发布商品、店铺装修等。

2. 亚马逊入驻。

（1）创建账号。

注册步骤如下（以亚马逊美国站点为例）。

①登录亚马逊美国站点。

②填写注册邮箱，创建密码。

③填写公司信息。

④绑定支持美元的信用卡账号信息。

⑤填写电话号码并保持电话畅通，等待接收电话验证。

（2）产品刊登。

①登录卖家后台添加商品。

②在添加商品页面创建一个新产品。

③在搜索框中输入关键字可以在所搜品类或在列表中选择详细品类，选择后出现产品信息编辑的页面。

④填写产品相关信息。

## 经典例题解析

1．淘宝网开设店铺的第二步是（　　）。

A．注册淘宝账户 　　　　B．支付宝实名认证

C．淘宝开店认证 　　　　D．选择店铺类型

【答案】B

【解析】在淘宝网开设店铺的第二步是支付宝实名认证。

解题反思：各类型网店开设步骤要熟记。

2．在天猫开店步骤中，属于完善店铺信息阶段的是（　　）。

A．锁定保证金/缴纳年费 　　　　B．店铺命名

C．店铺上线 　　　　D．资质初审

【答案】A

【解析】在天猫开店的步骤中，完善店铺信息阶段包括：（1）激活商家账号并登录；（2）完成开店前相关任务；（3）锁定保证金/缴纳年费。

解题反思：各类网店开设步骤要熟练记忆，这样做题才能保证正确率。

## 同步练习

1．支付宝实名认证分为＿＿＿＿和＿＿＿＿，＿＿＿＿需要提交营业执照、公司账号等信息。

2．在天猫开店，需要提交的入驻资料包括＿＿＿＿、＿＿＿＿、＿＿＿＿、＿＿＿＿、＿＿＿＿。

3．目前，商家入驻京东可能存在两种情况，一是＿＿＿＿；二是＿＿＿＿。

## 单元练习题

### 选择题

1．在淘宝开店，需要进行支付宝认证，其中需要提交营业执照、公司账号等信息的是（　　）。

A．商家认证 　　　　B．个人认证

C．认证中心认证 　　　　D．营业执照认证

2．在天猫开店，商家等待审核阶段不包括（　　）。

A．品牌评估 　　　　B．资质初审

C．资质复审 　　　　D．店铺命名

3．目前，商家入驻京东可能存在两种情况，其中不通过对外公开招商，京东招商部小二根据消费者需求及平台定位综合评估后邀请符合需求的商户或品牌进驻的是（　　）。

A. 直接入驻　　　　　　　　　　　　B. 受邀入驻

C. 通过平台代入驻　　　　　　　　　D. 自由入驻

4. 新公司入驻亚马逊，在产品刊登阶段，第三步是（　　　）。

A. 登录卖家后台添加商品

B. 填写公司信息

C. 在搜索框中输入关键字可以在所搜品类或在列表中选择详细品类，选择后出现产品信息编辑的页面

D. 填写产品相关信息

---

第五章

# 网店装修

## 知识结构图

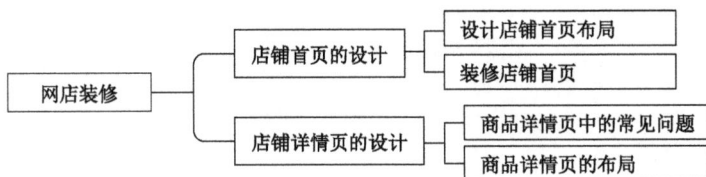

## 考试说明

1. 掌握店铺首页的设计。
2. 掌握店铺详情页的设计。

## 知识精讲

# 一、店铺首页的设计

## （一）设计店铺首页布局

1. 装修店铺页。

店铺首页装修内容包括：模块、配色、页头、页面及 CSS 等，其中 CSS 属于付费项目，可按需使用。店铺装修可视方式包括页面编辑和布局管理两种。页面编辑是店铺页面即时显示，装修内容所见即所得，布局管理显示页面布局的框架。

2. 设置店铺配色。

使用主副色搭配方案时，一般采用"主色（60%～90%）+副色（20%～40%）+点缀色（5%～10%）"的色彩比重搭配。色调搭配方案通常使用同色（色相）搭配和对比色（互补色）搭配。

3. 设计店铺页头。

页面背景色或页面背景图都是可选项，可按照实际需求设置。当两者同时存在时，背景色会被背景图遮盖，因此使用背景图时可以选择包含透明区域的图片格式（PNG 或 GIF 格式）。

4. 规划店铺首页布局。

添加布局单元时要根据布局要求确定单元分布：通栏或者两栏（左右栏）类型。要注意的是，布局单元最多不能超过 5 个，一个布局单元内可以放置多个功能模块。

950/1920（通栏）布局：这是很多掌柜选择的布局方式，是大广告图片轮播区域，适合大图或自定义区域的专业设计。

190×750 或 750×190（两栏）布局：此为常规布局方式，一般 190 像素区域主要放入【店铺收藏】【热销排行】【客户服务】【商品分类】等，750 像素区域主要放入【陈列商品】【精品推荐】【商品信息】【促销广告】等。

### （二）装修店铺首页

1. 设置店铺店招和导航。

在店铺招牌设置界面设置"招牌类型""店铺名称""背景图"及"高度"参数，完成店铺招牌的设置。

招牌类型为"自定义招牌"时处于完全手动自定义模式，在此对话框中可以自由添加"淘盘"图片空间的店招图片、文字链接、网络图片等，同时也可设置图片对齐方式，甚至切换为"源码"模式，进行专业编辑。

点击"编辑"按钮进入店铺导航设置界面，可以设置导航目录，一级目录最多只能设置 12 个。添加导航内容包括：宝贝分类、自定义页面及自定义链接三种，这些可以在店铺运营过程中逐一添加。

导航"显示设置"中允许卖家进行 CSS 编辑显示，可根据店铺需要，结合第三方设计平台进行设计，通常 CSS 自定义显示会在视觉体验上比系统默认的导航更优秀。

2. 设置常见页面功能模块。

（1）编辑图片轮播模块。

"图片轮播"编辑界面包括轮播内容设置和显示设置，在内容设置中可以设置轮播图片地址和链接地址。"添加"按钮用以添加新的轮播图片，且最多只能添加 5 张图片。

图片轮播显示设置中可以设置显示标题、模块高度及切换效果，且轮播图片高度在 100～600px 之间。

"图片轮播"模块通常用于店铺最新单品、精彩活动或优惠推荐等活动页使用，如果活动海报只有一张图片时也可以使用"全屏宽图"模块来展示活动广告，一次展示一张广告海报。

（2）编辑宝贝推荐模块。

"宝贝推荐"编辑界面包括宝贝设置和电脑端显示设置，在宝贝设置中可以设置推荐方式，如果选择"自动推荐"，则可以由系统根据设定的"自动推荐排序"进行自动更新排序，具体可以根据选项参数进行设置；如果选择"手工排序"，则由卖家指定宝贝进行推荐展示，且最多推荐 28 个宝贝。

在电脑端显示设置中可以设置"宝贝推荐"模块的具体显示效果，包括显示标题、展示方式、是否显示（折扣价、最近 30 天销售数据、评论等项目）。例如，标题可以设置为热销宝贝、人气宝贝或者最新宝贝等，让消费者一看就知道店铺推荐的热门商品的属类。

### 经典例题解析

1. 在店铺装修内容中，属于付费项目的是（　　）。

　　A. 模块　　　　　　　B. 配色　　　　　　　C. 页头　　　　　　　D. CSS

【答案】D

【解析】店铺首页装修内容包括：模块、配色、页头、页面及 CSS 等，其中 CSS 属于付费项目。

解题反思：各店铺装修内容包括 5 个方面，只有 CSS 属于付费项目，要熟练掌握，会做细节题。

2. 网店装修的店铺导航设置界面，一级目录最多只能设置（　　）个。

　　A. 6　　　　　　　　　B. 9　　　　　　　　　C. 12　　　　　　　　　D. 15

【答案】C

【解析】店铺导航设置界面，一级目录最多只能设置 12 个。

解题反思：各类界面与布局如何设置，容易混淆，因此要注意区分。

### 同步练习

1. 店铺首页装修内容包括：_____、_____、_____、_____及_____等，其中_____属于付费项目，可按需使用。

2. 店铺装修可视方式包括_____和_____两种。

3. _____是店铺页面即时显示，装修内容所见即所得。

4. 使用主副色搭配方案时，一般采用"主色_____+副色_____+点缀色_____"的色彩比重搭配。

5. 添加布局单元时要根据布局要求确定单元分布通栏或者两栏（左右栏）。要注意的是布局单元最多不能超过_____个，一个布局单元内可以放置_____功能模块。

6. 满"返"的内容包括：_____、_____、_____等。

7. 在店铺招牌设置界面设置_____、_____、_____及_____参数，完成店铺招牌的设置。

8. 招牌类型为_____时处于完全手动自定义模式，在此对话框中可以自由添加"淘盘"图片空间的店招图片、文字链接、网络图片等，同时也可设置图片对齐方式，甚至切换为_____模式，进行专业编辑。

9. 店铺导航设置界面，可以设置导航目录，一级目录最多只能设置____个。添加导航内容包括：_____、_____及_____三种，这些可以在店铺运营过程中逐一添加。

10. "图片轮播"编辑界面包括_____和_____，在内容设置中可以设置轮播_____和_____。"添加"按钮用以添加新的轮播图片，且最多只能添加____张图片。

11. 图片轮播显示设置中可以设置_____、_____及_____，且轮播图片高度在_____之间。

12. _____模块通常用于店铺最新单品、精彩活动或优惠推荐等活动页使用，如果活动海报只有一张图片时也可以使用"全屏宽图"模块来展示活动广告，一次展示一张广告海报。

13. "宝贝推荐"编辑界面，如果选择"手工排序"，则由卖家指定宝贝进行推荐展示，且最多推荐____个宝贝。

## 单元练习题

### 一、选择题

1. 使用主副色搭配方案时，主色一般采用的搭配比重是（　　　）。
   A. 60%～90%　　　　　B. 40%～60%　　　　　C. 20%～40%　　　　　D. 5%～10%

2. 王亮利用"图片轮播"中的显示设置，设置了模块高度。轮播图片的高度在（　　　）px 之间。
   A. 100～200　　　　　B. 100～600　　　　　C. 300～500　　　　　D. 500～1000

3. 装修 PC 端网店时，使用"图片轮播"模块时最多只能添加（　　　）张图片。
   A. 3　　　　　　　　　B. 4　　　　　　　　　C. 5　　　　　　　　　D. 6

4. 商品详情页装修可视方式包括页面编辑和（　　　）。
   A. 布局管理　　　　　B. 宝贝推荐　　　　　C. 图片轮播　　　　　D. 首页布局

5. 店铺首页布局中，750 像素区域主要放入的内容不包括（　　　）。
   A. 陈列商品　　　　　B. 店铺收藏　　　　　C. 精品推荐　　　　　D. 促销广告

6. 通常用于店铺最新单品、精彩活动或优惠推荐等活动页使用的模块是（　　　）。
   A. 主图　　　　　　　B. 店铺招牌　　　　　C. 图片轮播　　　　　D. 详情页

7. 店铺装修可视方式中，装修内容所见即所得的是（　　　）。
   A. 布局管理　　　　　B. 显示设置　　　　　C. 内容设置　　　　　D. 页面编辑

8. 慕慕正在编辑"宝贝推荐"模块，她选择的是"手工排序"，由卖家制定宝贝进行推荐展示，最多推荐的宝贝个数是（　　　）个。
   A. 12　　　　　　　　B. 28　　　　　　　　C. 35　　　　　　　　D. 40

9. 规划店铺首页布局时，布局单元最多不能超过的个数是（　　　）。
   A. 5 个　　　　　　　B. 10 个　　　　　　　C. 12 个　　　　　　　D. 15 个

10. 在淘宝店铺中，适合大图或自定义区域的专业设计的布局方式是（　　　）。
    A. 750/190（通栏）　　　　　　　　　B. 950/1750（通栏）
    C. 750/1920（通栏）　　　　　　　　　D. 950/1920（通栏）

11．在店铺首页布局中，190 像素区域主要放入的内容不包括（　　）。

    A．促销广告            B．店铺收藏            C．热销排行            D．客户服务

12．店铺首页布局有 190×750 或 750×190（两栏）布局方式，店铺收藏主要放入的区域是（　　）。

    A．190 像素           B．750 像素           C．950 像素           D．1920 像素

13．设置店铺招牌时，处于完全手动自定义模式的招牌类型是（　　）。

    A．自定义招牌         B．默认招牌         C．广告招牌         D．推荐招牌

## 二、简答题

1．简述店铺首页装修的内容。

2．在店铺招牌设置界面可以设置哪些内容？

3．在店铺导航设置界面，可以添加的导购内容包括哪些？

4．图片轮播显示设置中可以设置哪些内容？

### 知识精讲

## 二、店铺详情页的设计

### （一）商品详情页中的常见问题

商品详情页是真正展示商品的地方，是对商品使用方法、材质、尺寸、细节等方面的内容进行展示，激发消费者的消费欲望，树立消费者对网店的信任感，促使消费者下单的重要页面。一个完美的商品详情页面，能够让消费者在短短的停留时间里产生购买商品的欲望，从而提升网店的转化率。

1．页面颜色和字体使用过多，造成视觉混乱。

有的卖家为了让一些重要的信息比较明显，使用了红色大号字体或颜色鲜艳的色块作为底色，这样做醒目的目的是达到了，却失去了页面的整体性和视觉美感，降低了店铺的档次和品牌质感。

2．图片质量过低。

有些卖家提供的商品图片显示效果较差，使用这些低质量的图片会影响消费者对商品的把握和信任感，从感官上降低商品的档次和品牌质感。

3．商品信息填写不完整。

商品信息的提供，会影响消费者的判断和购买欲望。例如，消费者通常在购买商品时最希望了解商品的基本信息：材质、尺寸、颜色、寓意、使用与保养、真伪辨别、赠品、消费承诺、付款方式等，不齐全的商品

信息会影响消费者的购物体验，影响订单的达成。

4．商品描述页布局混乱，主次不分。

商品重要的信息包括商品属性、商品照片等，这些重要信息应摆放在突出位置；次要信息如邮资说明、服务承诺等应放在稍后次要的位置。

5．广告描述过长，影响用户体验。

页面的前三屏被称为"黄金三屏"，往往决定着消费者对商品的第一印象。如果前三屏被大量的广告和文字占满，特别是大量的信息以图片的形式出现，影响页面加载速度，使买家无法快速看见商品主体，买衣的用户的体验非常差，常常会使买家失去耐心，增加流失率，降低转化率。

以上常见问题都会影响消费者对商品本身的关注程度，拉大与消费者的距离，影响店铺的整体印象和经济效益。品牌店铺的成功经营，要求不仅在商品方面获得认可，还有一个关键因素是让消费者看到简洁、清晰的页面结构布局，使消费者的注意力集中在商品上，产生购买欲望。

### （二）商品详情页的布局

1．商品详情页的版式。

商品详情页的版式通常为两栏（左右栏）版式，淘系店铺中天猫店铺和淘宝店铺有所区别，以淘宝店铺为例，一栏宽度为 190 像素，一栏宽度为 750 像素。另外还有通栏版式，只有 950 像素一栏，通栏版式通常需要卖家在"服务市场"中购买相应的模板。

2．装修商品详情页。

（1）布局商品详情页。

为保持店铺风格统一，通常商品详情页的配色和页头与店铺首页的设置保持一致，当然，特殊情况可以根据实际需要进行修改。商品详情页装修可视方式包括页面编辑和布局管理两种，页面编辑是店铺页面即时显示，装修内容所见即所得；布局管理显示页面布局的框架。

布局管理的操作方式与首页布局管理的操作一致，将需要的模块拖拽到布局区域，或将不需要的模块移除，即可完成详情页布局设计。

（2）设置常见功能模块。

将布局管理所选定的模块切换到"页面编辑"状态下即可编辑功能模块的内容。详情页的功能模块有的是系统规划模块，例如，"宝贝基础信息"模块系统根据卖家发布商品时填写的数据进行显示；有的与首页的功能模块相同，例如，"图片轮播"模块。这里列举几个功能模块的设置方法。

①本店搜索模块。"本店搜索"编辑界面可以设置显示标题、预设关键字、推荐关键字以及是否显示按价格筛选，具体参数要求可参考系统要求。可以将爆款商品的关键字预设到搜索框中，提高爆款的流量。

②客服中心模块。"客服中心"编辑界面包括内容设置和显示设置。内容设置可以设置工作时间、在线咨询（旺旺分组）及联系方式等。显示设置可以设置显示标题栏，也可以设置不显示标题栏，用美化图片来替代标题栏。

店铺详情页装修主要在于管理详情页的布局和通用模块的编辑。详情页的装修还要结合商品描述内容的设计，即发布宝贝时宝贝描述展示图片的设计，宝贝描述图片的风格要与店铺描述页面风格相统一。

### 🌀 经典例题解析

1．有的卖家为了让一些重要的信息比较明显，使用了红色大号字体或鲜艳的颜色作为底色，虽然醒目的却失去了页面的整体性和视觉美感，降低了店铺的档次和品牌质感。这体现了商品详情页中的常见问题是（　　）。

　　A．页面颜色和字体使用过多，造成视觉混乱　　B．图片质量过低
　　C．商品信息填写不完整　　　　　　　　　　　　D．商品描述页布局混乱，主次不分

【答案】A

【解析】本题体现了商品详情页中的常见问题是页面颜色和字体使用过多，造成视觉混乱。

解题反思：理解商品详情页中的 5 个常见问题，并学会判断。

2．在详情页的本店搜索模块中，"本店搜索"编辑界面可以设置的内容不包括（　　）。

A．显示标题　　　　　　　　　　　　B．预设关键字

C．工作时间　　　　　　　　　　　　D．是否显示按价格筛选

【答案】C

【解析】"本店搜索"编辑界面可以设置显示标题、预设关键字、推荐关键字以及是否显示按价格筛选。

解题反思：详情页的各功能模块都可以设置哪些内容，要学会区分。

## 同步练习

1．_____是真正展示商品的地方。

2．_____是对商品使用方法、材质、尺寸、细节等方面的内容进行展示、激发消费者的消费欲望，树立消费者对网店的信任感、促使消费者下单的重要页面。

3．一个完美的_____，能够让消费者在短短的停留时间里产生购买商品的欲望，从而提升网店的转化率。

4．品牌店铺的成功经营，要求不仅在商品方面获得认可，还有一个关键因素就是_____
_____。

5．"本店搜索"编辑界面可以设置_____、_____、_____及_____，具体参数要求可参考系统要求。

6．"客服中心"编辑界面包括_____和_____。内容设置可以设置_____、_____及_____等。

## 单元练习题

### 一、选择题

1．在网店中，真正展示商品的地方是（　　）。

A．主图　　　　　　B．Banner　　　　　　C．详情页　　　　　　D．店招

2．商品详情页装修可视方式包括页面编辑和（　　）。

A．布局管理　　　　B．宝贝推荐　　　　　C．图片轮播　　　　　D．首页布局

3．天猫旗舰店的后台管理人员想要设置工作时间及联系方式，可以选择设置的模块是（　　）。

A．本店搜索　　　　B．宝贝推荐　　　　　C．店铺导航　　　　　D．客服中心

4．品牌店铺的经营，要求不仅在商品方面获得认可，还有一个关键因素是（　　）。

A．页面颜色和字体使用过多，造成视觉混乱

B．让消费者看到简洁、清晰的页面结构布局，使消费者的注意力集中在商品上，产生购买欲望

C．广告描述过长，影响用户体验

D．商品描述页布局混乱，主次不分

### 二、简答题

简述商品详情页中的常见问题。

# 第六章

# 商品管理

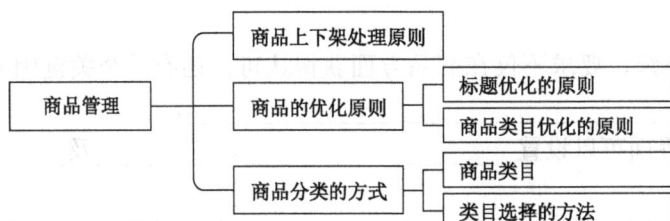

## 考试说明

1. 了解商品上下架处理原则。
2. 理解商品的优化原则。
3. 理解商品分类的方式。

## 知识精讲

## 一、商品上下架处理原则

1. 选择最短上下架周期。

除非店铺里有非常多的商品在出售，否则一定要把商品的上下架周期设置成平台默认的最短周期。周期越短，出现高峰流量展示的机会就越多，效率也就越高，效果也就越好。例如，设置为 7 天上下架时间，一个月内有 4 次获取高峰浏览排名靠前的机会，而设置为 14 天上下架时间，一个月内只有 2 次获取高峰浏览排名靠前的机会。

2. 确定最佳的上架时间。

通过数据分析得知，网购交易高峰期一般出现在 9:00～12:00、13:00～16:00、19:00～21:00。在这几个时间段内，浏览和网购下单的人数是最集中的。因此在商品上架时，可以在这些时间段分别上架一些商品，或者使用软件工具来定时上架，每隔几分钟上架一个商品。不过大众的上网时间分布数据只能作为一个参考，在上架商品时，店铺还需要考虑商品目标受众的集中上网时间。

3. 商品分批上架。

如果将商品全部设置在同一天上架，那么在一周之内，店铺只会有一天是排名靠前的（前面提到过，商品的排列顺序是距离下架时间最短的排列在最前面）。由于店铺没有快下架的商品，因此可能无法排在搜索结果的前几页，店铺很可能就会显得冷落了。建议将商品分成 7 天，在 7 天的不同时间段内分批上架。

4. 按商品标签精细化。

可以将店铺商品分成"爆款""热销款""一般款""滞销款"等来具体安排商品上下架时间。爆款商品可以占据每周里面最有优势的时间段，其他标签的商品则按照每周的销售热度进行重排。按商品分类来安排商品上下架时间比随机安排上下架更有优势。

5. 同类商品细分。

按照淘宝的展现规则，当关键词被搜索时，最多可以展现两个同类商品。为了让同类商品获得更多的展现机会，同类商品应区分上下架时间，即使是不同子类目的商品，为了获取更多流量，也不要过于集中上下架时间。

6. 竞争对手分析。

只关注自己店铺的上下架设置还是不够的，还要分析竞争对手的数据，分析变幻莫测的行业数据。如果店铺里面的某个爆款跟竞争对手的爆款有所差距，那就最好跟竞争对手的上架时间稍微错开，以免受到影响。当然，如果店铺的爆款已经是行业爆款了，那就调到最好的时间段上架，

7. 上下架效果监控。

设置好店铺的商品上下架时间后，还需要持续监控商品的搜索流量变动情况。例如，可以借助淘宝自带的分析工具，通过分析商品被访排行、搜索关键词、销售排行等渠道的数据，有针对性地进行阶段性调整，实现搜索流量的最大化和效果的最优化。

## 经典例题解析

下列关于商品上下架处理原则的说法，错误的是（　　　）。

A. 除非店铺里有非常多的商品在出售，否则一定要把上下架周期设置成平台默认的最短周期

B. 在上架商品时，店铺不需要考虑商品目标受众的集中上网时间

C. 爆款可以占据每周里面最有优势的时间段，其他标签的商品就按照每周的销售热度进行重排

D. 只关注自己店铺的上下架设置还是不够的，还要分析竞争对手的数据，分析变幻莫测的行业数据

【答案】B

【解析】在上架商品时，店铺还需要考虑商品目标受众的集中上网时间。

解题反思：理解商品上下架处理的各项原则，提高做题正确率。

## 同步练习

1. 除非店铺里有非常多的商品在出售，否则一定要把上下架周期设置成平台默认的_____周期。

2. 通过数据分析得知，网购交易高峰期一般出现在_____、_____、_____，在这几个时间段内，浏览和网购下单的人数是最集中的。

3. 建议将商品分成_____天，在_____天的不同时间段内分批上架。

4. 按照淘宝的展现规则，当关键词被搜索时，最多可以展现_____个同类商品。

## 单元练习题

### 一、选择题

1. （　　　）商品可以占据每周里面最有优势的时间段，其他标签的商品就按照每周的销售热度进行重排。

A. 形象款　　　　　B. 利润款　　　　　C. 引流款　　　　　D. 爆款

2. 设置为7天上下架时间，一个月内有（　　　）次获取高峰浏览排名靠前的机会

A. 10天　　　　　B. 14天　　　　　C. 15天　　　　　D. 20天

## 二、简答题

简述商品上下架处理原则。

---

### 🔍 知识精讲

## 二、商品的优化原则

### （一）标题优化的原则

1. 权重原则。

选择权重得分较高的关键词，将这类词放入商品标题中。一个词是否是权重词，可以通过搜索来检验。在搜索商品全标题时，如果这些词没有被识别出来，那么就代表选定的关键词没有被平台识别，这类词就没有权重得分，也就是不能用的词；如果被识别出来，而且搜索量、点击量都不错，这类词就是权重高的词。卖家可以在平台下拉框选词、数据分析工具选词时，选出权重高的词。

2. 分词原则。

做这项工作是为了便于搜索和关键词加权。那么，如何去分词呢？首先选择一个商品，搜索全标题，然后将鼠标放在标题上面，用右键点击"审查元素"，会发现标题被分成了若干个词组，这就是淘宝的分词原则，一般淘宝平台都会把商品的标题进行切分。在商品标题中，成交的关键词就是有权重的，淘宝会给这类词加分。如果这类词被分成两个词，那么同样的分数会分给这两个词；若分成三个词，则分数将分给这三个词。以此类推。所以，在制作标题时应尽可能少使用分词。

3. 排序原则。一般商品的标题分为两类，一类是写给用户看的（对于不太常见的商品，用户需要看标题才能知道商品的属性），另外一类是写给搜索引擎看的（对于日常的商品，用户看了标题就能点击详情页）。但以上两点都不能脱离平台的搜索引擎，因此网店一定要把主推词选出来，让平台的搜索引擎认为主推词就是权重高的词。

### （二）商品类目优化的原则

卖家在后台上传商品的时候，类目准确度越高，商品属性填写越完善，就越容易被买家精准搜索到，从而增加店铺的流量来源，提高销量。这需要卖家在上传商品时，多进行类目优化。

1. 类目优化注意"两个匹配"。

对店铺的商品类目进行优化时，一定不能盲目、随性，卖家需要对自己的商品类目进行数据分析和调查。在各电商平台中，类目的划分非常细致，种类也很多，所以会出现商品类目多样化的现象。同时，商家也应关注主营类目的比重，让其他类目与主营类目实现共赢共存的局面。

（1）尽量让商品与类目相匹配。例如，足球袜类目，系统推荐匹配的类目可能有多个，应该从中选择最适合的商品类目，即"足球袜"。这样买家根据属性筛选，点击卖家的商品进入页面后，带来的流量相对来说就比较精准。如果卖家不确定，可以在首页主搜栏输入商品关键词，参考搜索出来的类目。

（2）尽量让商品标题关键词和所在类目相匹配。例如，商品所在类目是"家装灯饰光源/灯具灯饰/吊灯"时，标题尽可能包含"吊灯"这个关键词，以确切匹配类目。如果只是将商品标题设定为"餐厅灯"，这样系统可能会检测到类目错放而导致降权。

---

### ▤ 经典例题解析

1. 为了便于搜索和关键词加权的标题优化原则是（　　　　）。

A．权重原则　　　　B．匹配原则　　　　C．排序原则　　　　D．分词原则

【答案】D

【解析】为了便于搜索和关键词加权的标题优化原则是分词原则。

解题反思：理解标题优化的原则，保证做题正确率。

2．商品所在类目是"家装灯饰光源/灯具灯饰/吊灯"时，标题尽可能包含"吊灯"这个关键词，以确切匹配类目。这体现的是（　　）。

A．尽量让商品与类目相匹配

B．便于搜索和关键词加权

C．尽量让商品标题关键词和所在类目相匹配

D．网店要把主推词选出来，让平台的搜索引擎认为主推词就是权重高的词

【答案】C

【解析】商品所在类目是"家装灯饰光源/灯具灯饰/吊灯"时，标题尽可能包含"吊灯"这个关键词，以确切匹配类目。这体现的是尽量让商品标题关键词和所在类目相匹配。

解题反思：理解类目优化注意"两个匹配"的内容，才能做出判断。

## 同步练习

1．标题优化的原则是＿＿＿＿＿、＿＿＿＿＿、＿＿＿＿＿。

2．一般商品的标题分为两类，一类是＿＿＿＿＿；另一类是＿＿＿＿＿。

3．卖家在后台上传商品的时候，类目准确度越＿＿＿＿，商品属性填写越＿＿＿＿，就越＿＿＿＿被买家精准搜索到，从而增加店铺的流量来源，提高销量。

## 单元练习题

### 选择题

1．假如系统推荐匹配的足球袜类目可能有多个，应该从中选择最适合的商品类目，即"足球袜"。这体现的是（　　）。

A．尽量让商品与类目相匹配

B．便于搜索和关键词加权

C．尽量让商品标题关键词和所在类目相匹配

D．网店要把主推词选出来，让平台的搜索引擎认为主推词就是权重高的词

2．选择权重得分较高的关键词，将这类词放入商品标题中。一个词是否是权重词，可以通过搜索来检验。这体现的标题优化原则是（　　）。

A．权重原则　　　　B．匹配原则　　　　C．排序原则　　　　D．分词原则

## 知识精讲

## 三、商品分类的方式

### （一）商品类目

商品类目用于对商品进行分类，例如大类、中类、小类、细类，直至品种、细目等，从而使该范围内所有商品得以明确区分与体系化。随着各电商平台的发展，类目整理得越来越工整分明，用户可以直接借助这些类目找到卖家的商品。一旦类目搜索排名优化没做好，商品就无法在这里显示，流量也会随之损失掉很大一部分。反之，流量则是相当可观的，甚至和首页流量也不相上下。

### （二）类目选择的方法

第一种方法，商家在发布商品时，平台后台往往会有一个官方商品的发布人口，一般情况下，第一个类目是最佳类目。网店还可以在右侧看到相关的产品展示图，这是用来判断网店输入的词和相关产品是否符合网店的产品定位特点的一个方法。

第二种方法，通过平台数据分析工具，商家可以通过查看相应的数据观察哪个类目占比较高，然后就选择这个类目去发布，这样做的好处是可以提高访客浏览的概率。

第三种方法，使用第三方插件进行数据参考，如"店查查"，网店可以查看同行会选择哪些类目，以此作为参考，然后就可以在搜索框中搜索自己店铺的商品关键词。

### 经典例题解析

商家在发布商品时，平台后台往往会有一个官方商品的发布人口，一般情况下，（ ）类目是最佳类目。

    A．第一个        B．第三个        C．第五个        D．第七个

【答案】A

【解析】商家在发布商品时，平台后台往往会有一个官方商品的发布人口，一般情况下，第一个类目是最佳类目。

解题反思：理解商品类目选择的方法，掌握细节性知识点。

### 同步练习

1．商家在发布商品时，平台后台往往会有一个官方商品的发布人口，一般情况下，____类目是最佳类目。

2．网店还可以在_____看到相关的产品展示图，这是用来判断网店输入的词和相关产品是否符合网店的产品定位特点的一个方法。

### 单元练习题

#### 选择题

1．网店可以查看同行会选择哪些类目，以此为参考，然后就可以在搜索框中搜索自己店铺的商品关键词。网店使用的第三方插件是（ ）。

    A．千里眼        B．店查查        C．店侦探        D．阿里指数

2．通过平台数据分析工具，商家可以通过查看相应的数据观察哪个类目占比较高，然后就选择这个类目去发布，这样做的好处是（ ）。

    A．可以了解页面的访客转化率        B．可以提高平均访客价值

    C．可以了解页面的静默转化率        D．可以提高访客浏览的概率

# 第七章

# 网店推广

## 知识结构图

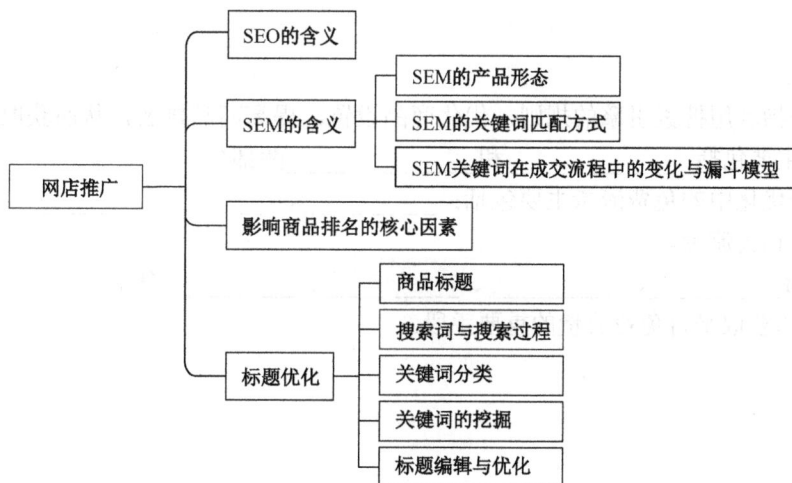

## 考试说明

1. 理解 SEO 的含义。
2. 理解 SEM 的含义。
3. 掌握影响商品排名的核心因素。
4. 掌握标题优化。

## 知识精讲

## 一、SEO 的含义

搜索引擎优化（Search Engine Optimization，简称 SEO）是指利用搜索引擎的规则，优化商品设置，提高商品排名，获取更多流量的一种技术和过程。其核心内容主要包括关键词搜索和类目优化搜索优化两部分。

淘宝搜索引擎优化（广义）是指能获取淘宝站内免费流量的方法。在淘宝站内，免费流量主要包括淘宝搜索流量（综合排名、人气排名、销量排名等不同维度）、天猫搜索流量、淘宝类目流量、天猫类目流量以及淘宝官方活动等其他相关流量。商家需要尽可能多地挖掘淘宝站内的免费流量。

SEO 一般包括优化商品标题、商品类目、商品详情页、商品上下架时间等，以此来使商品获得更好的自然搜索排名和更多的平台展现机会，获取更多的流量。SEO 是网店获取平台免费流量的重要手段，无论运营

## 电子商务

国内的电子商务平台（如淘宝、天猫、京东等），还是跨境电子商务平台（如速卖通、亚马逊等）上的店铺，其流量主要来自免费流量。因此，免费流量的获取关系到网店运营的成败。

目前，商家纷纷打造爆款，其目的就是为了占据流量入口，从而获取更多免费流量。由此可见，搜索引擎优化对店铺运营来说有着非常重要的意义。

### 经典例题解析

（　　）是利用搜索引擎的规则，优化商品设置，提高商品排名，从而获取更多流量的一种技术和过程。

    A．SEO　　　　　　　　B．SEM　　　　　　　C．CPC　　　　　　　D．CPM

【答案】A

【解析】SEO（Search Engine Optimization），即"搜索引擎优化"，是指利用搜索引擎的规则，优化商品设置，提高商品排名，获取更多流量的一种技术和过程。

解题反思：区分 SEO 和 SEM 的含义，并学会判断。

### 同步练习

1. ＿＿＿＿＿＿是指利用搜索引擎的规则，优化商品设置，提高商品排名，从而获取更多流量的一种技术和过程。其核心内容主要包括＿＿＿＿＿＿＿＿和＿＿＿＿＿＿＿两部分。

2. 淘宝搜索引擎优化中的免费流量主要包括：＿＿＿＿＿、＿＿＿＿＿、＿＿＿＿＿、＿＿＿＿＿＿、＿＿＿＿＿＿等其他相关流量。

3. SEO 一般包括＿＿＿＿＿、＿＿＿＿＿、＿＿＿＿＿、＿＿＿＿＿等。

4. ＿＿＿＿＿是网店获取平台免费流量的重要手段。

### 单元练习题

#### 一、选择题

1. 网店获取平台免费流量的重要手段是（　　）。

    A．SEO　　　　　　　　B．SEM　　　　　　　C．CPC　　　　　　　D．CPM

2. SEO 优化不包括（　　）。

    A．商品标题　　　　　　B．商品类目　　　　　C．官方活动　　　　　D．商品上下架时间

#### 二、简答题

SEO 优化一般包括哪些内容？

### 知识精讲

## 二、SEM 的含义

搜索引擎营销（Search Engine Marketing，简称 SEM）是指基于搜索引擎平台的付费推广。平台提供资源，商家付费购买这些优质资源，并利用人们对搜索引擎的依赖和使用习惯，在人们检索信息的时候将推广信息传递给目标用户。

## （一）SEM 的产品形态

1. 站内广告形态，如淘宝搜索广告，通常前 3 页的广告展位更容易获得流量，前 3 页展位的个数为（3+16+5）×3-2=70，如图 3-1 所示。

搜索结果页右侧
每页16个

搜索结果页
左侧3个
第一页左侧只有1个

页码底部
每页5个

图 3-1

2. 站外广告形态，如百度搜索广告。

## （二）SEM 关键词匹配方式（见图 3-2）

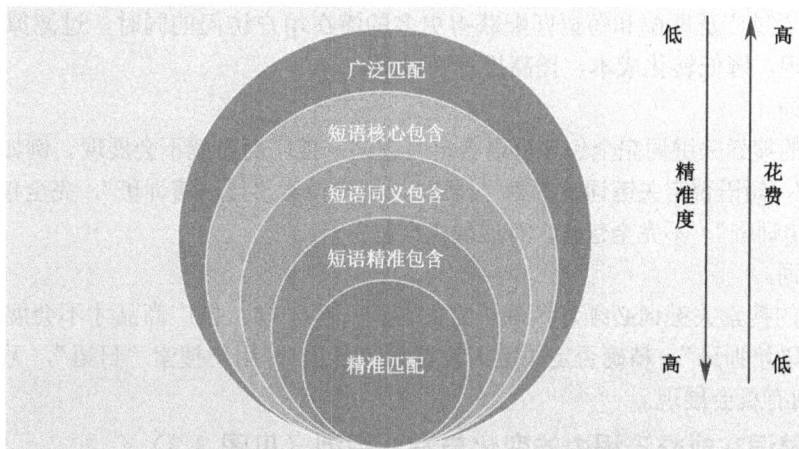

图 3-2　关键词匹配方式间的关系

1. 精准匹配。

精准匹配是指用户的搜索关键词与推广关键词二者字面完全一致时才触发的限定条件，用于精确严格的匹配限制。使用精确匹配时，若搜索关键词中包含其他词语，或搜索关键词与推广关键词的词语顺序不同，均不会展现对应的内容。例如：商家的推广关键词设置为"连衣裙长款"，用户搜索"长款连衣裙"，两者不完全相同，无展现机会；用户搜索"连衣裙长款"，两者完全相同，有展现机会；用户搜索"夏季连衣裙长款"，两者不完全相同，无展现机会。

2. 短语匹配。

短语匹配是指用户的搜索关键词完全包含推广关键词或者包含推广关键词的变形（插入、颠倒或同义），系统有可能会自动展示商品的推广结果。

①短语精确包含。匹配条件是用户的搜索关键词完全包含商品的推广关键词，系统才有可能自动展示商品的推广结果。例如：商家的推广关键词设置为"婴儿奶粉"，用户搜索"购买婴儿奶粉"，完全包含，有展现

机会；用户搜索"婴儿健康奶粉"，不完全包含，无展现机会。

②短语同义包含

匹配条件是用户的搜索关键词完全包含商品的推广关键词或用户的搜索关键词是推广关键词的变形，系统才有可能自动展示商品的推广结果。例如：商家的推广关键词设置为"婴儿奶粉"，用户搜索"购买婴儿奶粉"，完全包含，有展现机会；用户搜索"婴儿健康奶粉"，插入，有展现机会；用户搜索"奶粉婴儿"，颠倒，有展现机会；用户搜索"幼儿奶粉"，同义，有展现机会；用户搜索"奶粉"，无展现机会；用户搜索"二段奶粉"，无展现机会。

③短语核心包含

匹配条件是用户的搜索关键词包含推广关键词、用户的搜索关键词是推广关键词的变形、用户的搜索关键词是推广关键词的核心部分或核心部分的变形，系统才有可能自动展示商品的推广结果。例如：商家的推广关键词设置为"婴儿奶粉"，用户搜索"购买婴儿奶粉"，完全包含，有展现机会；用户搜索"婴儿健康奶粉"，插入，有展现机会；用户搜索"奶粉婴儿"，颠倒，有展现机会；用户搜索"幼儿奶粉"，同义，有展现机会；用户搜索"奶粉"，核心，有展现机会；用户搜索"二段奶粉"，核心，有展现机会；用户搜索"婴儿"，非核心，无展现机会。

3．广泛匹配。

广泛匹配是指用户的搜索关键词完全包含推广关键词或者包含部分字面顺序颠倒或有间隔的推广关键词，商品均有机会展现。广泛匹配是最宽泛的匹配方式，也是默认的匹配方式。商家的推广关键词设置为"连衣裙长款"，用户搜索"长款连衣裙""连衣裙长款""连衣裙夏季""夏季连衣裙长款"，都有展现机会。

4．否定匹配。

否定匹配也被叫作否定关键词，是指商家设置了某关键词为否定匹配，当用户搜索该关键词或该关键词的相关词时，推广商品不会展现。

优势：使客户在通过广泛匹配和短语匹配获得更多的潜在用户访问的同时，过滤掉不能为客户带去潜在客户访问的不必要展现，降低转化成本，提高投资回报率。

①短语否定关键词。

匹配条件是用户的搜索关键词完全包含短语否定关键词，推广商品就不会展现。例如：商家的推广关键词设置为"英语培训班"，短语否定关键词设置为"日语"，用户搜索"日语培训班"，完全包含，无展现机会；而用户搜索"北京日语培训班"，不完全包含，有展现机会。

②精确否定关键词。

匹配条件是用户的搜索关键词必须与精确否定关键词一模一样，推广商品才不会展现。例如：商家的推广关键词设置为"英语培训班"，精确否定关键词设置为"日语"，用户搜索"日语"，无机会展现，而用户搜索"日语培训班"，则有机会展现。

### （三）SEM 关键词在成交流程中的变化与漏斗模型（见图 3-3）

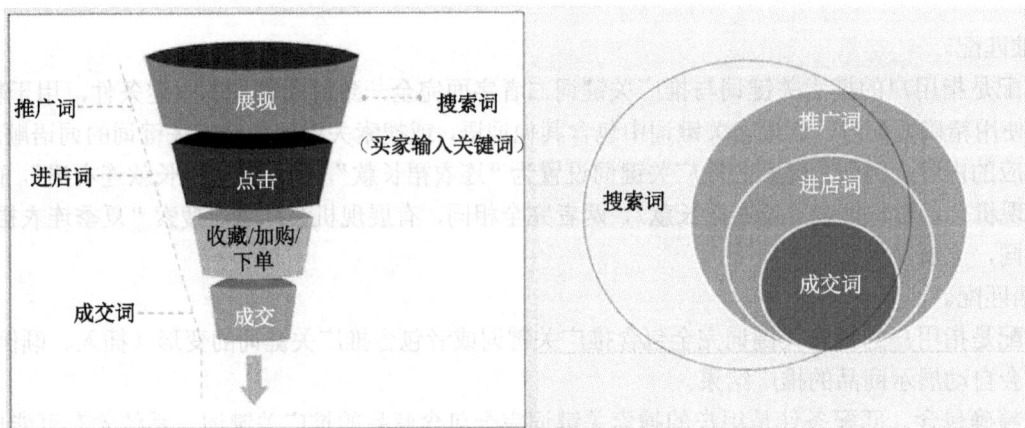

图 3-3　SEM 关键词在成交流程中的变化与漏斗模型

1．SEM 关键词在成交流程中的变化

（1）搜索词。

（2）推广词。

（3）进店词。

（4）成交词。

2．SEM 漏斗模型

SEM 漏斗模型最上层是展现量。

### 经典例题解析

1．基于搜索引擎平台的付费推广，平台提供资源，商家付费购买这些优质资源并利用人们对搜索引擎的依赖和使用习惯，在人们检索信息的时候将推广信息传递给目标用户。这指的是（　　）。

　　A．CPC　　　　　　　　B．SEO　　　　　　　　C．SEM　　　　　　　　D．CPM

【答案】C

【解析】搜索引擎营销（Search Engine Marketing，简称为 SEM）是指基于搜索引擎平台的付费推广。平台提供资源，商家付费购买这些优质资源，并利用人们对搜索引擎的依赖和使用习惯，在人们检索信息的时候将推广信息传递给目标用户。

解题反思：理解 SEM 的含义并熟练记忆。

2．（　　）是指用户的搜索关键词完全包含推广关键词或者包含推广关键词的变形（插入、颠倒或同义），系统有可能会自动展推广结果。

　　A．精准匹配　　　　　　B．广泛匹配　　　　　　C．否定匹配　　　　　　D．短语匹配

【答案】D

【解析】短语匹配是指用户的搜索关键词完全包含推广关键词或者包含推广关键词的变形（插入、颠倒或同义），系统有可能会自动展示商品的推广结果。

解题反思：关键词的匹配方法要学会区分。

### 同步练习

1．＿＿＿＿＿＿＿是指基于搜索引擎平台的付费推广。平台提供资源，商家付费购买这些优质资源，并利用人们对搜索引擎的依赖和使用习惯，在人们检索信息的时候将推广信息传递给目标用户。

2．SEM 的产品形态包括＿＿＿＿＿＿＿和＿＿＿＿＿＿＿。

3．＿＿＿＿＿＿＿指用户的搜索关键词与推广关键词二者字面完全一致时才触发的限定条件，用于精确严格的匹配限制。

4．＿＿＿＿＿＿＿是指用户的搜索关键词完全包含推广关键词或者包含推广关键词的变形（插入、颠倒或同义），系统有可能会自动展推广结果。这种匹配方式包括＿＿＿＿＿＿、＿＿＿＿＿＿、和＿＿＿＿＿＿。

5．＿＿＿＿＿＿＿是指用户的搜索关键词完全包含推广关键词或者包含部分字面顺序颠倒或有间隔的推广关键词，商品均有机会展现。

6．＿＿＿＿＿＿＿也被叫作否定关键词，是指商家设置了某关键词为否定匹配，当用户搜索该关键词或该关键词的相关词时，推广商品不会展现。这种匹配方式包括＿＿＿＿＿＿和＿＿＿＿＿＿。

### 单元练习题

#### 选择题

1．淘宝客户端的前 3 页的广告展位更容易获得流量，前 3 页展位的个数为（　　）。

A．25　　　　　　　B．30　　　　　　　C．50　　　　　　　D．70

2．商家的推广关键词设置为"连衣裙长款"，用户搜索"长款连衣裙"，无展现机会，而用户搜索"连衣裙长款"，有展现机会。这种匹配方式是（　　　）。

　　A．精准匹配　　　　　B．短语匹配　　　　C．否定匹配　　　　D．广泛匹配

3．（　　　）是最宽泛的匹配方式，也是默认的匹配方式。

　　A．精准匹配　　　　　B．短语匹配　　　　C．否定匹配　　　　D．广泛匹配

4．使客户在通过广泛匹配和短语匹配获得更多的潜在用户访问的同时，过滤掉不能为客户带去潜在客户访问的不必要展现，降低转化成本，提高投资回报率。这种匹配方式是（　　　）。

　　A．精准匹配　　　　　B．短语匹配　　　　C．否定匹配　　　　D．广泛匹配

5．匹配条件是用户的搜索关键词完全包含推广关键词，系统才有可能自动展示商品。这种匹配方式是（　　　）。

　　A．短语同义包含　　　　　　　　　　B．短语精确包含

　　C．短语核心包含　　　　　　　　　　D．短语否定关键词

6．下列选项中，不属于 SEM 关键词在成交流程中的变化的是（　　　）。

　　A．营销词　　　　　　　B．推广词　　　　　C．进店词　　　　　D．搜索词

## 知识精讲

## 三、影响商品排名的核心因素

1．标题与商品的相关性。

确定商品标题的时候，一定要符合商品的真实属性，切勿胡乱堆砌关键词。标题中所包含的关键词，一定是商品的属性所具有的。如标题中写"纯棉"，而实际的商品属性是"含棉量20%"，这就属于属性不相关，严重的会被扣分。

2．销量。

如何判断一个产品质量的好坏?产品是否受欢迎?买的人多，意味着该商品质量过硬，所以商品的销量权重占比相对较高。但是由于近几年爆款的竞争异常激烈，有的商家为追求销量进行虚假性购买（刷单），严重扰乱正常的经营环境，所以平台会加大其他因素权重的占比，来减小销量对排名的影响。

3．付款人数。

付款人数是商品排名的重要因素之一，是购买商品的顾客数量，是更为客观的排名因素。如一个顾客买了50件相同的商品，这件商品的销量增加50，但付款人数只增加1，排名计算时，按1计算而不是按50计算。在关键词搜索排名时，系统是按照付款人数来进行排序的。在搜索结果列表页，是按照综合排序来显示搜索结果的，我们可以看到基本是付款人数的多的商品排在前面。

当然影响搜索排名的因素很多，付款人数只是其中的一个，所以，也会出现"付款人数较多，商品排名靠后"的情况。

4．商品点击率。

商品点击率是商品排名的重要因素之一，是点击商品的人数与看到商品的人数之间的比率，即：点击率=点击量/展现量。较高的商品点击率才会为商品带来有效流量，增加商品成交的几率。

影响商品点击率的因素主要有商品的主图、价格和标题等。

5．商品转化率。

商品转化率是所有浏览商品并产生购买行为的人数与所有浏览商品的人数的比率，即：转化率=产生购买行为的人数/所有浏览商品的人数。

一般来说，转化率越高的商品说明商品的描述越真实，客户的信任度越高，淘宝网会对这类商品的排名进行提升。当商品转化率远高于同类目商品的平均水平时，会进入人工审核系统，判断是否存在虚假交易，审核合格后会给予加权处理。如果检测出存在刷信誉、刷销量、刷转化等虚假交易行为，则会被降权处理，商品

排名下降，甚至该商品很难再有展示机会。

在运营中，一定要按照"先做转化，再做流量"的思路进行运营，争取最大可能性的成交转化，在后期的直通车与智钻的推广中可以减少运营成本，提高收益。

影响商品转化率的因素主要有商品的质量与创新、详情页的设计、价格等。一般来说，一件商品如果质量较高且新颖、详情页设计美观并具备营销导向、价格合适，商品转化率一般会高于同类目商品的转化率。

6. DSR 动态评分。

DSR 动态评分即淘宝店铺的动态评分，是指在淘宝网交易成功后，买家对本次交易进行的评分。DSR 动态评分包含"描述相符""服务态度""物流服务"等。

DSR 评分若高于同行业的平均水平，则该数值显示为红色，若低于同行业的平均水平，该数值显示为绿色。DSR 评分必须要高于行业水平才可以，否则影响的不仅仅是自然搜索，而且在参加活动时也会受限制。

7. 商品上下架时间。

在淘宝平台里同类商品非常多，少则几千件，多则上百万件。为了尽可能地公平分配流量资源，照顾到每一个卖家，吸引商家开店的积极性，淘宝采用了商品上下架时间的规则。发布的商品从上架之时开始计算，以 7 天为一个周期，商品越靠近上下架时间，排名越靠前。

8. 商品主图。

商品主图是展现商品时看到的图片，影响着店铺的运营效果。商品主图设计要突出商品卖点与特点，要符合淘宝平台的尺寸、比例及必要元素的要求，设计要干净，促销文字不能遮挡商品卖点，不能出现"牛皮癣"。商品主图"牛皮癣"是指主图上带有文字、图形、色块等影响主图美观和正常查看的内容。

9. 复购率。

复购率是指消费者对该商品或者服务的重复购买次数。复购率越高，则代表消费者对品牌的忠诚度越高，反之则越低。它是影响搜索排名的一个因素，提高复购率对增加淘宝店铺的销量和人气都有很大的帮助。

10. 动销率、滞销率。

动销率是指有销量商品与店铺内所有在线销售商品的比率，即：动销率=有销量的商品/在线销售的商品。滞销率与动销率是对应的，即：滞销率=滞销商品数/全店商品数。

淘宝对滞销商品的定义是近 90 天无编辑、无浏览、无成交的商品。滞销商品会被搜索屏蔽，不会进入搜索库，若要继续销售该商品，商家可将滞销商品重新编辑。

11. 跳失率。

跳失率是指统计时间内，访客中没有发生点击行为的人数与访客数的比率，即：跳失率=1-点击人数/访客数。该值越低表示流量的质量越好。多天的跳失率为各天跳失率的日均值。跳失率是商品描述质量的一种体现。提高详情页的质量、做好商品的关联销售可有效地降低跳失率。

## 经典例题解析

1. 标题中写"纯棉"，实际商品属性中含棉量只有 20%，两者属性不相关，严重的会被扣分。这体现了影响商品排名的核心因素是（　　　）。

　　A．商品转化率　　　　　　　　　　　　B．复购率
　　C．标题与商品相关性　　　　　　　　　D．商品点击率

【答案】C

【解析】本题体现了影响商品排名的核心因素是标题与商品相关性。

解题反思：理解记忆影响商品排名的核心因素，并学会判断。

2.（　　　）是购买商品的顾客数量，是更为客观的排名因素。

　　A．付款人数　　　B．商品主图　　　C．复购率　　　D．DSR 动态评分

【答案】A

【解析】付款人数是购买商品的顾客数量，是更为客观的排名因素。

解题反思：理解记忆影响商品排名的 11 个核心因素，能做出准确判断。

# 电子商务

## 同步练习

1. _____是购买商品的顾客数量，是更为客观的排名因素。

2. 商品点击率=_____。

3. 影响商品点击率的因素主要有商品的_____、_____、_____。

4. 商品转化率=_____。

5. 影响商品转化率的因素主要有_____、_____、_____。

6. 在运营中，一定要按照_____的思路进行运营。

7. DSR 动态评分包含_____、_____、_____。

8. DSR 评分若_____同行业的平均水平，则该数值显示为_____；_____同行业的平均水平，该数值显示为_____。

9. 淘宝采用了商品上下架时间的规则，发布的商品从上架之时开始计算，以_____天为一个周期，商品越_____上下架时间，排名越_____。

10. _____是展现商品时看到的图片，影响着店铺的运营效果。

11. _____是指主图上带有文字、图形、色块等影响主图美观和正常查看的内容。

12. _____是指消费者对该商品或者服务的重复购买次数。复购率越_____，则代表消费者对品牌的忠诚度越_____，反之则越低。

13. _____是指有销量商品与店铺内所有在线销售商品的比率。

14. 动销率=_____。

15. _____与动销率是对应的。

16. 滞销率=_____。

17. 淘宝对滞销商品目前的定义是近_____天无编辑、无浏览、无成交的商品。

18. _____商品会被搜索屏蔽，不会进入搜索库，若要继续销售该商品，商家可将滞销商品重新编辑。

19. 跳失率是指统计时间内，_____的比率，跳失率=_____。该值越_____表示流量的质量越_____。

20. 多天的跳失率为各天跳失率的_____。

21. _____、_____可有效地降低跳失率。

## 单元练习题

### 一、选择题

1. 某淘宝店铺的一款袜子，标题中写"纯棉"，市场监管局在抽查中，实测棉含量为 65%，最终对该店铺实行降权扣分，并下架有关商品进行整改的处理。这体现了影响商品排名的核心因素是（　　）。

    A．标题与商品相关性　　　　　　　　　B．DSR 动态评分

    C．商品上下架时间　　　　　　　　　　D．商品点击率

2. 由于近几年爆款的竞争异常激烈，有的商家为追求销量进行虚假性购买（刷单），严重扰乱正常的经营环境，所以平台会加大其他因素权重的占比，来减小（　　）对排名的影响。

    A．商品点击率　　　　B．商品转化率　　　　C．动销率　　　　D．销量

3. 小新文具店铺一款"黑色中性笔"的展现量是 113840，点击量是 8549，该商品的点击率是（　　）。

    A．13.31　　　　　　B．0.075　　　　　　C．0.069　　　　　　D．0.93

4. 影响商品转化率的因素不包括（　　）。

    A．详情页的设计　　　　　　　　　　　B．商品主图

    C．商品的质量与创新　　　　　　　　　D．价格

5. 影响商品点击率的因素主要包括（　　　）。
   A．商品的质量与创新、详情页的设计、价格　　B．商品主图、详情页的设计、价格
   C．商品的主图、价格、标题　　　　　　　　　D．商品的质量与创新、价格、标题

6. 消费者对该商品或者服务的重复购买次数是（　　　）。
   A．动销率　　　　　　B．滞销率　　　　　　C．复购率　　　　　　D．转化率

7. 滞销率是指（　　　）。
   A．滞销商品数/在线销售的商品数　　　　　　B．有销量的商品数/在线销售的商品数
   C．访客中没有发生点击行为的人数/访客数　　D．1-点击人数/访客数

8. 淘宝对滞销商品的定义是近（　　　）天无编辑、无浏览无成交的商品。
   A．15　　　　　　　　B．30　　　　　　　　C．90　　　　　　　　D．180

9. 为了尽可能地公平分配流量资源，照顾到每一个卖家，吸引商家开店的积极性，淘宝采用了（　　　）的规则
   A．商品上下架时间　　B．DSR 动态评分　　　C．商品转化率　　　　D．商品点击率

10. （　　　）是展现商品时看到的图片，影响着店铺运营效果。
    A．详情页　　　　　　B．Banner　　　　　　C．店招　　　　　　　D．商品主图

## 二、简答题

1. 简述影响商品转化率的因素。

2. 简述影响商品点击率的因素。

---

🔍 **知识精讲**

# 四、标题优化

## （一）商品标题

商品标题是描述商品的文字，是与买家自然搜索联系最紧密、影响最大的因素。

商品标题由多个关键词组成，最多由 60 个字符组成（数字、英文字母及空格为 1 个字符，汉字为 2 个字符）。编辑商品标题时，要充分利用这 60 个字符的空间，最大程度地设计更多的有效关键词，为商品带来更大的流量。

## （二）搜索词与搜索过程

买家购买商品时，首先会根据要购买的商品输入关键词来查找商品，淘宝会将买家输入的关键词切成若干个部分。商品标题含有买家搜索的关键词是首要的条件，但并不是所有包含这些关键词的商品都能被展现，淘宝只展示 100 页商品，共 4000 件，展现并排名靠前的商品是在此关键词下的权重较高。

## （三）关键词分类

关键词是指买家在购买商品时在搜索引擎中输入的表达个人需求的词汇。在网店运营过程中，揣测买家的搜索习惯，思考买家通过搜索什么词来找到需求商品，研究与挖掘这类词，并围绕这些词优化商品标题，是必做的工作之一。商品标题最多由 30 个汉字或 60 个字符组成，标题覆盖的有效关键词越多，商品被展示的几率就会越大。

目前，行业内并没有关键词划分的统一标准，但在主流搜索引擎中常见的关键词类型一般有核心关键词、属性关键词、长尾关键词、营销词、品牌词、类目词等。

1．核心关键词。

核心关键词是商品的名称，例如：化妆水、休闲裤、连衣裙、笔记本、衬衫等。其作用是使买家通过标题快速了解商品，判断是不是自己需要的商品。一般这类词的搜索量较大、竞价成本高、转化率偏低。

2．属性关键词。

属性关键词是对商品属性进行介绍的词语，商品的材质、颜色、尺寸、风格等都属于商品属性关键词。如在"全棉提花七分袖连衣裙"中，"连衣裙"是核心关键词，"全棉""提花""七分袖"都是属性关键词。属性关键词一般结合核心关键词使用。

3．长尾关键词。

长尾关键词是在核心关键词上加两个或多个修饰词，如"全棉提花连衣裙""提花七分袖连衣裙""连衣裙修身显瘦"。长尾关键词所覆盖的人群精准但覆盖人群较少，因此长尾关键词的搜索量和竞价成本要低于核心关键词，但是转化率会较高。

4．营销词

营销词是具有营销性质的关键词。营销词包括描述优惠信息、突出商品卖点、展现品牌信誉等的词，通常作为核心关键词和属性关键词的补充，如"2020新款""包邮""正品"等。

5．品牌词。

品牌词是商品的品牌名称，如"颐莲""格力""华为"等。商品标题中使用品牌词是为了方便对品牌有忠诚度的买家找到商品，一般品牌词与商品的型号一起使用，如"华为Mate30"，这样可以方便买家精准地找到商品。

6．类目词。

类目词是商品属性的分类，如男鞋、女鞋、T恤衫、外套等。类目词有时会与核心关键词相同，类目关键词所覆盖的人群最多但不精准，且花费较高。

### （四）关键词的挖掘

关键词挖掘是SEO必做任务。

1．分析商品获取关键词。

分析商品的所属类目、属性、特点、卖点、风格等要素，借鉴淘宝网上同类或相似商品所列举的商品关键词。

2．搜索下拉框。

搜索下拉框是卖家了解商品热搜词的重要工具，也是买家获取关键词的重要渠道。当买家在淘宝首页输入关键词时，下拉框里会出现一些推荐搜索的热搜词，这些词是淘宝根据搜索关键词延伸的二级词、三级词，或者是近期搜索热度上升快的、相关性高的词。

3．"生意参谋"。

"生意参谋"提供了作战室、流量、品类、交易、内容、服务、营销、物流、财务、市场、竞争等功能。

4．"您是不是想找"。

当我们在搜索关键词后，在商品的最上面有一个"您是不是想找"，这里的关键词是系统根据搜索关键词匹配的多级词，这些词同样是搜索热度高的词。

5．阿里指数。

2012年11月26日，阿里指数正式上线。阿里指数是根据淘宝网站每日运营的基本数据，包括每天网站的浏览量、每天浏览的人次、每天新增供求产品数、新增公司数和产品数等五项指标的统计结果计算出的搜索词的搜索指数与搜索涨幅。

6．直通车系统推荐词。

直通车系统推荐词是直通车后台根据商品的类目、标题、创意标题、商品属性等推荐关键词的选词工具。直通车系统推荐词是一种比较常用的选词方法。卖家在为直通车推广计划添加关键词时，系统会根据商品、人群等，推荐与该词相关的关键词。

推荐的关键词有潜力词、热搜词、质优词、飙升词、同行词、拓展词和联想词等。

（1）潜力词：有一定展现量且市场平均出价或竞争指数较低的关键词。

（2）热搜词：展现指数较高的关键词。

（3）质优词：投入产出比或点击转化率较高的关键词。

（4）飙升词：近期搜索量快速增长的关键词。

（5）同行词：同类店铺所购买的、投入产出比较高的关键词。

（6）扩展词：搜索词的细化拓展，同步"搜索下拉框"。

（7）联想词：搜索词的相关联想词，同步"您是不是想找"。

7．直通车关键词分析工具。

直通车流量解析是一款可用于洞悉市场数据的产品，通过记录一段历史时期内关键词或类目商品在直通车的各类市场数据，帮助卖家了解市场变化情况。

8．借鉴相似商品标题。

输入商品核心关键词，分析排名靠前的商品标题中包含的关键词，结合自身商品的属性，挖掘关键词，优化商品标题。

### （五）标题编辑与优化

1．标题编辑。

标题组合公式：营销词+类目词+品牌词（有影响）+属性词+核心词。如果品牌不知名可不加品牌词。

标题组合的三个原则。

一是易读性原则。使买家迅速地了解商品，符合阅读习惯。

二是紧密原则。让买家搜索的词要紧密连接、不用空格分隔。

三是偏正组合原则。修辞词放在商品名称的前面，而名词放在后面。

2．标题优化。

商品标题编辑好完成并不代表标题优化工作的结束，在商品发布后，还要实时关注关键词数据指标的变化，持续地进行关键词数据分析，调整标题的关键词，不断优化标题。

### 经典例题解析

1．商品标题最多由（　　）个汉字组成。

    A．20　　　　　　　　B．30　　　　　　　　C．40　　　　　　　　D．60

【答案】B

【解析】商品标题最多由30个汉字或60个字符组成。

解题反思：看清题目是"汉字"还是"字符"，再做出选择。

2．"全棉提花七分袖连衣裙"中的"全棉""提花""七分袖"等关键词类型是（　　）。

    A．核心关键词　　　　B．属性关键词　　　　C．营销词　　　　　　D．长尾关键词

【答案】B

【解析】"全棉提花七分袖连衣裙"中，"连衣裙"是核心关键词，"全棉""提花""七分袖"都是属性关键词。

解题反思：理解六类关键词的含义，并熟练掌握，做出判断。

3．分析商品的所属类目、属性、特点、卖点、风格等要素，借鉴淘宝网上同类或相似商品列举的商品关键词，此种关键词挖掘方法是（　　）。

    A．阿里指数　　　　　　　　　　　　　B．淘宝搜索下拉框

    C．分析商品获取关键词　　　　　　　　D．您是不是想找

【答案】C

【解析】分析商品的所属类目、属性、特点、卖点、风格等要素，借鉴淘宝网上同类或相似商品列举的商

品关键词属于分析商品获取关键词。

**解题反思**：只有理解了关键词挖掘的 8 种方法，做题才会得心应手。

## 📖 同步练习

1. 商品标题最多由____个汉字或____个字符组成。

2. _____是网店经营的核心。

3. 目前，行业内没有关键词划分的统一标准，但在主流搜索引擎中常见的关键词类型有_____、_____、_____、_____、_____、_____。

4. 一般搜索量较大、竞价成本高、转化率偏低，这是_____关键词。

5. 一般搜索量及竞价成本要小于核心关键词，但转化率比较高，这是_____关键词。

6. 描述优惠信息、突出商品卖点、展现品牌信誉等的词是_____。

7. _____与商品的型号一起使用，方便买家精准地找到商品，如"华为 Mate30"。

8. _____是卖家了解商品热搜词的重要工具，也是买家获取关键词的重要渠道。

9. 直通车推荐的关键词有_____、_____、_____、_____、_____、_____和_____。

## 📟 单元练习题

### 一、选择题

1. 下列关键词中，属于属性词的是（　　）。
   A．针织裙　　　　　B．2020 年新款　　　C．纯色　　　　　D．正品

2. 淘宝店铺商品的标题最多可以设置的汉字个数是（　　）。
   A．20 个　　　　　　B．30 个　　　　　　C．40 个　　　　　D．60 个

3. 某款连衣裙设置的关键词是"碎花"，这属于（　　）。
   A．核心关键词　　　B．属性关键词　　　C．长尾关键词　　　D．营销关键词

4. 霖霖 3C 配件店铺将标题组合中的修辞词放在商品名称的前面，名词放在后面。这体现的标题组合原则是（　　）。
   A．偏正组合原则　　B．易读性原则　　　C．紧密原则　　　　D．系统推荐原则

5. 某店铺设置的关键词的搜索量及竞价成本低于核心关键词，但是转化率比较高。这种词属于（　　）。
   A．属性关键词　　　B．营销词　　　　　C．长尾关键词　　　D．类目

6. 在直通车推荐的关键词中，点击转化率或投入产出比较高的关键词是（　　）。
   A．热搜词　　　　　B．质优词　　　　　C．飙升词　　　　　D．潜力词

7. 唐狮旗舰店中一款卫衣的标题出现了"2024 新款"关键词，这种关键词属于（　　）。
   A．属性关键词　　　B．营销词　　　　　C．长尾关键词　　　D．核心关键词

### 二、简答题

1. 在主流搜索引擎中，常见的关键词类型一般有哪些？

2. 简述关键词挖掘的方法。

3. 简述标题组合的原则。

# 第八章

# 网店促销活动策划

## 知识结构图

```
                                        ┌─ 明确活动目标
                                        │
                                        ├─ 确定活动主题
                                        │
                        ┌─ 网店促销活动策划 ├─ 掌握活动节奏
                        │               │
                        │               ├─ 选择活动规则
                        │               │
                        │               └─ 活动预估与跟踪
        网店促销活动策划 ─┤
                        │               ┌─ 活动前准备工作
                        │               │
                        │               ├─ 销售指标和流量规划实施
                        └─ 网店促销活动实施 ┤
                                        ├─ 货品规划实施
                                        │
                                        └─ 活动视觉页面规划实施
```

## 考试说明

1．理解网店促销活动策划。
2．掌握网店促销活动实施。

## 知识精讲

# 一、网店促销活动策划

## （一）明确活动目标

网店做活动的目的是提升店铺的运营效果。不同的活动目标也代表了不同的活动性质。比如，想通过这次活动涨粉，就需要围绕拉新和裂变去策划这次活动；想提升网店现有用户的黏度和活跃度，就需要围绕现在用户的属性做研究，分析他们的需求，然后去改进产品或者策划一场维系老客户的留存活动。

网店活动可以贯穿整个运营过程，可以帮助店铺进行拉新、留存、做转化、优化策略，但是针对不同的活动，店铺的目标是不一样的。常见的活动目标包括通过活动挖掘潜在用户，提高潜在用户的转化率；通过活动增加品牌知名度；增加客户的注册量；提高已有用户的活跃度、客单价；扩大品牌影响力；增加店铺销售额，完成销售任务；推新品，增加新产品的基础权重。

## （二）确定活动主题

活动主题是围绕活动目标衍生出来的，是活动的核心。活动主题包括活动噱头和利益点。

### （三）掌握活动节奏

活动节奏包括全年活动节奏和单个活动节奏。

每一个活动都会有一个周期，也就是单个活动的节奏。一般活动节奏为五个时期：造势期（非必需）、预热期、正式期、返场期（非必需）、尾声期（非必需）。

1．造势期（活动正式开始前5～10天）。

这个时期的主要任务是炒热气氛，带来巨大曝光度，透露活动亮点，引发用户猜测和关注。

2．预热期（正式期前3～5天）。

这个时期的主要任务是公布活动亮点及利益点，主要表现为曝光活动商品、预售、玩游戏领取优惠券和红包等。

3．正式期（1～3天）。

这个时期的主要任务是将聚集的流量转化、优化至转化环节的各个细节。

4．返场期（活动后1～3天）。

这个时期的任务是持续活动热情，将活动延续进行。返场期一般只有在"双11""双12"等平台特大的活动才会有。

5．尾声期（活动后3天）

这个时期的主要任务是对内总结复盘，对外宣布此次活动圆满结束，包装此次活动的亮点、爆点、成绩，做一次漂亮的公关。

### （四）选择活动规则

选择活动规则是最关键的，总结起来就是如何与消费者互动，或者说消费者如何参与活动，也就是活动规则的设置。

活动规则的设置最应该满足两点：简单、有趣。简单就是以最直接的方式让用户参与到活动中来，为了避免用户流失，所有规则步骤要最简化；有趣是吸引用户参与的一个刺激因素，抓住用户的兴趣点（如爱占便宜、喜欢八卦、情感共鸣等），给用户一个参与活动理由。

电商的活动规则大致有以下几种。

1．打折。

打折是指直接折价促销，如打八折、七折、五折等，是最简单直接的促销方式，也是消费者最喜欢的方式之一。

优点：快准狠，短期内刺激消费，拉动销售增加购买量；相比竞品处于主动的竞争地位。

缺点：利润下降，价格一旦下降很难恢复到之前的价位，会影响接下来的官方流活动的报名（会被小二压价）；品牌忠诚度下降；易引起恶性价格竞争。

2．秒杀。

秒杀与打折相比，力度更大（往往都是10元内秒杀、半价五折秒杀），商家需要设置活动时间、秒杀价格、是否限量限地区、是否包邮等。

优点：便于引流，增加店铺的关注度、收藏度，一定程度上增加销售额。

缺点：引来的粉丝大多数是"垃圾粉"（价格灵敏度为100%），利润下降甚至损失。

采用这种促销方式时，对活动成本的测算一定要把控再把控，确定秒杀活动可以带来多少UV，是否值得做秒杀。为了使秒杀活动收到更好的效果，最好是做预热提前放出消息，引导客户收藏、加购物车等，更适用于日UV较大、转化率较高的店铺商品。

3．满减。

满减分为领优惠券满减、系统自动满减，可设置多级多档。

优点：刺激消费，尤其是领券式满减，吸引客户二进店。

缺点：利润下降；若说明和操作不到位（比如，是否可以叠加使用，客服人员神游去了），很可能会起到反效果，引起客户的不满。

采用这种方式时，需测算整体活动的利润空间，满减具体金额的设置需参考活动期间平均客单价，最好设置为再搭一个单品即可享受到第一档满减。比如平均客单价为 150 元，平均热销单品价格为 30 元，可设置第一档满减为满 180 减 10。

4．满返。

"返"的内容包括现金、优惠券、产品等。可设置全场商品或指定商品参与，可人工操作或系统自动操作。

优点：对品牌形象影响较小；不引发竞品间的价格竞争；刺激消费。

缺点：利润下降；刺激力度有限，不能引发非常强烈的参与积极性。

采用这种方式需事先测算整体活动的利润空间，重点检查是否与满减、满送策略重合；"返"实现的难易程度，若人工操作会增加客服的工作量和错误率，需考虑是否值得做。

5．买送/捆绑。

这种方式是变相打折的一种。买送商品可分为买 A 送 A（送同款）和买 A 送 B（送其他款）。

优点：变相打折，在刺激消费的情况下不会有直接降价带来的一系列问题。

缺点：利润下降；若捆绑产品太差反而会影响售品的评价。

采用这种方式需事先测算商品利润空间可以支撑哪种类型的买送（买 A 送 A 还是送 B），买 A 送 A 的本质就是打五折，买 A 送 B 的折扣根据赠品而定。若包邮，切勿忘记加上运费成本。

6．搭售。

搭售即搭配销售，分为×件商品的组合销售和再加×元换购×商品。

优点：套餐式销售，对消费者而言降低了单品叠加的金额形成购买；引流产品与爆款产品组合将流量形成转化；关联销售提高转化率，为其他商品导流。

缺点：利润下降；若搭配产品没选好，容易带来反效果。

若商品 A 是引流款，建议搭售转化率较高的爆款商品 B，将流量转化为订单；加×元换购商品的选择尽量选取客单价较低的互补商品，比如购买牛排套餐后，换购产品可以选择刀叉、意面、配汤等互补产品。

7．包邮。

包邮对于用户来说是种心理安慰。邮费本身就是用户购买商品以外的费用，支付邮费只会增加用户这次购物的开支，而不会对商品本身的品质有任何影响，所以如果能不支付，必然会省掉一小部分费用。消费者会把包不包邮当成最后是否下单的决定因素。

优点：包邮策略配合店铺内部的关联销售，降低商品跳失率，拉高客单价。

缺点：若因邮费价格而选择太差的快递公司，造成快递的时效性差和派送范围不足，会引起过多的中差评，从而导致评分降低，得不偿失。

包邮标准的限制价格最好不要超过客单价的 150%。

8．好评/晒单。

对好评或晒单给予奖励的内容包括但不限于实物商品、优惠券、现金等。顾客购买到满意的商品，他们不一定会给好评，但买到质量差的商品，非常大的概率会给差评。很多用户买东西首先看店铺评分，然后看评价（尤其是买家秀），最终才决定要不要下单。

优点：提高信誉度、店铺评分；提高新用户的购买转化率；培养用户的购物习惯；加快资金周转速度（确认收货了，钱款就会转到商家账户里）。

缺点：利润下降；若客服对此政策不熟悉反易招来差评。

9．试用。

试用是将商品（一般都是新产品或者试用装）赠送给潜在的目标客户，并诱导其购买。试用分为付邮试用（申请用户需支付邮费）和免邮试用。

优点：提高产品的入市速度；有针对性地选择目标消费群体；形成传播效应，提高品牌知名度、亲和力；增强互动。

缺点：成本相对较高，对于同质性强或者个性色彩较弱的商品效果较差。

快消品、化妆品以及高消耗性商品可以采取此种方式，其他类型商品慎用。若为付邮试用，试用品的价值需高于邮费。

10．抽奖。

抽奖的奖品可为实物或虚拟商品。奖品的设置分为噱头、一般奖品和参与奖。其中噱头是吸引眼球的产品；一般奖品的金额与个数视活动效果与预算而定；参与奖（优惠券、抵用券）是为了拉动二次消费而设置的。

优点：覆盖大范围的目标消费群体，促进消费；吸引新用户尝试购买，老用户再次购买。

缺点：刺激效果有限，见多不怪；对品牌提升作用不大。

11．积分/会员。

这是指建立会员制度和积分制度，包括会员专属折扣、积分换购等。

优点：刺激多次消费；增强品牌忠诚度；提高产品的竞争力；运作成本低。

缺点：对新用户的吸引力比较差；回报较慢且需要经常性地维护；周期长，效果也比较难评估。

12．团购。

团购需设置单人成团或多人成团、成团人数、阶梯价格、时间等参数。单人团折扣有限，多人团折扣根据人数而定。

优点：强力增粉，"好友拼"和"U 掌柜"等就是采取这种模式。

缺点：利润下降。

若是基于微信上的团购（更带有社交属性），团购的选品要格外注重用户的体验和复购率，即低价的同时更在乎商品的好坏产生的传播力和二次复购，而在平台上，成团的价格灵敏度要大于商品的黏性复购率属性。

13．预售。

预售是指提前付定金，届时再付尾款。相当于是现在就把商品定下来了，但是货要等统一的预告时间发货。预售价格需低于大促销期间的价格。

优点：减轻大促销当天的压力（比如"双 11""双 12"），商家可根据订单量提前备货，避免多余的人工成本、生产成本，增加商品的曝光，拉长销售的时间战线，增加销售额。

缺点：客户下单后需要等待的时间很长，若商品的包装、客服等环节稍有差池，很容易换来一个差评；预售支付定金通常不可以拿回。

14．游戏/H5。

这种方式是以游戏/H5 的方式吸引客户参与，从而达到促销的目的。

优点：加强参与感，以有针对性的游戏吸引参与，达到促进产品销售的目的。主要是在产品上市前进行产品和市场的预热。

缺点：太浮夸或太 low 都容易引起反感。

整个活动设计和页面设计都需要反复推敲，要好玩有趣，给消费者限时特价以增加紧迫感。

15．跨界/联合。

这种方式是指两个或者两个以上的品牌或者公司合作开展促销活动，推广产品和服务，以扩大活动的影响力，提升各自的品牌和服务，采取利益分享、费用分摊的原则举行的促销活动，包括互相导流、换粉、供应产品等。

优点：快速接近目标，降低相应的促销成本；有针对性地选择目标消费群体，形成产品互补。

缺点：协调问题速度较慢；各自产品的优势得不到集中展示，产品优点容易给消费者造成模糊的印象。

## （五）活动预估与跟踪

不管是什么类型的活动，都要进行效果预估。预估流程为先核算大概的曝光数字，按照以往经验保守转化能有多少比例，进而推出大概的效果数据，便于做好库存准备与应急处理。通过成本和预估效果能大致预估出活动的投资回报，衡量活动是否有价值。活动数据的收集要和活动目标结合起来。如果活动是为了增加店铺销量，那么就重点分析活动期间增加的店铺销量都是通过哪些途径增加的。如果活动是为了增加转化，那么就统计一下活动期间的转化率相比平时的变化等。但无论如何，对活动的效果数据要做好跟踪分析，因为只有数据才能分析出活动产生的价值。

### 经典例题解析

1. ( ) 是围绕活动目标衍生出来的，是活动的核心。

    A. 活动节奏        B. 活动规则        C. 活动主题        D. 活动预估

【答案】C

【解析】活动主题是围绕活动目标衍生出来的，是活动的核心。

解题反思：掌握网店活动的策划步骤与内容，才能提高做题效率。

2. 主要任务是炒热气氛，带来巨大曝光度，透露活动亮点，引发用户猜测和关注。这个时期是 ( )。

    A. 预热期        B. 造势期        C. 返场期        D. 正式期

【答案】B

【解析】造势期的主要任务是炒热气氛，带来巨大曝光度，透露活动亮点，引发用户猜测和关注。

解题反思：电子商务一般活动节奏的五个时期要理解，并会判断，提高做题正确率。

3. 容易使品牌忠诚度下降，引起恶性价格竞争的电商活动规则是 ( )。

    A. 打折        B. 秒杀        C. 满减        D. 好评/晒单

【答案】A

【解析】打折的缺点：利润下降，价格一旦下降很难恢复到之前的价位，会影响接下来的官方流活动的报名；品牌忠诚度下降；易引起恶性价格竞争。

解题反思：各种电商活动规则的优点和缺点要区分，不要混淆，否则题目会很容易做错。

### 同步练习

1. _____ 是围绕活动目标衍生出来的，是活动的核心。

2. 活动主题包括 _____ 和 _____。

3. 电商运营的活动节奏包括 _____ 和 _____。

4. 一般活动节奏为五个时期，包括 _____、_____、_____、_____、_____。

5. _____ 的主要任务是炒热气氛，带来巨大曝光度，透露活动亮点，引发用户猜测和关注。

6. _____ 的主要任务是公布活动亮点及利益点，主要表现为曝光活动商品、预售、玩游戏领取优惠券和红包等。

7. 活动规则的设置应该满足两点：_____、_____。_____ 是以最直接的方式让用户参与到活动中来，为了避免用户流失，所有规则步骤要最简化；_____ 是吸引用户参与的一个刺激因素，抓住用户的兴趣点（如爱占便宜、喜欢八卦、情感共鸣等），给用户一个参与活动的理由。

8. _____ 是最简单直接的促销方式，也是消费者最喜欢的方式之一。

9. 满减分为 _____ 和 _____。

10. _____ 更适用于日 UV 较大、转化率较高的店铺商品

11. 包邮标准的限制价格最好不要超过客单价的 _____。

12. 抽奖的奖品可为 _____ 或 _____。奖品的设置分为 _____、_____ 和 _____。其中 _____ 是吸引眼球的产品；_____ 的金额与个数视活动效果与预算而定；_____ 是为了拉动二次消费而设置的。

13. 加强参与感，以有针对性的游戏吸引参与，达到促进产品销售的目的的电商活动规则是 _____。

14. _____ 是指两个或者两个以上的品牌或者公司合作开展促销活动，推广产品和服务，以扩大活动的影响力，提升各自的品牌和服务，采取利益分享、费用分摊的原则举行的促销活动，包括互相 _____、_____、_____ 等。

# 电子商务

单元练习题

## 一、选择题

1．2023 年的天猫"双 11"活动，某童婴品牌店铺为了迎接活动，首先透露活动亮点，引发用户猜测和关注。该店铺处于的活动节奏时期是（　　）。

  A．造势期    B．预热期    C．正式期    D．返场期

2．某店铺公布了活动亮点及利益点，曝光了活动商品，还可以领取优惠券。该店铺处于活动节奏时期是（　　）。

  A．造势期    B．预热期    C．正式期    D．返场期

3．某店铺的双十一活动为了避免客户流失，对所有规则步骤进行了简化，以最直接的方式让用户参与到活动中来。这满足了活动规则设置的什么条件？（　　）

  A．有趣    B．低价    C．简单    D．需求

4．在产品上市前进行产品和市场的预热的电商活动规则是（　　）。

  A．游戏/H5    B．秒杀    C．满减    D．好评/晒单

5．某家纺店铺的一款羊毛被的日 UV 较大、转化率也较高，适合采用的电商活动规则是（　　）。

  A．满减    B．抽奖    C．预售    D．秒杀

6．某品牌旗舰店最近正在搞活动，买一套总价值 377 元的护肤套盒，送 3 盒总价值 377 元的面膜。该店铺采用的电商活动规则是（　　）。

  A．预售    B．搭售    C．买送/捆绑    D．试用

7．能够配合店铺内部的关联销售，降低商品的跳失率，拉高客单价的电商规则是（　　）。

  A．抽奖    B．包邮    C．搭售    D．预售

8．某旗舰店在"宠粉日"设置的满减为"满 300 减 30、满 600 减 60"，吸引了众多消费者的青睐。采用这种电商活动规则的优点是（　　）。

  A．吸引客户二次进店      B．对品牌形象影响较小

  C．便于引流，一定程度上增加销售额  D．增强互动

9．包邮标准的限制价格最好不要超过客单价的（　　）。

  A．50%    B．120%    C．150%    D．300%

10．某店铺对好评或晒单的客户发放红包奖励。这活动规则的缺点是（　　）。

  A．成本相对较高       B．若客服对此政策不熟悉反易招来差评

  C．对品牌提升作用不大    D．协调问题速度过慢

11．2019 年 7 月，麦当劳联合可口可乐推出"麦当劳可乐杯"，只要购买麦当劳指定套餐并加收 6 元，就可以获得可乐杯一个。麦当劳采用的电商活动规则是（　　）。

  A．预售    B．买送/捆绑    C．搭售    D．试用

12．江小白联合百奇推出"江小白味的百奇饼"，这波"上头的"童趣，瞬间唤起消费者的神经细胞。这种电商活动规则属于（　　）。

  A．积分/会员    B．预售    C．游戏/H5    D．跨界/联合

13．在屈臣氏每月的会员日，会员用户都可以使用积分换购。这种电商活动规则的优点是（　　）。

  A．强力增粉

  B．刺激多次消费，增强品牌忠诚度，提高产品的竞争力

  C．提高信誉度、店铺评分

  D．有针对性地选择目标消费群体

14．2024 年 6 月 10 日某旗舰店在天猫官宣要开店，引爆话题，6 月 13 日该旗舰店的 H5 上线，真相揭晓，短短 3 天时间，微博话题曝光量破 6 亿。该旗舰店在采用这种电商活动规则时应注意的问题是（　　）。

  A．整个活动设计和页面设计都需要反复推敲，要好玩有趣

    B．对活动成本的测算一定要把控再把控

    C．要格外注重用户体验和复购率

    D．覆盖大范围的目标消费群体，促进消费

15．网店活动的预热期一般是指（　　　）。

    A．活动正式开始前 5～10 天         B．正式期前 1～3 天

    C．活动正式开始前 1～3 天         D．正式期前 3～5 天

## 二、简答题

1．简述网店活动策划的步骤。

2．简述常见的网店活动的目标。

## 三、综合分析题

    欧莱雅集团旗下的高端护肤品牌修丽可参与天猫超品日的活动，推出的营销概念是"大满贯"。品牌代言人李娜与修丽可携手推出"护肤至爱精华大满贯"礼盒（包含抗氧精华、紫米精华、发光瓶等），该礼盒精选了全店热销单品，以及双十一销量过亿的多款爆款单品。

    2020 年 1 月 15 日，修丽可正式开启预售通道，并为"大满贯"组合设置了免息 6 期的支付方式。2 月 18 日超品日活动当天，其天猫店内设有价值高达 4060 元的抽奖活动，以及"买 30ml 送 30ml"的优惠活动。仅在一天之内，修丽可就荣登 2020 年天猫超品日美妆行业榜单的榜首。

    根据以上内容回答下列问题：

1．修丽可在 2020 年的天猫超品日的活动中，采用了哪些电商活动规则？

2．修丽可采用"买 30ml 送 30ml"的活动规则，有何优点和缺点？

🔅 **知识精讲**

## 二、网店促销活动实施

### （一）活动前准备工作

1．确定活动商品，进行库存盘点，更新库存信息。

2．根据活动策划方案，确定商品价格及利益点。

3．活动涉及的视觉页面素材准备。

4．推广渠道安排，推广素材准备。

### （二）销售指标和流量规划实施

1．根据销售指标和流量规划计算出需要多少免费流量，主要包括活动平台引入流量、老顾客流量、收藏加购流量、PC 端流量、无线端流量、淘宝直播流量等，活动前和活动中完成相应数据指标。

2．根据销售指标和流量规划计算出需要多少付费流量，主要包括钻展、直通车、淘宝客等，活动前和活动中完成相应数据指标。

3．根据销售指标和流量规划计算出需要多少站外流量，主要包括各种新媒体平台，活动前和活动中完成相应数据指标。

4．根据销售指标和流量规划进行费用预算，主要包括成本费用、物流费用、推广费用、店铺活动费用等。

5．根据销售指标和流量规划预估计算出活动产出数值。

### （三）货品规划实施

1．根据活动规划确定好对应的活动商品。

2．完成活动商品的标题设置、卖点设置、价格设置、库存设置、促销活动设置。

3．与仓库沟通，做好发货准备，了解生产周期、活动时出货等安排。

4．与客服提前沟通，准备话术，做好接待准备工作，考察客服人员对商品以及活动的了解程度等。

### （四）活动视觉页面规划实施

1．视觉设计人员根据视觉页面策划的需求，在规定时间内完成素材的整理。

2．视觉设计人员根据视觉页面策划原型图，完成首页、活动页面、产品主图、详情页等活动页面的设计。

3．视觉设计人员就完成的页面与运营人员进行沟通调整，确认无误后将页面按照规定时间进行上传。

4．视觉设计人员在活动期间根据店铺实际情况，与运营人员保持沟通，及时调整活动视觉页面。

5．视觉设计人员提前准备好活动后的店铺页面，待活动结束后及时更换页面。

## 经典例题解析

下列选项中不属于活动前准备工作的是（　　）。

　　A．确定活动商品，进行库存盘点，更新库存信息

　　B．准备活动涉及的视觉页面素材

　　C．安排推广渠道，准备推广素材

　　D．根据活动规划确定好对应的活动商品

【答案】D

【解析】根据活动规划确定好对应的活动商品属于货品规划实施。

解题反思：掌握网店活动实施的内容，并学会判断，提高做题正确率。

## 同步练习

1．根据销售指标和流量规划计算出需要多少免费流量，主要包括_____、_____、_____、_____、_____、_____。

2．根据销售指标和流量规划计算出需要多少付费流量，主要包括_____、_____、_____。

3．根据销售指标和流量规划进行费用预算，主要包括_____、_____、_____、_____。

## 单元练习题

### 一、选择题

1．在网店活动实施过程中，需要根据销售指标和流量规划进行费用预算，这些费用预算不包括（　　）。

　　A．成本费用　　　　　　　　　　　　　　B．新媒体平台费用

C．物流费用　　　　　　　　　　　　D．店铺活动费用

2．下列选项中，属于付费流量的是（　　）。

　　A．PC端流量　　　　　B．老顾客流量　　　　C．无线端流量　　　　D．直通车

3．下列选项中不属于货品规划实施的是（　　）。

　　A．根据活动策划方案，确定商品价格及利益点

　　B．与仓库沟通，做好发货准备，了解生产周期、活动时出货等安排

　　C．确定活动商品，进行库存盘点，更新库存信息

　　D．完成活动商品的标题设置、卖点设置、价格设置、库存设置、促销活动设置

## 二、简答题

1．在网店活动实施过程中，活动前的准备工作有哪些？

2．简述货品实施规划的内容。

3．简述活动视觉页面规划与实施的内容。

4．在网店活动实施过程中，销售指标和流量规划实施的内容包括哪些？

# 第九章

# 运营数据分析

## 知识结构图

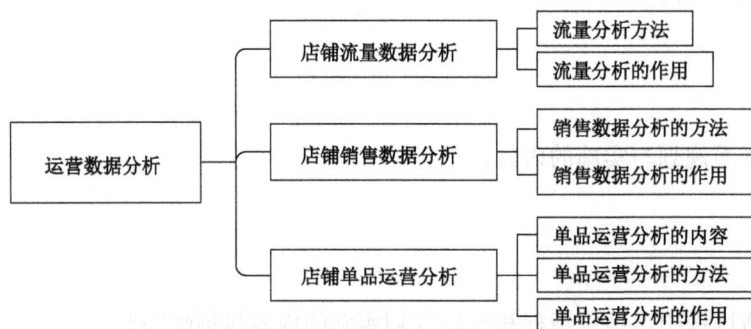

## 考试说明

掌握网店运营数据分析的方法。

## 知识精讲

## 一、店铺流量数据分析

从来源方面看，流量数据可分为站内流量和站外流量，随着媒体形式的不断丰富，站外流量的来源越来越多；从收费方面看，流量可分为免费流量和付费流量，付费流量有见效快、成本高的特点。

### （一）流量分析方法

不同的平台有不同的分析方法与工具。以淘宝为例，最常用的流量分析方法是生意参谋里的流量模块。流量模块提供了全店的流量概况、实时访客数、访客特征以及图文、短视频和直播的访客数。

在店铺来源模块中，店铺可以根据自己的需求，一次最多选取五项流量来源进行构成。以下几项是比较常用的选项：访客数、支付买家数、下单转化率、引导短视频访客数、引导商品访数（尤其是进行直播后，这个数据可反映直播商品的转化率）。

### （二）流量分析的作用

1. 有助于评估营销推广策略效果。

通过流量分析，卖家可以了解不同渠道的引流情况，及时掌握网站推广的效果，减少盲目性。流量分析结果可以帮助卖家评估营销推广策略的效果，为制定和修正网络营销策略提供依据。卖家可以通过分析网站访问的数据来评判网站建设的水平，为进一步优化网站提供参考。

2．有助于完成客户画像。

流量分析的结果可以展示在线客户的活动信息，包括来访时间、访客地域等。卖家可以依据这些信息进一步完善客户画像，深入了解买家的行为特征和消费习惯，不断提高客户定位的精准度。

## 二、店铺销售数据分析

### （一）销售数据分析的方法

各平台的卖家可以从相对应的数据分析工具中获取各项数据指标。以淘宝生意参谋为例，卖家可以从交易模块获得销售概况、交易构成和交易明细三组销售数据。卖家可以从交易概况版块了解店铺销售的整体情况。卖家可以通过交易漏斗了解商铺的下单转化率、支付转化率等数据。卖家可以通过交易趋势图获取店铺与同行业的对比信息。如果支付金额或转化率等指标低于同行业，卖家就需要重新审视店铺的运营策略。

淘宝生意参谋的交易构成版块展示了 PC 端和无线端的相关销售信息。其中，支付金额占比是指该维度（类目、价格带）支付金额在全店支付金额中的占比。通过该指标可以判断哪些商品是爆款，哪些商品较为冷门。

在速卖通生意参谋分析工具中，销售数据分析可在成交分析版块中查看。成交分析版块从不同的维度展示店铺的成交情况，包括商铺排名、成交概况、成交分布、成交核心指标分析。通过此版块，不但可以分析店铺的经营情况，还能清楚地知道店铺所处的行业位置，为未来店铺发展提供依据。

### （二）销售数据分析的作用

1．有助于正确、快速地做出市场决策。

店铺的销售数据直接体现了消费者对营销方案的反应。市场形势瞬息万变，流行迭代较快。销售数据能够帮助卖家及时掌握产品销售情况、市场顾客需求情况及其变化规律，从而迅速调整产品组合及库存能力，调整产品价格，改变促销策略，抓住商机，加快商品周转速度，减少商品积压。

2．有助于及时了解营销计划的执行效果。

详细全面的销售计划是网店运营成功的保证，而对销售计划执行结果的分析是调整销售计划、确保销售计划顺利实现的重要措施。通过对销售数据的分析可及时反映销售计划完成的情况，有助于运营人员分析销售过程中存在的问题，为提高销售业绩及服务水平提供依据和对策。

3．有助于提高网店运营系统运行的效率。

网店运营过程中的每一个环节都是将数据管理和交流融为一体的，缺少数据管理和交流，往往会出现运营失控的现象，如商品丢失等。不同平台之间的数据交流的缺乏，也会导致交流信息的不准确，商品信息、管理信息的闭塞以及商品调配的凝滞。

## 三、店铺单品运营分析

如果把店铺比喻成一个健康的人，那么单品就是构成人体组织的细胞，它具有新陈代谢的功能（产品生命周期内不断地迭代更新）。外表是视觉，各组织结构则是产品品类。店铺可以从单品运营来分析店铺是否良性发展。

### （一）单品运营分析的内容

一般来说，单品运营分析包括销售分析、促销分析、访客特征分析、流量来源分析等。

1．销售分析。

通过销售分析，卖家可以掌握单品销售的变化趋势，有针对性地制定单品营销策略，进而提高单品成交转化率。

2．促销分析。

促销分析可以帮助卖家量化搭配商品的销售效果，增加店铺的引流渠道，进而提高客单价。

3．访客特征分析。

卖家可以了解访客的潜在需求，从而更好地为买家提供符合其需求的商品。

4．流量来源分析。

卖家通过分析商品的流量来源，可以更好地了解各个渠道的商品引流效果。

## （二）单品运营分析的方法

在淘宝生意参谋里，单品运营分析一般使用品类模块。品类模块提供核心指标监控数据。其中，宏观监控中有以下几项较为常用的指标：商品访客数、商品详情访客数、商品收藏加购数、支付转化率。若需要看到某个单品更详细的信息，可以点击"商品360"。

在分析单品的表现时，四个版块值得卖家重点关注：单品营收、访客规模、转化效率、客户单价。

在标题优化版块中，主要为卖家提供四个关键信息：一是判断标题能否带来自然流量；二是判断标题中的哪个关键词能引流；三是所选关键词排名是高还是低；四是标签流量和词条的判断与选择。卖家的商品和哪个关键词更加匹配，在投放直通车的时候，就从中挑选点击量和转化率比较高的词。

在销售分析版块中，卖家可以根据需求，选取多个指标数据，分析访客的潜在需求，从而提高转化率。

在客群洞察版块中，卖家可以根据 24 小时趋势图判断商品上下架的最佳时机。卖家可以根据地域前五位指数，推算出访客所在的省份。淘气值主要反映访客在淘宝的活跃程度，淘气值越高，用户越活跃，客单价就可能越高。

商品诊断版块是品类模块中较为重要的一个版块。无线端该版块从描述区页面高度、图片查看、页面打开时长这三个维度诊断，并提供相应的解决建议。如需修改，可以直接点击右侧的"修改商品手机描述"即可。

在速卖通生意参谋中，单品运营分析数据可在品类模块中的单品分析版块中查看。在单品分析版块中可以查看商品访客数、搜索曝光量、商品收藏人数、商品加购人数、支付订单数等20余项内容。这些指标可以反映店铺某个单品在某些方面存在的问题。例如，商品访客数直接反映详情页面质量；如果搜索曝光量低，则说明主图和价格设置需要调整。

## （三）单品运营分析的作用

1．有助于合理设定单品的生命周期。

卖家依据事先制定好的整体目标来安排每种单品的上架情况，比如款式和相应的库存量、每个月的上架时间等。单品的数据分析结果可以帮助卖家将自己的单品与同行的同类单品情况进行比对，以此制定出个性化单品策略，为单品设定更加合理的生命周期。

2．有助于完善运营过程。

每个单品的运营都需要经历"上架—分配坑位—销售—补货—调动坑位—推广—清货—下架"这一系列过程。卖家在每个环节都要做好主要数据的跟踪，记录好这些数据的实时变化情况，从中发现问题并加以解决。对一些欠缺的方面加以分析，制定提升和优化的方法。

3．有助于制订促清计划。

卖家可以根据单品的生命周期和数据情况来制订促清计划，避免对一些处于生命周期下半期的产品进行过量的补货，减少出现库存积压的情况，以免压缩利润空间。店铺要密切注意一些处于上升阶段的单品情况，避免错失最好的补货时机，以免造成利润的流失。

4．有助于调整视觉效果。

在设计店铺时，卖家要注意页面的协调性，既要保证将处于上升阶段的单品和店铺爆款单品放在首页的黄金位置，又要注重店铺的整体风格，这样才能让店铺的利润最大化。如果单品的数据还没有明显地提升，则可以考虑调整单品的视觉效果。例如，如果单品的点击率较低，就可适当修改单品的主图；如果单品的跳失率较高，就可进一步优化单品详情页。

## 经典例题解析

1．在淘宝中，最常用的流量分析方法是（　　）中的流量模块。

  A．生意参谋      B．阿里数据

  C．电商魔镜      D．淘数据

【答案】A

【解析】以淘宝为例，最常用的流量分析方法是生意参谋中的流量模块。

解题反思：淘宝的数据分析工具还是比较多的，要对这些分析工具有一定的了解。

2. 在速卖通生意参谋分析工具中，不但可以分析店铺的经营情况，还能清楚地知道店铺所处的行业位置，为未来店铺发展提供依据的版块是（　　　）。

　　A．流量看板版块 　　　　　　　　　　B．交易概况版块

　　C．成交分析版块 　　　　　　　　　　D．访客分析

【答案】C

【解析】在速卖通生意参谋分析工具中，销售数据分析可在成交分析版块中查看。通过此版块，不但可以分析店铺的经营情况，还能清楚地知道店铺所处的行业位置，为未来店铺发展提供依据。

解题反思：充分了解速卖通生意参谋的页面设置。

## 同步练习

1. 流量模块提供了全店的_____、_____、_____以及_____、_____和_____的访客数。在店铺来源模块中，店铺可以根据自己的需求，一次最多选取_____流量来源进行构成。比较常用的选项是_____、_____、_____、_____、_____。

2. 以淘宝生意参谋为例，卖家可以从交易模块获得_____、_____和_____三组销售数据。

3. 卖家可以从_____版块了解店铺销售的整体情况。

4. 淘宝生意参谋的_____版块展示了 PC 端和无线端的相关销售信息。其中，_____占比是指该维度（类目、价格带）支付金额在全店支付金额中的占比。通过该指标可以判断哪些商品是爆款，哪些商品较为冷门。

5. 一般来说，单品运营分析包括_____、_____、_____、_____等。

6. 在_____版块中，卖家可以根据需求，选取多个指标数据，分析访客的潜在需求，从而提高转化率。

7. 在_____版块中，卖家可以根据 24 小时趋势图判断商品上下架的最佳时机。

8. _____版块为品类模块中较为重要的版块。

## 单元练习题

### 一、选择题

1. 在店铺来源模块中，店铺可以根据自己的需求，一次最多选取（　　　）流量来源进行构成。

　　A．两项 　　　　　　　B．三项 　　　　　　　C．五项 　　　　　　　D．七项

2. 淘宝最常用的流量分析方法是生意参谋里的（　　　）。

　　A．营销模块 　　　　　　B．流量模块 　　　　　　C．服务模块 　　　　　　D．内容模块

3. 在生意参谋中，可以从交易模块获得的销售数据是（　　　）。

　　A．交易构成 　　　　　　B．内容来源 　　　　　　C．店内路径 　　　　　　D．访客分析

4. 判断哪些商品是爆款，哪些商品较为冷门的指标是（　　　）。

　　A．支付商品数 　　　　　B．支付金额占比 　　　　C．支付转化率 　　　　D．支付买家数

5. 卖家可以根据需求，选取多个指标数据，分析访客的潜在需求，从而提高转化率的版块是（　　　）。

　　A．客群洞察 　　　　　　B．商品诊断 　　　　　　C．标题优化 　　　　　　D．销售分析

6. 在单品运营分析中，卖家可以通过（　　　）了解访客的潜在需求，从而更好地为买家提供符合其需求的商品。

　　A．访客特征分析 　　　　B．流量来源分析 　　　　C．销售分析 　　　　D．促销分析

7．某店铺正在为自家店铺的爆款面膜做单品运营分析，他们想知道自家店铺所选关键词的排名是高还是低，可以选择的版块是（　　　）。

  A．客群洞察    B．商品诊断    C．标题优化    D．销售分析

## 二、简答题

1．淘宝生意参谋中的流量模块可以提供哪些数据？

2．在速卖通生意参谋分析工具中，销售数据分析可以在哪个版块查看？可以查看哪些数据？

3．简述单品运营分析的内容。

4．在单品运营分析中，标题优化版块主要为卖家提供哪些关键信息？

# 第十章

# 网店运营平台应用

## 知识结构图

```
                          ┌─────────────────┐
                      ┌───│ 网店运营平台的类型 │
┌──────────────┐      │   └─────────────────┘
│ 网店运营平台应用 │──────┤
└──────────────┘      │   ┌─────────────────┐
                      └───│ 常见的网店运营平台 │
                          └─────────────────┘
```

## 考试说明

1．了解网店运营平台的类型。
2．了解常见的网店运营平台。

## 知识精讲

### 一、网店运营平台的类型

1．综合性电商。

这类平台以销售各种商品为主，如淘宝、京东、天猫等。它们通常提供商品购买和交易的核心服务，同时也提供一系列增值服务，如支付、物流和客服等。

2．社交电商。

这种模式是通过社交平台（如拼多多、微信）来推销商品的，强调用户的参与度和个性化体验。社交电商利用社交平台的流量和用户基础，提供贴近用户需求的商品和服务。

3．内容电商。

以小红书、唯品会为例，内容电商依赖内容创作（如视频、图片、文字等）吸引流量，并将流量转化为消费者。这种方式可以提高用户的体验感和参与感，从而提高销售转化率。

4．自营平台。

自营平台是指将商品放到自家平台或店铺进行销售，运营者需要自行承担商品采购、库存管理、物流配送、质量监管、售后服务等方面的责任，比如京东。

5．B2B 平台。

这是企业之间进行贸易的电商平台，如阿里巴巴、环球资源等。主要面向企业客户，提供全球范围内的供应商和买家信息，以及在线交流、询价、合同签订、支付等服务。

6．B2C 平台。

这是企业向消费者销售产品或服务的电商平台，如京东、天猫等。这些平台汇聚了众多商家的商品，提供丰富的选择，并配备售后服务。

7．C2C 平台。

这是个人之间进行交易的电商平台，如拍拍网、闲鱼等。这些平台提供交易平台，让个人可以通过发布商品、拍卖、交易等方式进行买卖。

8．CPS 平台。

这是一种以销售额为结算标准的广告投放方式，特点是零风险。

9．O2O 平台。

O2O 平台采用线上线下相结合的商业模式，如美团、大众点评、饿了么等。这些平台将线下的传统实体商店与线上的电子商务平台结合，通过线上促销和线下门店服务的零售方式进行经营。

10．独立商城。

由商城系统打造的独立网店，具有顶级域名、自有品牌等特点，比如小米商城。

## 经典例题解析

1．（    ）是以销售各种商品为主，如淘宝、京东、天猫等。它们通常提供商品购买和交易的核心服务，同时提供一系列增值服务，如支付、物流和客服等。

  A．社交电商          B．内容电商

  C．垂直电商          D．综合性电商

【答案】D

【解析】综合性电商是以销售各种商品为主，如淘宝、京东、天猫等。它们通常提供商品购买和交易的核心服务，同时提供一系列增值服务，如支付、物流和客服等。

解题反思：理解各类电商平台的类型，才能更好的做出判断。

2．（    ）是由商城系统打造的独立网店，具有顶级域名、自有品牌等特点。

  A．独立商城          B．自营平台

  C．CPS 平台          D．O2O 平台

【答案】A

【解析】独立商城是由商城系统打造的独立网店，具有顶级域名、自有品牌等特点。

解题反思：学会区分并判断各种类型的网店运营平台。

## 同步练习

1．_____强调用户的参与度和个性化体验。社交电商利用社交平台的流量和用户基础，提供贴近用户需求的商品和服务

2．_____可以提高用户的体验感和参与感，从而提高销售转化率。

3．_____依赖内容创作（如视频、图片、文字）吸引流量，并将流量转化为消费者。

4．_____是一种以销售额为结算标准的广告投放方式，特点是零风险。

5．_____是线上线下相结合的商业模式。

## 单元练习题

### 选择题

1．将商品放到自家店铺进行销售，运营者需要自行承担产品采购、库存管理、物流配送、质量监管、售后服务等方面的责任，这种网店运营平台是（    ）。

  A．独立商城    B．自营平台    C．CPS 平台    D．O2O 平台

2．可以提高用户的体验感和参与感，从而提高销售转化率的网店运营平台是（　　）。

  A．社交电商   B．内容电商   C．垂直电商   D．综合性电商

3．一种以销售额为结算标准的广告投放方式，特点是零风险。这种平台类型是（　　）。

  A．独立商城   B．自营平台   C．CPS 平台   D．O2O 平台

4．二手交易平台闲鱼属于哪种网店运营平台？（　　）

  A．C2C 平台   B．B2C 平台   C．CPS 平台   D．O2O 平台

5．（　　）采用线上线下相结合的商业模式。

  A．C2C 平台   B．B2C 平台   C．CPS 平台   D．O2O 平台

## 知识精讲

## 二、常见的网店运营平台

1．淘宝

淘宝是中国最大的网络零售和电子商务平台之一，提供了 C2C、B2C 等多种电商模式，为商家提供了广泛的销售渠道。

2．天猫

天猫是阿里巴巴旗下的一个综合性购物网站，主要面向品牌商家，提供 B2C 的购物体验。

3．京东

京东是中国最大的自营式电商企业之一，涵盖了家电、数码、母婴、家居等多个品类，拥有完善的物流体系和售后服务。

4．拼多多

拼多多是一家以社交电商为主的平台，通过团购、分享等方式，为消费者提供更低价格、更高性价比的商品。

5．苏宁易购

苏宁易购是中国领先的线上线下一体化电商平台，涵盖家电、数码、母婴、家居等多个品类，拥有强大的物流体系和售后服务。

6．唯品会

唯品会是一家专注于折扣时尚购物的电商平台，提供超过 1200 个国内外品牌的商品。

7．抖音小店

抖音小店是抖音平台为电商商家提供的一个电商功能，商家可以在抖音上直接开店，通过短视频、直播等方式进行商品的展示和销售。

8．快手小店

快手小店是快手平台为电商商家提供的一个电商功能，与抖音小店类似，商家可以在快手上直接开店，通过短视频、直播等方式进行商品的展示和销售。

## 经典例题解析

（　　）是中国领先的线上线下一体化电商平台，涵盖家电、数码、母婴、家居等多个品类，拥有强大的物流体系和售后服务。

  A．苏宁易购   B．唯品会   C．抖音小店   D．天猫

【答案】A

【解析】苏宁易购是中国领先的线上线下一体化电商平台，涵盖家电、数码、母婴、家居等多个品类，拥有强大的物流体系和售后服务。

解题反思：理解各类常见的网店运营平台特点，并学会判断。

# 电子商务

📖 同步练习

1. _____是中国最大的网络零售和电子商务平台之一，提供了 C2C、B2C 等多种电商模式，为商家提供了广泛的销售渠道。

2. _____是中国最大的自营式电商企业之一，涵盖了家电、数码、母婴、家居等多个品类，拥有完善的物流体系和售后服务。

3. _____是一家以社交电商为主的平台，通过团购、分享等方式，为消费者提供更低价格、更高性价比的商品。

4. _____是一家专注于折扣时尚购物的电商平台，提供超过 1200 个国内外品牌的商品。

5. _____是抖音平台为电商商家提供的一个电商功能，商家可以在抖音上直接开店，通过短视频、直播等方式进行商品展示和销售。

## 单元练习题

### 选择题

1. 一家以社交电商为主的平台，通过团购、分享等方式，为消费者提供更低价格、更高性价比的商品，该平台是（　　）。

　　A．快手小店　　　　　　B．淘宝　　　　　　C．唯品会　　　　　　D．拼多多

2. 阿里巴巴旗下的一个综合性购物网站，主要面向品牌商家，提供 B2C 的购物体验，该网站是（　　）。

　　A．天猫　　　　　　　　B．京东　　　　　　C．唯品会　　　　　　D．苏宁易购

3. 一家专注于折扣时尚购物的电商平台，提供超过 1200 个国内外品牌的商品，该平台是（　　）。

　　A．天猫　　　　　　　　B．京东　　　　　　C．唯品会　　　　　　D．苏宁易购

# 电子商务客户服务与管理

# 第一章

# 初识电子商务客户服务

## 知识结构图

## 考试说明

1. 了解客户服务的含义。
2. 了解电子商务客服的含义。
3. 理解电子商务客服的分类。
4. 掌握电子商务客服人员应具备的基本素养。

## 知识精讲

### 一、客户服务的含义

客户服务（Customer Service），是指企业为目标客户提供适当的产品或服务，满足客户的适当需求，使企业和客户的价值都得到提升的活动过程。广义上讲，任何能提高客户满意度的内容都属于客户服务的范围。

### 二、电子商务客服的含义

电子商务客服是指在互联网上为客户提供服务的工作人员，主要借助网络即时通信工具进行售前、售中和售后服务。

电子商务客服承担着处理客户投诉、订单业务受理（新增、补单、调换货、撤单等）等工作，是通过各种沟通渠道参与客户调查、与客户直接联系的一线业务受理人员。电子商务客服作为承上启下的信息传递者，还肩负着及时将客户的信息和需求传递给公司其他部门的责任，如客户对产品的意见建议、线上和线下订单操作的修改反馈等。

### 三、电子商务客服的分类

电子商务客服可以按工作方式、交易流程和业务职能进行划分。

1. 按工作方式划分，电子商务客服可分为网络客服和电话客服。

（1）网络客服。网络客服是指客服人员通过网络，以沟通工具、留言本或弹出输入框等方式回复客户的相关咨询问题。网络客服的主要工作内容：接受订单、处理货单、接受产品咨询、给新老客户讲解产品、介绍公司新出的优惠政策、维护客户关系等。电子商务平台以网络客服为主。

（2）电话客服。电话客服是指客服人员通过电话与客户进行沟通交流，维护客户关系。电话客服主要用于处理客户的投诉问题，也可以用于收集客户的意见和建议，方便企业不断优化自身的产品和服务。

2. 按交易流程和业务职能划分，电子商务客服分为售前客服、售中客服和售后客服。

（1）售前客服。售前客服是指在产品出售前客服人员为客户提供的一系列服务工作，即付款前的所有工作属于售前客服服务内容，如在线提供咨询服务、了解客户需求、进行针对性的产品推荐、引导客户下单、修改价格、引导付款、催付等。

（2）售中客服。售中客服是指对有效订单的处理，指在客户付款后到客户签收这一过程中为客户提供的服务，如核对订单信息、添加备注、打单发货、物流跟踪、查询物流信息、派送签收提醒等。

## 四、客服人员的基本素养

1. 热情认真的态度。
2. 熟练的业务知识。
3. 耐心讲解的能力。
4. 良好的沟通能力。

良好的沟通能力是客服人员必备的基本素质。客服人员要注意倾听客户、了解客户、启发客户、引导客户，这些是客服人员与客户交流时的基本功。

### 经典例题解析

按交易流程和业务职能划分，为客户提供查询物流信息服务的客服人员属于（　　　　）。

　　A．售前客服　　　　　　　B．售中客服　　　　　　　C．售后客服　　　　　　　D．网络客服

【答案】C

【解析】售中客服是指对有效订单的处理，指在客户付款后到客户签收这一过程中为客户提供的服务。

### 同步练习

1. 企业为目标客户提供适当的产品或服务，满足客户的适当需求，使企业和客户价值都得到提升的活动过程是＿＿＿＿＿＿＿＿。

2. 客户服务的工作主要包括＿＿＿＿＿＿＿＿、＿＿＿＿＿＿＿＿、＿＿＿＿＿＿＿＿、＿＿＿＿＿＿＿＿、＿＿＿＿＿＿＿＿等。

3. ＿＿＿＿＿＿＿＿指在互联网上为客户提供服务的工作人员，主要借助网络即时通信工具进行＿＿＿＿＿＿＿＿、＿＿＿＿＿＿＿＿和＿＿＿＿＿＿＿＿。

4. ＿＿＿＿＿＿＿＿＿是通过各种渠道参与客户调查、与客户直接联系的一线业务受理人员。

5. 按照工作方式划分，电子商务客服分为＿＿＿＿＿＿＿＿和＿＿＿＿＿＿＿。

6. ＿＿＿＿＿＿＿＿＿指客服人员通过网络，以沟通工具、留言本或弹出输入框等方式回复客户的相关咨询问题。

7. ＿＿＿＿＿＿＿＿＿主要用于处理客户的投诉问题，也可以用于收集客户的意见和建议，方便企业不断优化自身的产品和服务。

8. 按交易流程和业务职能划分，电子商务客服分为＿＿＿＿＿＿＿＿、＿＿＿＿＿＿＿＿和＿＿＿＿＿＿＿＿。

9. ＿＿＿＿＿＿＿＿＿指在产品被客户成功签收后，客服人员为客户提供的一系列服务，如＿＿＿＿＿＿＿＿、＿＿＿＿＿＿＿＿、＿＿＿＿＿＿＿＿、＿＿＿＿＿＿＿＿、＿＿＿＿＿＿＿＿等。

10. 客服人员的基本素质包括＿＿＿＿＿＿＿＿、＿＿＿＿＿＿＿＿、＿＿＿＿＿＿＿＿、＿＿＿＿＿＿＿＿。

11. ＿＿＿＿＿＿＿＿＿是无声却最有力的语言，要注意保持微笑，真诚地为客户服务，保持热情认真的服务

态度，这是成为一个合格的客服人员的_____。

12. _____是客服人员必备的基本素质。客服人员要注意_____、_____、_____、_____，这些是客服人员与客户交流时的基本功。

## 单元练习题

### 一、选择题

1. 下列电子商务客服工作内容中，"引导付款"属于（　　）的工作流程。
  A．售前客服　　　　　B．售中客服　　　　　C．售后客服　　　　　D．电话客服
2. 在客户付款后到客户签收这一过程中为客户提供服务的是（　　）。
  A．售前客服　　　　　B．售中客服　　　　　C．售后客服　　　　　D．电话客服
3. 下列不属于售后服务内容的是（　　）。
  A．添加备注　　　　　B．缺件　　　　　C．破损件处理　　　　　D．退款
4. 广义上讲，任何能提高客户满意度的内容都属于（　　）的范围。
  A．客户服务　　　　　　　　　　B．电子商务客户服务
  C．服务　　　　　　　　　　　　D．客服
5. 按照工作方式划分，电子商务平台以（　　）为主。
  A．网络客服　　　　　B．电话客服　　　　　C．售前客服　　　　　D．售中客服
6. 成为一个合格的客服人员的先决条件是（　　）。
  A．热情认真的态度　　　　　　　B．熟练的业务知识
  C．耐心讲解的能力　　　　　　　D．良好的沟通能力
7. 客服人员要不断努力学习，了解更多有关产品和服务等方面的业务知识，准确无误地为客户提供产品信息咨询、订单处理及投诉建议等各项服务，让客户得到更好的服务。这体现了客服人员应具备（　　）。
  A．热情认真的态度　　　　　　　B．熟练的业务知识
  C．耐心讲解的能力　　　　　　　D．良好的沟通能力
8. 客服人员必备的基本素质是（　　）。
  A．热情认真的态度　　　　　　　B．熟练的业务知识
  C．耐心讲解的能力　　　　　　　D．良好的沟通能力

### 二、简答题

1. 简述电子商务客服的分类。

2. 简述一名合格的客服人员应具备的基本素养。

### 三、综合分析题

客户：在吗？
客服：您好，我是客服小美，很高兴为您服务，有什么是我可以为您效劳的呢？
客户：这都多少天了，我东西还没收到，你们是怎么搞的？
客服：十分抱歉，耽误您时间了，我帮您查一下物流信息。

客户：麻烦抓紧帮我查一下！！！

客服：您好，我刚才查了一下物流信息，货已经到您所在地了，可能是还没给您派送。

客户：抓紧帮我联系一下，我急等着用呢！！！

客服：亲，这样啊，我联系一下物流公司，问问具体情况，然后给您回复，争取尽快给您送到。

客服：实在抱歉，由于快递原因，耽误您时间了。

根据上述案例回答下列问题：

小美作为客服人员在处理顾客问题中，体现了客服人员的哪些基本素养？

# 第二章

# 电子商务客户服务基本礼仪

## 知识结构图

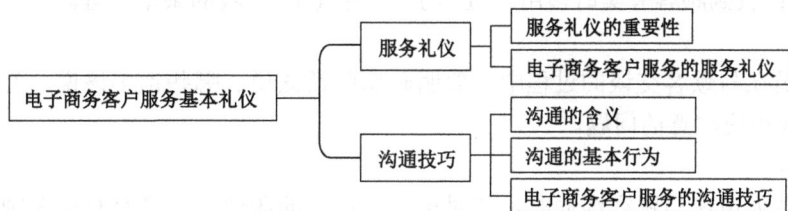

## 考试说明

1. 了解服务礼仪的重要性。
2. 掌握电子商务客户服务的服务礼仪。
3. 了解沟通的含义与基本行为。
4. 掌握电子商务客户服务的沟通技巧。
5. 掌握网店客户服务的常用话术。

## 知识精讲

# 一、服务礼仪

## （一）服务礼仪的重要性

1. 提升个人素质。

注重服务礼仪，可以提升客户服务人员的个人素质。员工素质反映了企业管理的整体水平，比尔·盖茨说过："企业竞争，是员工素质的竞争。"因此，注重自身的服务礼仪，有助于提高个人素质和职业竞争力。

2. 调节人际关系。

服务礼仪是服务关系的润滑剂，在处理客户问题时，客服注重服务礼仪能让客户保持冷静，避免不必要的冲突，有助于营造和谐的沟通氛围，与客户建立良好、信任的人际关系，促进问题完美解决。

3. 塑造企业形象。

注重服务礼仪，可以塑造良好的企业形象。企业形象是靠优质的产品和服务塑造出来的。服务礼仪在一定程度上展示了一个企业的管理风格、道德水准和文明程度。规范的礼仪服务，能最大限度地满足客户的精神需求，为企业树立良好的口碑，并带来更多的客户，有利于扩大业务量，树立良好的企业形象，给企业带来良好的经济效益和社会效益。

4．提高产品附加值。

企业应对客服人员加强服务礼仪的培养，使其能为客户提供优质服务以提高产品的附加值，进而提高企业竞争力。

## （二）电子商务客户服务的服务礼仪

1．态度诚恳亲切。

在服务过程中，多用"亲""咱们"等字眼拉近和顾客的距离，增加亲切感。如顾客咨询时，不要简单回答"你好，有什么需要帮忙吗？"这看似简单的一句话会一下子让气氛变得严肃。热情的客服人员会选择另一种回答方法："亲，您来了，等您很久了呢，不知这次有什么可以帮到您呢？"亲切的话语第一时间让顾客产生一种熟悉感，更让顾客感受到客服的热情，增加顾客对店铺的好印象，更容易促成交易。

2．多用敬语谦语。

交流时要将"您好""请稍等""对不起""谢谢您""不客气"等礼貌用语挂在嘴边，做到"请"字不离口，"谢"字随身走。

提供服务时多用谦语，如"请问我能为您做点什么""很荣幸能为您效劳"；顾客不满意时多用"请见谅""不好意思""对不起"；收到顾客夸奖时多用"过奖了""客气了""我的荣幸"等。

3．掌握谈话分寸。

电子商务客服人员在与顾客交谈的过程中，要明确哪些话该说、哪些话不该说、怎样表达才不会引起顾客反感，这是服务礼仪中应注意的问题。

4．注意交谈忌讳。

电子商务客户服务人员在与顾客沟通时，要时刻记住自己的职业，尽管有时错在顾客，也不要与顾客争辩。

忌用质问或命令的语气与顾客交流，要态度和蔼，用征询、协商或请教的语句与顾客交流。需要记住的是，客服人员无权对顾客指手画脚。

交流过程中还要注意不宜问及顾客的个人隐私问题，如年龄、婚姻、收入状况等。

## 经典例题解析

常言道，"良言一句三冬暖，恶语伤人六月寒"，这体现了电子商务客户服务人员在为顾客提供服务时，应注意（　　　）。

　　A．掌握谈话分寸　　　　　　　　　B．多用敬语谦语

　　C．态度诚恳亲切　　　　　　　　　D．注意交谈忌讳

【答案】B

【解析】常言道，"良言一句三冬暖，恶语伤人六月寒"。在沟通过程中对顾客要多用敬语，对自己应多用谦语，给顾客宾至如归的感觉。

## 同步练习

1．_____是各行各业的服务人员必备的素质和基本条件。

2．_____是企业对工作人员的最基本要求。

3．_____反映了企业管理的整体水平，比尔·盖茨说过："企业竞争，是员工素质的竞争"。因此，要注重_____，有助于提高个人素质和职业竞争力。

4．_____是服务关系的润滑剂，在处理客户问题时，客服注重_____能让客户保持冷静，避免不必要的冲突，有助于营造和谐的沟通氛围，与客户建立良好、信任的人际关系，促进问题完美解决。

5．服务礼仪一定程度上展示了一个企业的_____、_____和_____。

6．企业应对客服人员加强_____的培养，使其能为客户提供优质服务以提高产品的附加值，进而提高企业竞争力。

7．人们常说，态度决定一切。客服人员要端正心态，以"＿＿＿＿＿＿＿＿＿"的态度与顾客沟通。

8．在服务过程中，多用＿＿＿＿＿＿＿等字眼拉近和顾客的距离，增加亲切感。

9．交流时要将＿＿＿＿＿＿＿＿＿＿＿＿＿＿＿等礼貌用语挂在嘴边，做到＿＿＿＿＿＿＿

＿＿＿＿＿＿＿＿＿＿＿＿＿。

10．提供服务时多用谦语，如＿＿＿＿＿＿＿＿＿＿＿＿＿＿＿＿＿＿；顾客不满意时多用

＿＿＿＿＿＿＿＿＿＿＿＿＿；收到顾客夸奖时多用＿＿＿＿＿＿＿＿＿＿＿＿＿＿＿

＿＿＿＿＿＿＿＿＿＿＿＿＿等。

11．电子商务客服人员在与顾客交谈的过程中，要明确＿＿＿＿＿＿＿＿＿＿＿，这是服务礼仪中应注意的问题。

12．客服还要懂得灵活使用＿＿＿＿，学会把生硬的传统用语转化为鲜活的＿＿＿＿＿，这能让客服和顾客之间的谈话变得活泼轻松。

13．电子商务客户服务人员在与顾客沟通时，要时刻记住自己的职业，有时尽管错在顾客，也不要与顾客＿＿＿＿＿＿。

14．交流过程中还要注意不宜问及顾客的＿＿＿＿＿＿。

## 单元练习题

### 一、选择题

1．古人认为"不学礼，无以立"。这体现了服务礼仪可以（　　　）。
    A．调节人际关系　　　　　　　　　　B．提升个人素质
    C．塑造企业形象　　　　　　　　　　D．提高产品附加值

2．尊重能让客户对你产生好感并在心理上得到满足。这体现了服务礼仪可以（　　　）。
    A．调节人际关系　　　　　　　　　　B．提升个人素质
    C．塑造企业形象　　　　　　　　　　D．提高产品附加值

3．规范的礼仪服务，能够最大限度地满足客户的精神需求，为企业树立良好口碑，并带来更多的客户，有利于扩大业务量，树立良好的企业形象，给企业带来好的经济效益和社会效益。这体现了服务礼仪可以（　　　）。
    A．调节人际关系　　　　　　　　　　B．提升个人素质
    C．塑造企业形象　　　　　　　　　　D．提高产品附加值

4．随着市场竞争的日趋激烈，服务已经成为企业的核心竞争力之一。同一款产品，客户会选择服务质量更好的企业购买。这体现了服务礼仪可以（　　　）。
    A．调节人际关系　　　　　　　　　　B．提升个人素质
    C．塑造企业形象　　　　　　　　　　D．提高产品附加值

5．客服通过文字将积极诚恳的态度传递给顾客，顾客感受到客服的热情，自然会真心地与客服交谈。如果客服人员以消极的态度对待顾客，就容易得罪顾客，顾客也会拒绝甚至离开，这会让企业或品牌给顾客留下负面形象。这体现了电子商务客户服务人员在为顾客提供服务时要（　　　）。
    A．态度诚恳亲切　　　　　　　　　　B．多用敬语谦语
    C．掌握谈话分寸　　　　　　　　　　D．注意交谈忌讳

6．在与顾客交流时要将"您好""请稍等""对不起""谢谢您""不客气"等礼貌用语挂嘴边，做到"请"字不离口，"谢"字随身走。这体现了电子商务客服人员在为顾客提供服务时要（　　　）。
    A．态度诚恳亲切　　　　　　　　　　B．多用敬语谦语
    C．掌握谈话分寸　　　　　　　　　　D．注意交谈忌讳

7．亲，真的非常抱歉，这已经是商家让利的最低价了，明天活动结束就恢复原价了，您要是喜欢就赶紧下单吧，小二这边帮您申请多送个礼品。这体现了电子商务客服人员在为顾客提供服务时要（　　　）。
    A．态度诚恳亲切　　　　　　　　　　B．多用敬语谦语

    C．掌握谈话分寸                      D．注意交谈忌讳

8．忌用质问或命令的语气与顾客交流，要态度和蔼，用征询、协商或请教的语句与顾客交流。需要记住的是，客服人员无权对顾客指手画脚。这体现了电子商务客服人员在为顾客提供服务时要（　　　）。

    A．态度诚恳亲切                      B．多用敬语谦语

    C．掌握谈话分寸                      D．注意交谈忌讳

## 二、简答题

1．简述服务礼仪的重要性。

2．简述电子商务客户服务的服务礼仪。

### 🌐 知识精讲

## 一、沟通技巧

### （一）沟通的含义

沟通是人与人之间为了设定的目标进行信息传递、思想和情感交流，并达成共同协议的过程。沟通是双向的，是信息发送者和信息接收者之间的活动。

### （二）沟通的基本行为

沟通有三个基本行为：问、听、说。一次有效沟通需要正确提问、积极倾听并及时确认。要了解对方所想的内容并提出合适的问题，对方阐述时要积极倾听，之后进行有效反馈，表示理解和确认。沟通说到底就是：说对方想听的，听对方想说的。

### （三）电子商务客户服务的沟通技巧

按工作内容不同，电子商务客户服务主要分为三种类型：信息咨询类、商品销售类和购后投诉类。

1．信息咨询类服务沟通技巧。

（1）如果碰到不确定或不会回答的问题，千万不能含糊回答，要及时向客户表达你对其所提问题的重视，真诚地说明情况。

（2）如果顾客的要求超出工作权限，不可打断顾客，应耐心等顾客叙述完，然后告知顾客原因，并表示歉意。

2．商品销售类服务沟通技巧。

（1）接单后才发现没库存，客服人员要第一时间联系顾客。

（2）顾客下单后却迟迟不付款，客服人员可以联系顾客以了解情况。

3．购后投诉类服务沟通技巧。

（1）顾客投诉时的沟通技巧。顾客投诉时经常是带有情绪的，电子商务客服人员接到投诉时要调整好心态，尽量安抚顾客，从文字表达、语气、态度、说话思路等各方面给顾客留下一个好印象。

（2）顾客给出中差评时的沟通技巧。遇到顾客给出中差评时，要第一时间与顾客联系。除了通过网络进行沟通，更直接的办法就是给顾客打电话，但也要适度，避免骚扰的嫌疑。电子商务客服人员在打电话之前要做足准备，不打无把握之战，应先了解顾客的订单信息，认真分析顾客不满意的原因，然后微笑着给顾客打电话。

### 经典例题解析

李女士您好，我是客服小美，打扰您了！您下单的产品库存不多了，需要的话请尽快付款，我们可以尽早给您安排发货的哦！该客服采用的是（　　　）。

A．商品销售类沟通技巧　　　　　　　　B．信息咨询类沟通技巧

C．购后投诉类沟通技巧　　　　　　　　D．商品宣传类沟通技巧

【答案】A

【解析】商品销售类沟通技巧主要是针对商品推销、交易进程等方面信息与顾客进行沟通，以提供相应服务。

### 同步练习

1．_____是人与人之间为了设定的目标进行信息传递、思想和情感交流，并达成共同协议的过程。

2．沟通是_____，是信息发送者和信息接收者之间的活动。

3．沟通有三个基本行为：_____、_____、_____。

4．一次有效沟通需要_____、_____、_____。沟通说到底就是_____。

5．按工作内容不同，电子商务客户服务主要分为三种类型：_____、_____、_____。

6．_____主要顾客提供产品信息、服务信息等方面咨询，电子商务客户服务人员要运用专业知识为顾客提供相应服务。

7．在信息咨询类电子商务客户服务过程中，经常会出现_____和_____两种情况。

8．_____主要是对商品推销、交易进程等方面信息与顾客进行沟通，以提供服务。

9．商品销售过程中出现_____或_____等特殊情况时，电子商务客服人员需要联系并告知顾客情况。

10．接单后才发现没库存，客服人员要_____。

11．购后投诉类主要是解决_____，主要工作包括顾客对产品_____、_____、_____等的投诉以及顾客中差评管理等问题。

12．顾客投诉时经常是带有情绪的，电子商务客服人员接到投诉时要_____ _____、_____，从文字表达、语气、态度、说话思路等各方面给顾客留下一个好印象。

13．遇到顾客给出中差评时，要_____。除了通过网络进行沟通，更直接的办法就是_____，但也要适度，避免骚扰的嫌疑。

14．对顾客给出中差评的原因不明时，电子商务客服人员可以采用_____的方式与其进行沟通。

### 单元练习题

#### 一、选择题

1．下列关于沟通的表述错误的是（　　　）。

A．沟通是人与人之间为了设定的目标进行信息传递、思想和情感交流，并达成共同协议的过程

B．在沟通过程中，双方的角色可以互换

C．沟通是单向的，是信息发送者单方面向信息接收者传递信息的活动

D．沟通的基本行为是问、听、说

2．按照工作内容的不同，下列不属于电子商务客户服务类型的是（　　　）。

A．信息咨询类　　　　B．售后服务类　　　　C．商品销售类　　　　D．购后投诉类

3.（　　）主要为顾客提供产品信息、服务信息等方面的咨询，电子商务客户服务人员要运用专业知识为顾客提供相应的服务。

  A．信息咨询类    B．售后服务类    C．商品销售类    D．购后投诉类

4．对产品或业务提供服务，如上门培训、上门安装调试、保修以及包退换等属于（　　）。

  A．信息咨询类    B．售后服务类    C．商品销售类    D．购后投诉类

5．（　　）主要针对商品推销、交易进程等方面信息与顾客进行沟通，以提供相应的服务。

  A．信息咨询类    B．售后服务类    C．商品销售类    D．购后投诉类

6．下列属于购后投诉类的主要工作的是（　　）。

  A．上门培训    B．上门安装    C．提供商品信息   D．处理中差评

7．顾客："买到的衣服收到了，很喜欢"。

  客服："本店出了一款衣服，根据您的购买记录，很符合您的要求，现在买两件八折哦！"

  这体现的沟通技巧是（　　）服务沟通技巧。

  A．信息咨询类    B．售后服务类    C．商品销售类    D．购后投诉类

## 二、简答题

1．简述信息咨询类客服人员经常遇到的问题和使用的服务技巧。

2．简述在商品销售过程出现接单无库存或顾客下单不付款等特殊情况时，电子商务客服人员处理的沟通技巧。

3．简述电子商务客服人员在遇到顾客投诉时的沟通技巧。

# 第三章

# 网店售前服务

## 知识结构图

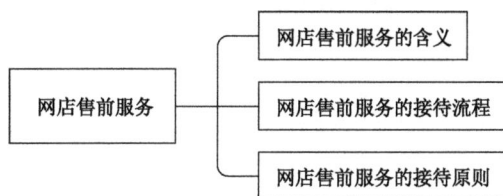

## 考试说明

1. 了解网店售前客服的含义。
2. 理解网店售前服务的接待流程及内容。
3. 掌握网店售前服务的接待原则。

## 知识精讲

### 一、网店售前服务的含义

网店售前服务是指利用网络接待客户，并通过一定的沟通技巧获取信息，为客户提供产品介绍、产品推荐以及解答客户疑问等服务，促使客户做出购买决定，促成交易。

### 二、网店售前服务的接待流程

1. 进店问好。

客服人员要礼貌热情地跟客户打招呼，给客户留下良好的第一印象，还要做到及时回复，避免让客户等太久而选择其他店铺。

2. 接待咨询。

接待客户时要做到热心引导，认真倾听。

3. 推荐产品。

推荐产品要精准，体现出专业性。

4. 处理异议。

在服务过程中，总会遇到客户对产品、交易方式、交易条件等提出这样或那样的问题。面对这种情况，客服要耐心解释，必要的时候可采取以退为进的策略来消除客户异议。

5. 促成交易。

常见的促成交易的方法有利益总结法、前提条件法、询问法、"yes sir"法。

（1）利益总结法。客服总结并陈述所有产品将带给客户的利益。注意要条理清晰，表达准确，要针对客户的需求全面总结利益。

（2）前提条件法。提出一个特别的优惠条件，比如赠送店铺优惠券、再送一份小赠品等。但要注意的是，一定要配合店铺的促销政策。

（3）询问法。询问法又称提问法，是指客服在线接待时通过提问，了解客户可能存在的需求或问题，引导、发掘、明确客户的需求与期望，从而不断推进营销过程，促成交易。

（4）"yes sir"法。对于客户的要求，客服先通过说"是的"，表示认同或理解，之后再用简短的补充来说服客户。

## 三、网店售前服务的接待原则

1．服务原则。

（1）真情。

（2）热情。

（3）专业。

（4）完整。

2．销售原则。

（1）珍惜。

（2）主动。

（3）灵活。

（4）信心。

### 经典例题解析

"亲亲，您好，您看的这款衣服是我们的店铺今年刚刚推出的最新款，这件衣服款式非常的新颖，而且面料非常舒适柔软……"，该客服人员运用了_____来促成交易。

   A．利益总结法　　　　B．前提条件法　　　　C．询问法　　　　D．"yes sir"法

【答案】A

【解析】利益总结法指客服通过总结并陈述产品将带给客户的利益来促成交易。

### 同步练习

1．网店售前服务是指利用网络接待客户，并通过一定的_____获取信息，为客户提供_____、_____、_____等服务，促使客户做出购买决定，促成交易。

2．网店售前服务的接待流程是_____、_____、_____、_____、_____。

3．对某个产品进行询问的通常是对这个产品有兴趣的潜在客户，客服一定要善于捕捉这个机会，_____跟客户打招呼，给客户留下良好的第一印象，还要做到_____，避免让客户等太久而选择其他店铺。

4．接待客户时要做到_____。在客户询问的时候，客服一定要_____客户所说的每一句话，通过_____让客户感到你的诚心，还可以通过_____揣摩客户的心理，了解客户的真实需求，以便在客户_____时引导客户选择更适合的产品。

5．推荐产品要_____，体现出_____。很多时候，客户是需要_____推荐产品给他的，只有_____，才可能推荐最适合客户的产品。

6．在服务过程中，总会遇到客户对产品、交易方式、交易条件等提出这样或那样的问题。面对这种情况，

客服要_____，必要的时候可采取_____策略来消除客户异议。

7．客服在线接待、解答，打消客户在购物过程中产生的疑惑后，应尽快促成交易。常见的促成交易法有_____、_____、_____、_____。

8．在使用利益总结法时，客服总结并陈述产品带给客户的_____。注意，条理要_____，表达要_____，要针对客户的_____全面总结利益。

9．提出一个特别的优惠条件，比如赠送店铺优惠券、再送一份小赠品等属于促成交易方法的_____。

10．询问法又称_____，是指客户在线接待时通过_____，了解可能存在的需求或问题，_____、_____客户的需求与期望，从而不断推进营销过程，促成交易。

11．较常用的询问方式有_____、_____、_____、_____和_____等。

12．"yes sir"法对于客户的要求，客服先通过说_____，表示认同或理解，之后再用_____来说服客户。

13．在任何时候，_____都是客服的第一要务。

14．网店售前服务的接待原则中，服务原则要做_____、_____、_____、_____。

15．_____是客服价值最直观的体现，销售原则主要遵循_____、_____、_____、_____四点。

16．优秀的客服一定要懂得变通，因为客户需求不同，所以_____是必备的销售原则。

## 单元练习题

### 一、选择题

1．下列不属于网店售前客服工作的内容是（    ）。
A．产品介绍 　　　　B．产品推荐 　　　　C．添加备注 　　　　D．解答疑问

2．下列对网店售前服务内容表述错误的是（    ）。
A．接待客户时客服人员要做到热心引导，认真倾听
B．精准地推荐产品不仅有利于促成交易，还可以减少售后问题，提高客户的回购率
C．在进店问好环节，客服人员要体现出专业性

3．在服务过程中，总会遇到客户对产品、交易方式、交易条件等提出这样或那样的问题。面对这种情况，客服要耐心解释，必要的时候可以采取（    ）策略来消除客户的异议。
A．以退为进 　　　　B．以进为退 　　　　C．以进为进 　　　　D．以退为退

4．在客户询问的时候，客服一定要认真对待客户所说的每一句话，通过回复让客户感到你的诚心，还可以通过沟通揣摩客户的心理，了解客户的真实需求，以便在客户犹豫不决时引导客户选择更适合他的产品，这是网店售前服务接待流程的（    ）环节应注意的问题。
A．进店问好 　　　　B．接待咨询 　　　　C．推荐产品 　　　　D．处理异议

5．"亲，今日店促，凡在本店购买的商品一律九折哦"。这属于促成交易方法中的（    ）。
A．利益总结法 　　　B．前提条件法 　　　C．询问法 　　　　D．"yes sir"法

6．客服在线接待时通过提问，了解客户可能存在的需求或问题，引导、发掘、明确客户的需求与期望，从而不断推进营销过程，促成交易。这种促成交易的方法是（    ）。
A．利益总结法 　　　B．前提条件法 　　　C．询问法 　　　　D．"yes sir"法

7．对于客户的要求，客服先通过说"是的"，表示认同或理解，之后再用简短的补充来说服客户。这种促成交易的方法是（    ）。
A．利益总结法 　　　B．前提条件法 　　　C．询问法 　　　　D．"yes sir"法

8．优秀的客服，一定要懂得变通，因为客户的需求不同，所以客服人员必备的销售原则是（    ）。
A．珍惜 　　　　　　B．主动 　　　　　　C．灵活 　　　　　　D．信心

9．很多时候，客户是需要客服推荐产品的，只有了解客户的需求，才可能推荐最适合客户的产品。因此，客服人员向客户推荐产品时要体现出（    ）。

A. 灵活性 　　　　B. 针对性 　　　　C. 专业性 　　　　D. 礼貌

## 二、简答题

1. 简述网店售前客服的接待流程。

2. 简述常用的促成交易的方法。

3. 简述询问法中常用的询问方式。

4. 简述网店售前服务的接待原则。

# 第四章

# 网店售中服务

## 知识结构图

```
                    ┌─── 网店售中服务的含义
    网店售中服务 ────┤
                    └─── 网店售中服务的内容
```

## 考试说明

1. 了解网店售中服务的含义。
2. 理解网店售中服务的内容。

## 知识精讲

### 一、网店售中服务的含义

网店售中服务是对有效订单的处理，指在客户提交订单并完成支付到确认收货的过程中客服所提供的服务。

礼貌、热情、专业的售前服务可以给客户留下良好的印象，体贴、周到、负责的售中服务才是客户对店铺信任感的真正开始。

### 二、网店售中服务的内容

1. 核对订单信息。
2. 添加备注。

客服添加备注信息有两种方式：（1）旺旺聊天窗口备注信息；（2）通过"已卖出的宝贝"—"订单"标记信息。

3. 查看买家留言。

买家留言，客服即时聊天软件的工作界面和卖家消息中心都会有标识。

4. 礼貌告别。

核对完订单之后，要礼貌告别。网店客服是通过毫无生机的计算机与客户进行交流，客户看不到客服的表情和热情，因此不能简单地说"再见"，而是要用丰富的表情以及礼貌的用语来表达自己的热情。

5. 打单发货。

6. 物流配送及跟踪。

网店客服的工作是为需要帮助的客户提供快递信息查询等服务，以保证货物准确无误地到达客户手上。

7. 派送签收提醒。

客户确认收货是售中服务的最后一个环节，即快递人员将货物送达，客户签收并上网点击"确认收货"按钮。

## 经典例题解析

售中客服是对有效订单的处理，其最后一步是（　　　）。

A．礼貌告别　　　　　B．打单发货　　　　　C．确认收货　　　　　D．物流配送及跟踪

【答案】C

【解析】客户确认收货是售中服务的最后一步。

## 同步练习

1. ＿＿＿＿＿＿＿＿＿＿是对有效订单的处理，指在客户提交订单并完成支付到确认收货的过程中客服所提供的服务。

2. ＿＿＿＿＿＿、＿＿＿＿＿＿、＿＿＿＿＿＿的售前服务可以给客户留下良好的印象，＿＿＿＿＿＿、＿＿＿＿＿＿、＿＿＿＿＿＿的售中服务才是客户对店铺产生信任感的真正开始。

3. 网店售中服务的主要内容包括＿＿＿＿＿＿、＿＿＿＿＿＿、＿＿＿＿＿＿、＿＿＿＿＿＿、＿＿＿＿＿＿、＿＿＿＿＿＿、＿＿＿＿＿＿。

4. 客服在收到客户订单付款信息后，要通过＿＿＿＿＿＿＿＿＿＿，与客户取得联系，确认客户填写的信息是否正确。

5. 添加备注可以在咨询接待的任何时候，最好是和客户达成一致后＿＿＿＿＿，避免因客服工作繁忙而忘记，从而失信于客户。客服添加备注信息有两种方式：（1）＿＿＿＿＿＿＿＿＿＿；（2）＿＿＿＿＿＿＿＿＿＿＿＿＿＿。

6. 买家留言，客服即时聊天软件的＿＿＿＿＿＿和＿＿＿＿＿＿都会有标识。

7. 核对完订单之后，要＿＿＿＿＿＿。网店客服是通过毫无生机的计算机与客户进行交流，客户看不到客服的＿＿＿＿＿和＿＿＿＿＿，因此不能简单地说"再见"，而是要用＿＿＿＿＿＿＿＿＿＿＿表达自己的热情。

8. ＿＿＿＿＿是售中服务的最后一个环节。

## 单元练习题

### 一、选择题

1. 客户提交订单并完成支付到确认收货的过程中客服所提供的服务是指（　　　）。

A．网店售中服务　　B．网店售前服务　　C．网店售后服务　　D．在线客服

2. 下列不属于网店售中服务的是（　　　）。

A．进店问好　　　　B．核对订单信息　　C．添加备注　　　　D．礼貌告别

3. 在网店售中服务的过程中，客服核对完订单之后，要（　　　）。

A．打单发货　　　　B．添加备注　　　　C．礼貌告别　　　　D．派送签收提醒

4. 网店售中服务的最后一个环节是（　　　）。

A．打单发货　　　　　　　　　　　　B．物流配送及跟踪

C．客户确认收货　　　　　　　　　　D．添加备注

5. 在网店售中服务过程中，不属于客服需要核对订单信息的是（　　　）。

A．核对客户收货地址、姓名、电话是否有误

B．核对下单尺码、颜色是否有误

C. 核对收件人的性别

D. 核对订购的商品信息是否有误

## 二、简答题

1. 简述网店售中服务的内容。

2. 简述在网店售中服务过程中客服添加备注的两种方式。

简述网店客服的沟通技巧。

# 第五章

# 网店售后服务

## 知识结构图

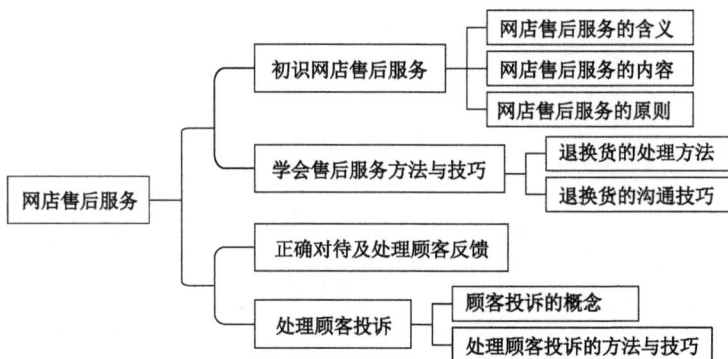

网店售后服务
- 初识网店售后服务
  - 网店售后服务的含义
  - 网店售后服务的内容
  - 网店售后服务的原则
- 学会售后服务方法与技巧
  - 退换货的处理方法
  - 退换货的沟通技巧
- 正确对待及处理顾客反馈
- 处理顾客投诉
  - 顾客投诉的概念
  - 处理顾客投诉的方法与技巧

## 考试说明

1．了解网店售后服务的含义。
2．理解网店售后服务的内容。
3．掌握网店售后服务的原则。
4．掌握售后服务的方法与技巧。
5．掌握顾客反馈的应对技巧。
6．了解顾客投诉的概念。
7．掌握处理客户投诉的方法与技巧。

## 知识精讲

## 一、初识网店售后服务

### （一）网店售后服务的含义

售后服务，是指商家把商品或服务销售给顾客之后，为顾客提供的一系列服务，包括送货、维修、排除技术故障、退换货等。网店售后服务，即网店将商品销售给顾客后，为顾客提供的一系列服务。

良好的售后服务能给顾客带来完整的购物体验，能积累网店的品牌效应。针对一些忠实的顾客，要花大力气去维护，经常光顾的顾客才是网店最大的利润来源。

售后服务是一次交易的结束，也是下一次交易的开始。网店售后服务的目的是在售后服务中挖掘商机，提高顾客回购率。

## （二）网售售后服务的内容

1. 退换货处理。

2. 投诉处理。

3. 反馈处理。

4. 客户关系维护。

## （三）网店售后服务的原则

1. 换位思考。

2. 牢记底线。

3. 实现双赢。

### 经典例题解析

能给顾客带来完整的购物体验，能积累网店的品牌效应的是（　　）。

    A．良好的售前服务　　　　　　　　B．良好的售中服务

    C．良好的售后服务　　　　　　　　D．良好的在线服务

【答案】C

【解析】良好的售后服务，能给顾客带来完整的购物体验，能积累网店的品牌效应。

### 同步练习

1. _____，是指商家把产品或服务销售给顾客之后，为顾客提供的一系列服务，包括_____、_____、_____、_____等。_____，即网店将商品销售给顾客后，为顾客提供的一系列服务。

2. _____能给顾客带来完整的购物体验，能积累网店品牌效应。针对一些忠实的顾客，要花大力气去维护，_____才是网店最大的利润来源。

3. _____是一次交易的结束，也是下一次交易的开始。网店售后服务的目的是_____
_____。

4. 网店售后服务开始于_____，贯穿于_____的全过程。

5. 网店售后服务的内容包括_____、_____、_____和_____。

6. 网店售后客服收到顾客寄回的包裹要_____，需要_____的，要重新安排产品给顾客寄出并告知顾客快递单号；需要_____的，第一时间退款给顾客并提醒顾客查收。

7. 在接到顾客投诉时，_____要在第一时间安抚顾客的情绪，尽快寻找一个最佳的解决办法。

8. _____要对顾客反馈的信息进行处理，利用顾客反馈的信息对网店产品进行提升。

9. _____是网店售后客服要做好的一项重要工作，如_____、_____、_____等。

10. 很多顾客在投诉时会表现出情绪激动，甚至对客服人员"爆粗口"。网店售后客服一定要_____，及时向顾客表达歉意，稳住其情绪，记录顾客提出的问题，尽快采取相应的措施解决处理。

11. 当顾客提出无理要求时要学会_____，但尽量寻找_____的拒绝方法。

12. 对于无理又不肯接受处理结果的顾客，售后客服要将_____等相关资料保存起来，以备查询。

### 单元练习题

#### 一、选择题

1. 下列不属于网店售后服务的是（　　）。

A．查询物流信息　　　　B．维修　　　　　C．排除技术故障　　　D．退换货

2．开始于订单接收后，贯穿于发货至再次购买的全过程的是（　　　　）。

A．网店售前服务　　　　　　　　　　　B．网店售中服务

C．网店售后服务　　　　　　　　　　　D．电子商务客户服务

3．下列关于网店售后服务的描述错误的是（　　　　）。

A．网店售后服务，即网店将商品销售给顾客后，为顾客提供的一系列服务

B．良好的售后服务，能给顾客带来完整的购物体验，能积累网店的品牌效应

C．新顾客才是网店最大的利润来源

D．网店售后服务的目的是在售后服务中挖掘商机，提高顾客的回购率

4．（　　　）是网店售后客服要做好的一项重要工作，如及时回访、赠送小礼物、赠送抵用券等。

A．退换货处理　　　　B．投诉处理　　　　C．反馈处理　　　　D．客户关系维护

5．您好，很抱歉给您带来不愉快，我很愿意为您解决问题，让我看一下该如何帮您！这体现了网店售后服务原则中的（　　　　）。

A．换位思考　　　　B．牢记底线　　　　C．实现双赢　　　　D．客户关系维护

6．这个问题的投诉我们之前也遇到过，但是从来没有像这次这么处理过，这个处理方案已经是特殊照顾您啦！您都不知道我找了多少个部门，申请了多少次，最后才通过的。这体现了网店售后服务原则中的（　　　　）。

A．换位思考　　　　B．牢记底线　　　　C．实现双赢　　　　D．客户关系维护

7．亲，很抱歉给您带来麻烦，产品质量有问题，退换货是可以的，来回运费我们出。这体现了网店售后服务原则中的（　　　　）。

A．换位思考　　　　B．牢记底线　　　　C．实现双赢　　　　D．客户关系维护

8．（　　　）是一次交易的最后过程，也是下一次交易的开始。

A．售前服务　　　　B．售中服务　　　　C．售后服务　　　　D．客户服务

9．客户："我买的连衣裙洗了穿给朋友看，朋友说不好看，我想换货。"

客服："您好，您违规使用导致商品不符合退换货条件。"

这体现了网店售后服务原则中的（　　　　）。

A．换位思考　　　　B．牢记底线　　　　C．实现双赢　　　　D．客户关系维护

## 二、简答题

1．简述网店售后服务的内容。

2．简述网店售后服务要遵循的原则。

## 三、综合分析题

客户："在吗？"

客服："您好，我是客服小美，很高兴为您服务，有什么是我可以为您效劳的呢？"

客户："这都多少天了，我东西还没到，你们是怎么搞的？"

客服："十分抱歉，耽误您时间了，我帮您查一下物流信息。"

客户："麻烦抓紧帮我查一下！！！"

客服："您好，我刚才查了一下物流信息，货已经到您当地了，可能是还没给您派送。"

客户："抓紧帮我联系一下，我急等着用呢！！！"

客服："亲，这样啊，我联系一下物流公司，问问具体情况。然后给您回复，争取尽快给您送到。"

客服："实在抱歉，由于快递原因，耽误您时间了。"

根据上述案例回答下列问题。

1. 小美作为网店售后服务人员，在处理客户问题时遵循了什么原则？

2. 在售后服务环节，客户服务小美主要处理了哪些内容？

## 二、学会售后服务方法与技巧

### （一）退换货的处理方法（见表 4-1）

1. 商家未提供"7 天无理由退换货"服务时的售后处理建议。

表 4-1　退换货的处理方法

| 退换原因 | 处理方法 |
| --- | --- |
| 商品质量问题 | 属卖方责任，应无条件退换，并承担来回运费；或劝顾客自留，以适当补偿方式替代 |
| 商品尺寸不符或顾客个人原因不喜欢 | 可提供退换，但一般由顾客承担来回运费；或劝顾客将商品赠送他人，重下订单。 |
| 顾客无理取闹，商品不符合退换条件（如衣物已被穿洗） | 顾客违规使用导致商品损坏或不符合退换条件，可直接拒绝其退换与赔偿要求 |

2. 退换货处理的具体操作流程（见图 4-1）。

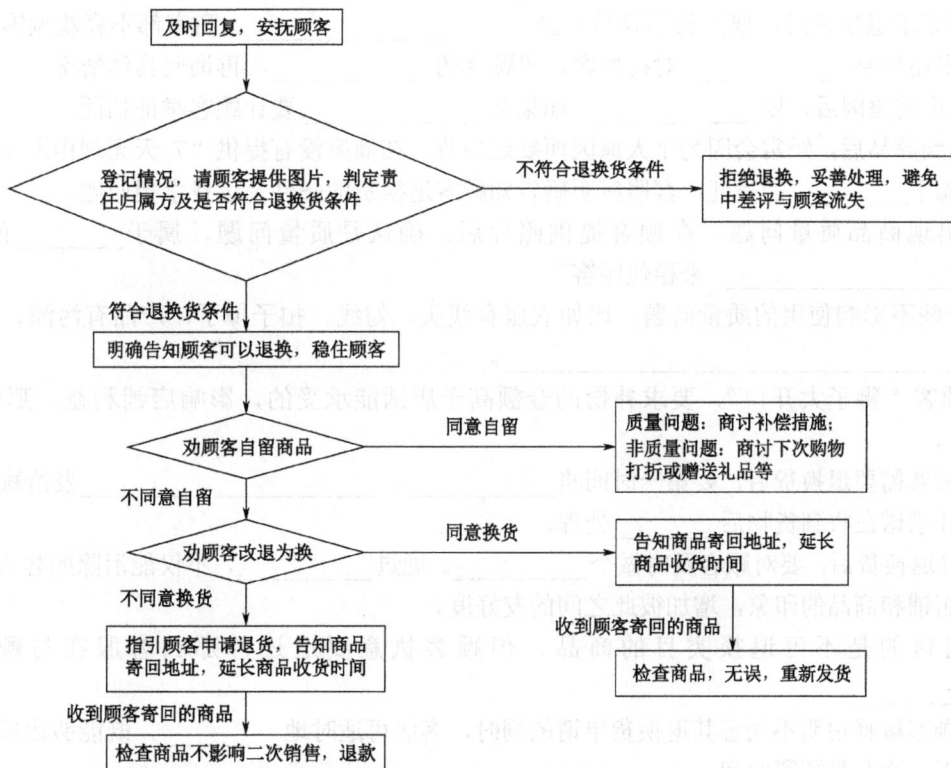

图 4-1　退换货处理的具体操作流程

## （二）退换货的沟通技巧

1．分析原因技巧。

2．劝留劝换技巧。

3．跟进并告知技巧。

4．拒绝技巧。

5．保护自己技巧。

### 经典例题解析

亲，是我们的包装人员在打包时由于匆忙没有检查好商品，非常抱歉给您带来麻烦，这边无条件为您退换货。这属于（　　　）。

　　A．分析原因技巧　　　　　　　　　B．劝留劝换技巧

　　C．跟进并告知技巧　　　　　　　　D．保护自己技巧

【答案】B

【解析】因商品质量问题，在顾客提供照片后，确实是质量问题，属于卖家责任，需要真诚地向顾客道歉，稳住顾客。

### 同步练习

1．_____和_____是网店售后客服工作的主要内容，顾客由于某些原因对产品不满意，但愿意通过沟通来协调解决问题时，就需要售后客服来安抚和协调，并给出顾客满意的解决方案。

2．_____是网店售后客服常见的工作，为了促成交易，很多商家用"_____""_____"等推广方式来吸引更多顾客，这也无形中增加了产品退换货率。

3．网店售后客服在遇到换货时要遵循_____的原则。

4．当顾客要求退换货时，要注意不要马上去_____。商家都不喜欢顾客退换货，尽管如此，售后客服还是要_____对待顾客，等顾客的_____，再询问具体情况。

5．在顾客说明原因后，要_____，如果是_____要让顾客举证拍照。

6．顾客收到商品后，经常会因为个人原因而要退换货，在商家没有提供"7 天无理由退换货"服务的情况下，这些都属于_____的责任，客服应明确告知顾客退换货的条件及运费承担问题。

7．如果出现商品质量问题，在顾客提供照片后，确认是质量问题，属于_____的责任，需要_____来稳住顾客。

8．对于一些不影响使用的质量问题，比如衣服有线头、勾线、扣子掉了，产品有污渍、有划痕等，可_____。

9．如果顾客"狮子大开口"，要求补偿的金额高于店铺能承受的，影响店铺利益，那售后客服就该_____。

10．确定顾客需要退换货后，要第一时间将_____、_____、_____发给顾客，请顾客选择快递寄出，并承诺在收到货物后_____处理。

11．处理好退换货后，要对顾客及时做个_____。通过_____，不仅能消除顾客心中的不满，还能增加顾客对店铺和商品的印象，增加彼此之间的友好度。

12．若销售的是不可退换类目的商品，但顾客执意要退还，那么客服在与顾客沟通时要_____。

13．在向顾客解释说明不同意其退换货申请的同时，客服可适时地_____，既能够让顾客理解，又能挽留顾客，为下一次交易预留空间。

14．收到顾客关于商品有各种质量问题的图片后，售后客服应_____，图片名改为对应顾客的_____，以备查询。

15. 经过协商后要退换货的订单都要进行_____，并注明原因，记录处理进程，处理好的与未处理好的要分开标注。

16. 碰到_____，售后客服要养成随时将_____的习惯，懂得保留证据保护自己。

## 单元练习题

### 一、选择题

1. 属于网店售后客服常见工作的是（　　　）。

　　A. 投诉处理　　　　　　　　B. 退换货处理　　　　C. 反馈处理　　　　　D. 客户关系维护

2. 网店售后客服在遇到退换货时要遵循的原则是（　　　）。

　　A. 能留则不换，能换则不退　　　　　　　B. 能换则不留，能换则不退

　　C. 能留则换，能留则留　　　　　　　　　D. 能换则换，能退则退

3. 在商家未提供"7天无理由退换货"服务时，下列关于售后处理建议的表述，错误的是（　　　）。

　　A. 因商品质量问题申请退换货，属卖方责任，商家应无条件退换，并承担来回运费

　　B. 因商品质量问题申请退换货，商家可劝顾客自留，以适当补偿方式替代

　　C. 因商品尺寸不符或个人原因不喜欢申请退换货，可提供退换且商家承担来回运费

　　D. 因顾客无理取闹，商品不符合退换货条件的，商家可直接拒绝其退换与赔偿要求

4. 客户将已被穿洗的衣物申请退换货，下列处理方式妥当的是（　　　）。

　　A. 劝顾客自留，以适当补偿方式替代

　　B. 可提供退还，运费由买家承担

　　C. 答应顾客，无条件申请退还

　　D. 顾客要求不符合退换货条件，可直接拒绝其退换与赔偿要求

5. 亲，不要着急，我马上为您解决。您是什么原因要退货呢。这种对话方式属于退换货沟通技巧中的（　　　）。

　　A. 分析原因技巧　　　　　　　　　　　　B. 劝留劝换技巧

　　C. 跟进并告知技巧　　　　　　　　　　　D. 拒绝技巧

6. 亲，很抱歉我们的商品没能让您满意！要退换的话请亲确保商品不影响二次销售哦，而且运费由亲承担呢。这种对话方式属于退换货沟通技巧中的（　　　）。

　　A. 分析原因技巧　　　　　　　　　　　　B. 劝留劝换技巧

　　C. 跟进并告知技巧　　　　　　　　　　　D. 拒绝技巧

7. 亲，其实您完全可以留下商品，送给合适的亲戚朋友，也可以省了退货的运费。这种对话方式属于退换货沟通技巧中的（　　　）。

　　A. 分析原因技巧　　　　　　　　　　　　B. 劝留劝换技巧

　　C. 跟进并告知技巧　　　　　　　　　　　D. 拒绝技巧

8. 亲，其实您可以考虑将商品留下，并给予一定的补偿。这种对话方式属于退换货沟通技巧中的（　　　）。

　　A. 分析原因技巧　　　　　　　　　　　　B. 劝留劝换技巧

　　C. 跟进并告知技巧　　　　　　　　　　　D. 拒绝技巧

9. 确认顾客需要退换货后，要第一时间将收货地址、收件人、联系电话发给顾客，请顾客选择快递寄出，并承诺在收到货物（　　　）小时内处理。

　　A. 12　　　　　　　　B. 24　　　　　　　　C. 36　　　　　　　　D. 38

10. 我们已经在为您申请了，请您稍等！这种对话方式属于退换货沟通技巧中的（　　　）。

　　A. 分析原因技巧　　　　　　　　　　　　B. 劝留劝换技巧

　　C. 跟进并告知技巧　　　　　　　　　　　D. 拒绝技巧

11. 亲，个性化定制商品是不支持退换货的，宝贝详情页面有说明，下单时也提醒过亲，请您理解。这种对话方式属于退换货沟通技巧中的（　　　）。

A．分析原因技巧  B．劝留劝换技巧
C．跟进并告知技巧  D．拒绝技巧

12．下列关于退换货沟通技巧的描述，错误的是（　　　）。

A．接到顾客关于商品有各种质量问题的图片后，售后客服应存档到相应的文件夹里，图片改为对应顾客的ID，以备查询

B．经过协商后要退换货的订单都要进行备案，并注明原因

C．遇到无理取闹的顾客可置之不理

D．当顾客要求退换货时，要注意不要马上追究是谁的责任

## 二、简答题

1．简述退换货的沟通技巧。

2．在商家未提供"7天无理由退换货"服务时，请简述在不同的退换原因下的售后处理方式。

## 三、综合分析题

在某活动期间，王女士从网上店铺购买了一件上衣，等了一周也没有收到货，王女士便向客服人员进行了投诉。在接到投诉后，客服人员小李表示歉意，为了缓解顾客的情绪，客服人员小李向顾客解释了未收到货的原因，并向顾客赠送了一件赠品。2天后，王女士收到上衣和赠品，试穿后感觉效果不错，但是尺码不合适便申请了退款。经协商后，客服小李将钱款退还给了王女士。

请根据以上案例回答下列问题。

1．王女士采用的是哪种退款方式，除此之外还有哪些？

2．在处理退换货问题时，客服小李可以采用哪些沟通技巧？

### 知识精讲

## 三、正确对待及处理顾客反馈

1．为好评致谢。
2．为中、差评致歉。
3．对恶意差评不妥协。

### 经典例题解析

顾客在做购买决策时的重要参考依据是（　　　）。

A．销售量  B．访客人数

C．店铺及产品的信用评价　　　　　　　　D．商品描述

【答案】C

【解析】鉴于网络购物的特殊性，潜在消费者无法接触到产品实物，店铺及产品的信用评价就会成为顾客购买时的重要参考。

## 📖 同步练习

1．在交易的最后一个阶段，顾客往往会对产品的好坏进行反馈，其中使用最频繁的方式是_____。

2．鉴于网络购物的特殊性，潜在消费者无法接触到产品实物，_____就会成为顾客购买决策时的重要参考，因此维护好_____对店铺来说非常重要。

3．以淘宝网为例，商品评价分为_____、_____和_____三个差别。如果出现中评或差评，买卖双方可以进行协商，在_____内完成修改或删除处理。

4．好评表示顾客对商品或服务的质量较为认同，同时也意味着顾客将来有可能成为店铺的回头客，因此需要售后客服_____，适时地给予_____并表示_____，从而增进卖家和顾客之间的感情。

5．在感谢顾客时，还可以根据其评论的具体内容回复_____。_____，能够让顾客获得一种被重视、被服务的真实感。

6．顾客在购物过程中，对商品质量、物流速度或服务态度等诸多方面表示不满时，会给出_____，这是让卖家非常头疼的事情。_____要积极响应顾客的中、差评，不能_____。

7．售后客服在回复评价时，首先要_____；其次_____；再次_____；最后_____。

8．_____，指的是顾客或同行竞争者购物后以中、差评的方式谋取额外财物或其他不当利益的行为。

9．给出恶意差评的顾客往往会通过_____，向商家提出不合理的要求，如_____等。

10．遇到恶意差评时，如果与顾客沟通不顺利，必须在评价回复时_____进行维权。

## 🖥 单元练习题

### 一、选择题

1．顾客对产品好坏进行反馈，其中使用最频繁的方式是（　　　）。

A．对产品进行评价　　　B．退换货　　　C．投诉处理　　　D．客户态度

2．店铺如果出现中评或差评，买卖双方可以进行协商，在（　　　）天内完成修改或删除处理。

A．15　　　　　　　　B．30　　　　　　　　C．35　　　　　　　　D．40

3．感谢您对我们的支持，您已经成为我们的会员，享受本店特价优惠活动，欢迎您再次光临！该客服采用的回复技巧是（　　　）。

A．为好评致谢　　　　　　　　　　　B．为中差评致歉

C．对恶意差评不妥协　　　　　　　　D．为中差评不理

4．（　　　）是指顾客或同行竞争者购物后以中差评的方式谋取额外财务或其他不当利益的行为。

A．差评　　　　　　　B．中评　　　　　　　C．恶意差评　　　　　　　D．好评

### 二、简答题

简述顾客反馈的应对技巧。

## 知识精讲

# 四、处理顾客投诉

## （一）顾客投诉的概念

顾客投诉是指顾客对企业产品质量或服务不满意而提出的书面或口头上的异议、抗议、索赔以及要求解决问题等行为。

## （二）处理顾客投诉的方法与技巧

1. 处理顾客投诉的流程（见图4-2）。

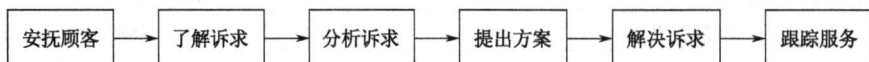

安抚顾客 → 了解诉求 → 分析诉求 → 提出方案 → 解决诉求 → 跟踪服务

图4-2　处理顾客投诉的流程

2. 常见的沟通技巧。
（1）安抚顾客技巧。
（2）同理心技巧。
（3）适当提问技巧。
（4）探讨方案技巧。
（5）跟踪服务技巧。

## 经典例题解析

亲，已经往您的支付宝打款了，请您查收。这属于处理顾客投诉沟通技巧中的（　　　）。

　　A. 安抚顾客技巧　　　　　B. 同理心技巧　　　C. 适当提问技巧　　　D. 跟踪服务技巧

【答案】D

【解析】顾客投诉处理完成后，要及时将信息反馈给顾客，进行跟踪服务，这样做既能够让顾客觉得客服工作有始有终，也向顾客表明做好服务的决心，进一步维护好顾客的关系。

## 同步练习

1. ＿＿＿＿＿是指顾客对企业产品质量或服务不满意而提出的书面或口头上的异议、抗议、索赔以及要求解决问题等行为。

2. 一般情况下，顾客主要针对＿＿＿＿＿、＿＿＿＿＿以及＿＿＿＿＿等问题进行投诉。售后客服在接到投诉时应尽快处理，原则上不能超过＿＿＿＿个工作日，特殊情况也不能超过＿＿＿＿个工作日。

3. 遇到顾客投诉时，售后客服要＿＿＿＿＿＿＿＿＿。在与顾客交流过程中，要注意沟通技巧。常见的沟通技巧有＿＿＿＿＿、＿＿＿＿＿、＿＿＿＿＿、＿＿＿＿＿。

4. 遇到顾客投诉时，售后客服首先要＿＿＿＿＿＿＿＿＿。面对愤怒的顾客，要＿＿＿＿＿＿＿＿＿＿＿＿＿＿＿＿＿＿＿＿；面对希望得到补偿的顾客，要＿＿＿＿＿＿＿＿＿＿＿＿＿＿＿＿＿＿＿＿＿。

5. 顾客在抱怨的时候，售后客服要＿＿＿＿＿＿＿＿＿＿＿＿＿＿＿＿＿，引导顾客讲述事实，提供信息。

6. 售后客服的根本任务是＿＿＿＿＿＿＿＿＿＿＿＿＿＿＿＿＿＿＿＿＿。不少售后客服会根据问题直接提出对应解决方案，但是这样可能导致两种情况发生：＿＿＿＿＿＿＿＿＿＿＿＿＿＿＿＿＿＿＿＿＿＿＿＿；＿＿＿＿＿＿＿＿＿＿＿＿＿＿＿＿＿＿＿。

7. 顾客投诉处理完成后，要＿＿＿＿＿＿＿＿＿＿＿，进行跟踪服务，这样既能够让顾客觉得客服工作有始有终，也向顾客表明做好服务的决心，进一步维护好顾客的关系。

## 单元练习题

### 一、选择题

1．顾客对企业产品质量或服务不满意而提出的书面或口头上的异议、抗议、索赔以及要求解决问题等行为是（　　）。

　　A．顾客反馈　　　　　B．顾客投诉　　　　　C．顾客异议　　　　　D．顾客抗议

2．售后客服在接到投诉时应尽快处理，原则上不能超过（　　）个工作日。

　　A．3　　　　　　　　B．5　　　　　　　　C．7　　　　　　　　D．9

3．亲，很高兴为您服务，请您告知所遇到的问题，我会竭力帮您解决的。这属于处理顾客投诉沟通技巧中的（　　）。

　　A．安抚顾客技巧　　　B．同理心技巧　　　C．适当提问技巧　　　D．探讨方案技巧

4．时刻与顾客站在同一角度，想顾客所想，尝试去理解顾客，想象如果自己遇到这个问题时会怎么做，会希望得到什么样的待遇，会希望得到怎样的解决办法。这种沟通技巧是（　　）。

　　A．安抚顾客技巧　　　B．同理心技巧　　　C．适当提问技巧　　　D．探讨方案技巧

5．亲，我已经了解您的情况了，您看我这样理解是否正确……这属于处理顾客投诉沟通技巧中的（　　）。

　　A．安抚顾客技巧　　　B．同理心技巧　　　C．适当提问技巧　　　D．探讨方案技巧

6．售后客服的根本任务是（　　）。

　　A．分析顾客类型　　　　　　　　　　B．处理顾客异议

　　C．为顾客遇到问题找到合适的解决方案　　D．提供售后保障

7．亲，您的要求实在是超出小店能承受的范围，您看这样好不好。这属于处理顾客投诉沟通技巧中的（　　）。

　　A．安抚顾客技巧　　　B．同理心技巧　　　C．适当提问技巧　　　D．探讨方案技巧

### 二、简答题

1．简述处理顾客投诉的流程。

2．简述处理顾客投诉常用的沟通技巧。

### 三、综合分析题

在某活动期间，王女士从网上店铺购买了一件上衣，等了一周也没有收到货，王女士便向客服人员进行了投诉。在接到投诉后，客服人员小李表示歉意，为了缓解顾客的情绪，客服人员小李向顾客解释了未收到货的原因，最终向顾客赠送了一件赠品。2天后，客户王女士收到上衣和赠品，试穿后感觉效果不错，但是尺码不合适便申请了退款。经协商后，客服小李将钱款退还给了客户王女士。

请根据以上案例回答下列问题：

针对顾客的投诉，客服小李采用了哪种沟通技巧，除上述沟通技巧外，还有哪些沟通技巧。

# 第六章

# 电子商务客户关系管理与服务

## 知识结构图

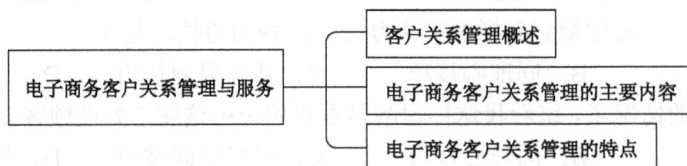

## 考试说明

1. 客户关系的含义与类型。
2. 掌握电子商务客户关系管理的主要内容和特点。

## 知识精讲

### 一、客户关系管理概述

1. 客户关系。

（1）客户关系的含义：客户关系是指企业为达到其经营目标，主动与客户建立起的某种联系。这种联系可能是单纯的交易关系，也可能是通信关系，或是为客户提供一种特殊的接触机会。

（2）客户关系的类型。

①基本型。

②被动型。

③能动型。

④伙伴型。

⑤负责型。

2. 客户关系管理。

客户关系管理是为企业提供全方位的客户视角，赋予企业更完善的客户交流能力和最大化的客户收益率所采取的方法。

### 二、电子商务客户关系管理的主要内容

1. 客户信息管理。

（1）客户信息收集。

（2）建立客户资料库。

（3）客户信息整理。

（4）客户信息分析。

（5）客户信息安全管理。

2．客户满意管理。

（1）按社会发展过程中的满足趋势，可分为物质满意层、精神满意层、社会满意层。

（2）按客户满意的对象，可分为市场营销系统满意、企业满意、物品满意。

（3）按客户对企业满意的内容，可分为理念满意、行为满意、视听满意、产品满意、服务满意。

3．客户忠诚管理。

客户关系管理的目标是形成客户忠诚，只有忠诚的客户才是企业长期利润的来源。

4．客户服务管理。

（1）信息需求层。

（2）在线咨询需求层。

（3）直接接触需求层。

（4）个性化服务需求层。

5．客户关系管理系统。

（1）市场管理。

（2）销售管理。

（3）服务管理。

# 三、电子商务客户关系管理的特点

1．整合性。

2．针对性。

3．实时性。

4．技术性。

## 📀 经典例题解析

客户对企业在长期竞争中表现出的优势的综合评价是（　　　）。

　　A．客户满意　　　　　　　B．客户忠诚　　　　　　C．客户服务　　　　　　D．客户关系管理

【答案】B

【解析】客户忠诚是客户对企业产品和服务的信赖与认可，坚持长期购买和使用该企业产品所表现出的在思想和情感上的一种高度信任和忠诚的程度，是客户对企业产品在长期竞争中表现出的优势的综合评价。

## 📖 同步练习

1．_____是指企业为达到其经营目标，主动与客户建立起的某种联系。这种联系可能是_____，也可能是_____，或是为客户提供一种特殊的接触机会。

2．科特勒把企业与客户之间的关系归结为_____、_____、_____、_____、_____等五种类型。

3．_____是企业销售人员把产品销售出去后不再与客户接触。

4．_____是企业销售人员在销售产品的同时，还鼓励顾客在购买产品后，如果遇到问题，及时向企业反馈，提供有关改进产品的意见或建议，但一般不主动联系客户。

5．_____是销售完成后，企业不断联系客户，为客户提供升级服务或次新产品的营销信息等。

6．_____是企业不断与客户合作，努力帮助客户解决问题，支持客户，实现共同发展。

7．_____是销售完成后，企业及时联系客户，咨询产品是否符合客户需求，有何缺陷或不足，有

何意见或建议，以帮助企业不断改进产品，使之更符合客户需求。

8．电子商务客户关系管理的主要内容有_____、_____、_____、_____、_____。

9．_____是企业决策的基础，是企业与客户进行有效沟通并对其进行分级管理的前提。

10．企业要收集的个人客户信息主要包括_____、_____、_____等。

11．_____是信息管理的根本，企业应对客户信息进行妥善保管，避免任何泄露客户资料的情况发生。

12．_____追求的是产品的使用价值，包括产品的功能、质量、包装等。

13．_____是客户在对企业提供的产品或服务的外延的消费过程中的满意，是客户对企业的产品所带来的精神上的享受、心理上的愉悦、身份的变化等方面的满意状态。

14．_____是客户在对企业提供的产品或服务的消费过程中所体验到的社会利益维护程度，主要指客户整体（全体公众）的社会满意程度。

15．_____是客户对市场营销系统与运行状态和从中获得的所有利益所做的主观评价，如_____、_____、_____、_____等。

16．_____是客户对企业交往所获得的各种利益的主观评价。

17．_____是客户对某一个具体提供物及其利益的主观评价。

18．企业经营理念带给客户的满足状态是_____。

19．企业全部的运营状态带给客户的满意状态是_____。

20．企业可视性和可听性等外在形象带给客户的满意状态是_____。

21．企业产品本身带给客户的满意状态是_____。

22．企业售前、售中、售后服务带给客户的满意状态是_____。

23．_____是从客户满意概念中引出的，是指客户满意后而产生的某些对产品、品牌或企业的信赖或维护，以及希望_____的一种心理倾向。

24．_____是客户对企业产品和服务的信赖与认可，坚持长期购买和使用该企业产品所表现出的在思想和情感上的一种高度信赖和忠诚的程度。

25．_____是客户对企业产品在长期竞争中表现出的优势的综合评价。

26．_____是电子商务企业与客户沟通的主要桥梁，是企业客户管理的重要一环，目的是满足客户的服务需求。

27．_____主要是指对产品和服务的信息需求，企业要在网站上放大量产品信息、促销信息和服务信息等。

28．客户关系管理系统由_____、_____和_____三个主要组成部分。

29．_____是客户关系管理系统中的主要组成部分，主要包括潜在客户、现实客户、联系人、业务机会、订单、汇款单、报表统计图等模块。

30．电子商务客户关系管理的特点主要包括_____、_____、_____和_____。

## 单元练习题

### 一、选择题

1．在客户关系类型中，（　　）的特点是销售完成后，企业不断联系客户，为客户提供升级服务或新产品的营销信息等。

　　A．基本型　　　　　　B．被动型　　　　　　C．能动型　　　　　　D．伙伴型

2．在客户关系类型中，（　　）的特点是企业不断与客户合作，努力帮助客户解决问题，支持客户，实现共同发展。

　　A．基本型　　　　　　B．被动型　　　　　　C．能动型　　　　　　D．伙伴型

3．在电子商务客户关系管理的内容中，（　　）是企业决策的基础。

A. 客户信息　　　　　B. 客户满意　　　　　C. 客户忠诚　　　　　D. 客户服务

4. 下列不属于电子商务客户信息管理内容的是（　　　　）。

A. 客户信息收集　　　　　　　　　　　B. 建立客户资料库

C. 客户信息分析　　　　　　　　　　　D. 客户信息挖掘

5. 下列不属于按社会发展过程中的满足趋势划分的是（　　　　）。

A. 物质满意层　　　　　　　　　　　　B. 产品满意层

C. 精神满意层　　　　　　　　　　　　D. 社会满意层

6. 企业客户对企业提供的产品或服务的外延的消费过程中产生的满意是（　　　　）。

A. 物质满意层　　　　　　　　　　　　B. 产品满意层

C. 精神满意层　　　　　　　　　　　　D. 社会满意层

7. 客户在对企业提供的产品或服务的消费过程中所体验到的社会利益维护程度是（　　　　）。

A. 物质满意层　　　　　　　　　　　　B. 产品满意层

C. 精神满意层　　　　　　　　　　　　D. 社会满意层

8. 客户对与企业交往所获得的各种利益的主观评价是（　　　　）。

A. 市场营销系统满意　　　　　　　　　B. 企业满意

C. 物品满意　　　　　　　　　　　　　D. 精神满意

9. 企业经营理念给客户带来的满足状态是（　　　　）。

A. 理念满意　　　　B. 行为满意　　　　C. 视听满意　　　　D. 产品满意

10. 企业全部的运营状态带给客户的满意状态是（　　　　）。

A. 理念满意　　　　B. 行为满意　　　　C. 视听满意　　　　D. 产品满意

11. （　　　　）是电子商务企业与客户沟通的主要桥梁，是企业客户管理的重要一环，目的是满足客户的服务需求。

A. 客户满意　　　　B. 客户忠诚　　　　C. 客户服务　　　　D. 客户关系管理

12. 下列不属于客户关系管理系统的组成部分的是（　　　　）。

A. 市场管理　　　　B. 销售管理　　　　C. 服务管理　　　　D. 产品管理

13. 可以让管理者第一时间得到超期未解决的客户请求的是（　　　　）。

A. 客户反馈中的自动升级功能　　　　　B. 解决方案功能

C. 满意度调查功能　　　　　　　　　　D. 呼叫中心系统

14. 可以使高层的管理者随时获知企业客户服务的真实水平的是（　　　　）。

A. 客户反馈中的自动升级功能　　　　　B. 解决方案功能

C. 满意度调查功能　　　　　　　　　　D. 呼叫中心系统

15. 电子商务要求把电子邮件、电话和在线交流系统整合在一起，发挥系统最大作用。这体现了电子商务客户关系管理特点中的（　　　　）。

A. 整合性　　　　B. 针对性　　　　C. 实时性　　　　D. 技术性

16. 互联网及时的沟通方式有效地支持客户随时、准确地访问企业网站，了解企业的各种产品和服务信息。这体现了电子商务客户关系管理特点中的（　　　　）。

A. 整合性　　　　B. 针对性　　　　C. 实时性　　　　D. 技术性

## 二、简答题

1. 简述客户关系的类型。

2. 简述电子商务客户关系管理的主要内容。

3. 简述电子商务客户信息管理的内容。

4. 按客户对企业满意的内容分类，客户满意分为哪几种类型？

5. 简述客户服务的需求层次。

6. 简述电子商务客户关系管理系统。

7. 简述电子商务客户关系管理的特点。

# 第七章

# 电子商务客户服务评价

## 知识结构图

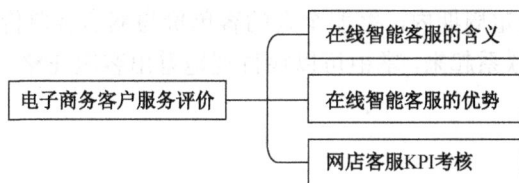

## 考试说明

1. 了解智能客服的优势。
2. 掌握网店客服 KPI 考核指标。

## 知识精讲

### 一、在线智能客服的含义

在线智能客服是网络机器人在网络行业的应用分支，通过互联网、大数据、云计算赋予智能客服对自然语言理解的能力，并利用语音识别技术、自动回复用户系统等技术，使其拥有处理大规模知识、理解用户需求的能力，从而实现自动应答。

### 二、在线智能客服的优势

1. 提供智能应答，降低人工成本。
（1）全天候无休地提供服务。
（2）提供标准化应答，差错率低。
（3）购置及维护成本低，升级便捷。
2. 去除冗杂信息，助力运营管理。
（1）分析热点词语，落点关键语句。
（2）升级业务流程，优化客户体验。
（3）创新营销模式，提升营销业绩。

### 三、网店客服 KPI 考核

网店客服 KPI 考核是指卖家通过对客服人员进行目标式的量化考核，使网店的总运营目标可以分解成可操作性强、分工明确的个体目标。

网店客服 KPI 考核指标。

（1）咨询转化率。

（2）支付率。

（3）落实客单价。

（4）响应时间。

（5）售后。

## 经典例题解析

下列指标中，可以直接把客服个人的客单价与网店客单价联系起来，掌柜可以很直观地看出客服在整个团队中的水平，更容易及时发现问题，有利于整个团队 KPI 提升的是（　　）。

  A．支付率    B．落实客单价    C．响应时间    D．售后

【答案】B

【解析】落实客单价是指在一定周期内，客服个人的客单价与网店客单价的比值，落实客单价可以直接把客服个人的客单价与网店客单价联系起来，掌柜可以很直观地看出客服在整个团队中的水平，更容易及时发现问题，有利于整个团队 KPI 提升。

## 同步练习

1．在线智能客服是＿＿＿＿＿＿在客服行业的应用分支，通过＿＿＿＿＿、＿＿＿＿＿、＿＿＿＿＿赋予智能客服对自然语言理解的能力，并利用＿＿＿＿＿＿、＿＿＿＿＿＿＿等技术，使其拥有处理大规模知识、理解用户需求，从而实现自动应答的能力。

2．在线智能客服提供智能应答，降低人工成本主要体现在＿＿＿＿＿＿＿＿＿＿＿、＿＿＿＿＿＿＿＿＿＿、＿＿＿＿＿＿＿＿＿＿、＿＿＿＿＿＿＿＿＿＿＿。

3．针对客户提出的标准化提问，如是否有货、商品产地等，在线智能客服可以提供＿＿＿＿＿＿，并可同时为多名客户＿＿＿＿＿＿，工作效率高，同时也会减少＿＿＿＿＿＿＿＿＿、＿＿＿＿＿＿＿＿等问题产生的出错情况。

4．在线智能客服的成本通常包含＿＿＿＿＿＿＿＿＿＿、＿＿＿＿＿＿＿＿，相较于＿＿＿＿＿＿＿＿成本来说非常低，而且随着智能客服服务客户的数量上升，其＿＿＿＿＿＿＿＿将不断趋于零，并且程序及语言库升级便捷，耗费时间较少。

5．在线智能客服通过对客户的＿＿＿＿＿＿＿＿进行统计和词频分析，可以协助人工客服整理关注重点问题，提升人工工作效率。

6．＿＿＿＿＿＿＿＿可以通过分析客户的互动数据，收集客户对于购物流程、商品使用体验等信息的真实反馈，并在企业内部推动流程优化，在提升＿＿＿＿＿＿＿＿＿上的价值显而易见。

7．＿＿＿＿＿＿＿＿是指卖家通过对客服人员进行目标式的量化考核，使网店的总运营目标可以分解成可操作性强、分工明确的个体目标。

8．网店客服 KPI 考核指标有＿＿＿＿＿＿＿＿、＿＿＿＿＿＿＿、＿＿＿＿＿＿、＿＿＿＿＿＿＿、＿＿＿＿＿＿＿＿。

9．＿＿＿＿＿＿＿＿是指所有咨询客服并产生购买行为的人数与所有咨询客服人数的比值。

10．＿＿＿＿＿＿＿＿能直接反映出一个客服人员的工作质量。在同等条件下，咨询转化率越＿＿＿＿＿＿，对网店贡献越大。

11．＿＿＿＿＿＿是成交总笔数与下单总笔数的比值。＿＿＿＿＿＿＿直接影响网店利润，＿＿＿＿＿＿＿在一定程度上也会影响网店排名。

12．＿＿＿＿＿＿＿是指一定时间周期内，客服个人的客单价与网店客单价的比值。

13. _____是指消费者咨询后，客服回复消费者的时间间隔。

14. _____直接反映客服的服务质量。当客服与消费者进行沟通时，应该注意一定的方法与技巧，结合消费者的喜好推荐商品，减少_____。

## 单元练习题

### 一、选择题

1. 下列关于在线智能客服优势的描述，错误的是（　　　）。
   A. 相较于人工客服，在线智能客服可以实现全年无休待机运转，大大提升了客服的在线待机时长
   B. 在线智能客服可以提供标准化应答，并可以同时为多名客户提供服务，工作效率高
   C. 在线智能客服的成本相较于人工客服的成本来说非常低
   D. 在线智能客服随着服务客户的数量上升，其边际成本越来越高

2. 下列不属于在线智能客服能够去除冗杂信息，助力运营管理的是（　　　）。
   A. 分析热点词语，落实关键语句　　　　B. 升级业务流程，优化客户体验
   C. 创新营销模式，提升营销业绩　　　　D. 提供智能应答，降低人工成本

3. 在网店客服 KPI 指标中，（　　　）是指所有咨询客服并产生购买行为的人数与所有咨询客服人数的比值。
   A. 咨询转化率　　　B. 支付率　　　C. 落实客单价　　　D. 响应时间

4. 下列能直接反映出一个客服人员工作质量的是（　　　）。
   A. 咨询转化率　　　B. 支付率　　　C. 落实客单价　　　D. 响应时间

5. 在同等条件下，咨询转化率越（　　　），对网店贡献越（　　　）。
   A. 高　小　　　B. 高　大　　　C. 低　小　　　D. 低　大

6. 成交总数与下单总比数的比值是（　　　）。
   A. 咨询转化率　　　B. 支付率　　　C. 落实客单价　　　D. 响应时间

7. （　　　）是指当消费者咨询后，客服回复消费者的时间间隔。
   A. 支付率　　　B. 落实客单价　　　C. 响应时间　　　D. 售后

8. 在网店客服 KPI 指标中，能直接反映出客服的服务质量的是（　　　）。
   A. 支付率　　　B. 落实客单价　　　C. 响应时间　　　D. 退换货率

### 二、简答题

1. 简述在线智能客服的优势。

2. 简述网店客服 KPI 考核的指标。

# 电子商务物流

# 第一章

# 电子商务物流的含义

## 知识结构图

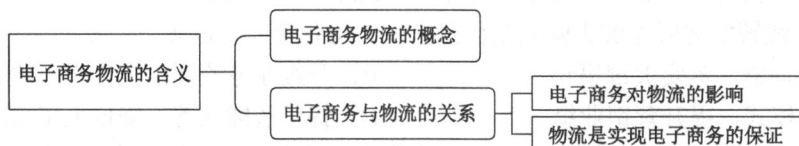

## 考试说明

1. 了解电子商务物流的概念。
2. 理解电子商务与物流的关系。

## 知识精讲

### 一、电子商务物流的概念

电子商务物流是集采购、运输、分拣、配送代理与销售等环节于一体的组织方式。

从宏观行业角度，电子商务物流是电子商务与物流两个行业的结合，主要为电子商务客户提供服务的物流，涵盖国内物流、国际快递、海淘转运、众包物流、电商自建物流体系及仓储服务等多个方面。

从微观运作角度，电子商务物流是信息管理技术和物流作业环节的结合，是运用现代信息技术整合物流环节，实现高度信息化的物流，是针对国内为电商平台服务、直接接触消费者的物流服务商的物流模式，主要包括快递和电商自建物流。

《电子商务物流服务规范》对电子商务物流的定义：为电子商务提供运输、存储、装卸搬运、包装、流通加工、配送、代收货款、信息处理、退换货等服务的活动。

电子商务物流是在电子商务条件下，依靠计算机技术、互联网技术、电子商务技术以及信息技术等进行的物流活动。

电子商务物流的本质就是物流的信息化和现代化，电子商务的任何一笔交易都由信息流、商流、资金流、物流四个基本部分组成。

### 二、电子商务与物流的关系

电子商务与物流关系紧密，一方面，电子商务对物流活动产生了重大的影响。在电子商务不断发展的情况下，物流业应采取新的发展策略，进一步促进物流的发展。另一方面，物流对电子商务的影响也不可忽视。物流业是电子商务的支点，也是电子商务正常运作的保障。

1. 电子商务对物流的影响

（1）电子商务促进物流业地位的提高。

（2）对物流运作方式的影响。

在传统商务活动中，物流一般经过"供应商—制造商—各级批发商—零售商—最终消费者"的顺序，通过仓储、运输、配送等流程最终将产品送达消费者。在这样的流程下，物流配送渠道经由的层次多。电子商务的出现，要求物流配送直接由配送中心送达客户，简化了运输层次、节约了流通时间，使上下游企业间的关系更为密切。

（3）电子商务促进物流技术的进步。

物流技术主要包括物流硬技术和物流软技术。从物流环节来看，物流技术包括运输技术、保管技术、装卸技术、包装技术等。在计算机网络技术的应用普及后，随着电子商务的飞速发展，物流技术综合了许多现代技术，如 GIS、GPS、EDI 等。

（4）电子商务对物流人才提出了更高的要求。

电子商务要求物流管理人员不仅具有较高的物流管理水平，而且还要具有较丰富的电子商务知识，并在实际运作过程中能将二者有机地结合起来。

2．物流是实现电子商务的保证

（1）物流保证生产的顺利进行。

无论在传统的贸易方式下，还是在电子商务交易方式下，生产都是商品流通之本，而生产的顺利进行需要各类物流活动的支持。

（2）物流服务于商流。

在电子商务条件下，顾客通过网络购物完成了商品所有权的交割过程，只有商品和服务真正到达顾客手中，商务活动才算终结。在整个电子商务活动中，物流实际上是以商流的后续者和服务者的姿态出现的。

（3）物流是实现"以客户为中心"理念的根本保证。

电子商务的出现，最大限度地方便了最终消费者。优秀的物流是电子商务实现以客户为中心理念的最终保证。

### 经典例题解析

1．电子商务物流的本质是（　　　　）。

    A．物流的信息化和现代化　　　　　　　　B．物流的网络化和智能化

    C．物流的信息化和自动化　　　　　　　　D．物流的智能化和柔性化

【答案】B

【解析】本题主要考查电子商务物流的概念。电子商务物流是在电子商务条件下，依靠计算机技术、互联网技术、电子商务技术以及信息技术等进行的物流活动，电子商务物流的本质是物流的信息化和现代化。故选A。

2．电子商务的出现，要求物流配送直接由配送中心送达客户，简化了运输层次，节约了流通时间，使上下游企业间的关系更为密切。这体现了电子商务对物流的影响是（　　　　）。

    A．电子商务促进物流地位的提高

    B．电子商务对物流运作方式的影响

    C．电子商务促进物流技术的进步

    D．电子商务对物流人才提出了更高的要求

【答案】B

【解析】本题主要考查电子商务对物流的影响。物流在传统商务活动中，一般经过"供应商—制造商—各级批发商—零售商—最终消费者"的顺序，通过仓储、运输、配送等流程最终将产品送到消费者手中。电子商务的出现，要求物流配送直接由配送中心送达客户，简化了运输层次，节约了流通时间，使上下游企业间的关系更为密切。

3．小科在某网店下单购买充电宝一个，网店通过合作的快递公司 24 小时之内将充电宝送至小科订单上的收货地址，完成送货。这体现了（　　　　）。

A．物流服务于商流

B．物流与配送的要求不一致

C．物流是实现"以客户为中心"理念的根本保证

D．物流保证生产的顺利进行

【答案】A

【解析】本题主要考查物流是实现电子商务的保证。在电子商务条件下，顾客通过网络购物完成了商品所有权的交割过程，但电子商务活动并未结束，只有商品和服务真正到达顾客手中，商务活动才告终结。在整个电子商务活动中，物流实际上是以商流的后续者和服务者的姿态出现的。

## 同步练习

1．在电子商务条件下，依靠计算机技术、互联网技术、电子商务技术以及信息技术等进行的物流活动是_____。

2．电子商务物流的本质就是物流的_____和_____，电子商务的任何一笔交易都由_____、_____、_____、_____四个基本部分组成。

3．电子商务与物流关系紧密，一方面，_____对物流活动产生了重大的影响。另一方面，物流对电子商务的影响也不可忽视。物流业是_____的支点，也是电子商务正常运作的保障。

4．物流技术主要包括_____和_____。

5．从物流环节来看，物流技术包括_____、_____、装卸技术、包装技术等。

6．在计算机网络技术的应用普及后，随着电子商务的飞速发展，物流技术中综合了许多现代技术，如_____、_____、EDI等。

7．在整个电子商务活动中，物流实际上是以_____和_____的姿态出现的。

8．优秀的物流是电子商务实现以_____为中心理念的最终保证。

## 单元练习题

### 一、选择题

1．下列关于电子商务物流的说法，不正确的是（　　）。

A．一个完整的电子商务交易过程包括商流、物流、资金流和信息流

B．电子商务的实现是以物流为前提，物流的运作也需要电子商务技术的支持

C．电子商务是物流业发展的支点

D．物流对电子商务的影响不可忽视

2．为适应电子商务时代的市场环境，现代物流系统目标以（　　）为核心。

A．产品　　　　　　B．客户　　　　　　C．价格　　　　　　D．服务

3．下列属于物流软技术的是（　　）。

A．自动分拣系统　　B．叉车　　　　　　C．节约里程法　　　D．无人搬运车

4．一个完整的电子商务交易过程包括商流、物流、资金流和信息流，下列说法中不正确的是（　　）。

A．商流是电子商务的基础，是物流、资金流、信息流的起点。

B．电子商务的实现是以物流为前提。

C．信息流是买卖双方之间信息的传递与沟通，都是单向传递。

D．在电子商务技术不断提高的情况下，网络资金的结付在商务活动中所占比重不断增大，网络支付方式越来越多，网络支付工具安全性随之提升，资金安全性得到保证。

5．下列属于回收物流的是（　　）

A．炼油厂采购原油

B．电瓶生产企业采用以旧换新的方式收回旧电瓶

C. 污水处理厂在处理污水时排放废水

D. 客户收到网购商品时发现与订单信息不符，拒收商品，快递人员与客户办理退货手续，将拒收的商品带回

6. （　　）为物流的发展提供了重要的机遇。

A. 运输　　　　　　　B. 装卸搬运　　　　　　C. 流通加工　　　　　　D. 电子商务

## 二、简答题

1. 简述电子商务物流的概念。

2. 简述电子商务对物流的影响。

3. 如何理解"物流是实现电子商务的保证"？

## 三、综合分析题

2025 年 4 月份中国电商物流指数为 111.1 点，较上月回升 1.1 点。电商物流指数的回升，不仅反映了电商行业的发展态势，更对整体经济的复苏起到了重要的推动作用。

从核心指标来看，电商物流总业务量指数表现十分亮眼。每天有大量包裹被配送，充分显示出电商物流行业业务量的持续高增长，也从侧面反映出消费者线上购物需求的旺盛。电商物流总业务量指数的连续回升，与消费者购物习惯的转变以及电商平台不断创新的营销策略密切相关。随着互联网的普及，越来越多的消费者倾向于线上购物，而电商平台通过直播带货、限时促销等手段，进一步激发了消费者的购买欲望。

农村电商物流业务量指数同样呈现出良好的发展态势。4 月份，该指数达到 129.0 点，比上月回升 3.3 点。农村电商物流业务量指数的上升，得益于农村地区网络基础设施的不断完善以及电商平台对农村市场的深入挖掘。近年来，快递进村覆盖率超 90%，农村业务量已占全国 35%。电商平台与农村合作社、农户合作，将农产品推向全国市场，同时也将各类消费品引入农村，促进了农村电商的双向流通。

从政策层面来看，各项稳增长、扩内需、促消费政策的出台，为电商物流行业的发展提供了有力支撑。从电商消费品类来看，4 月份运动户外、保健养生、美容美妆等品类物流订单快速增长。社交媒体电商平台依托流量杠杆实现流量向销量转化，推动物流订单季节性增长。

从供给端看，主要指数在本月实现全部回升，企业供给效率和服务能力得到全面发展。即时零售、餐饮外卖等领域逐步从单一配送模式迈入融合全产业链生态的"品质时代"，行业评价逐步实现从"性价比"到"质价比"的转变。消费者在追求商品价格的同时，更加注重商品的品质和服务的质量。

请根据以上内容回答下列问题：

1. 为满足消费者需求的变化，物流作为电子商务的重要组成部分，需要起到哪些保证？

2. 农村电商物流业务呈现良好的发展态势，可以使用哪些现代化物流技术？

# 第二章

# 电子商务企业物流部门的岗位职责

## 知识结构图

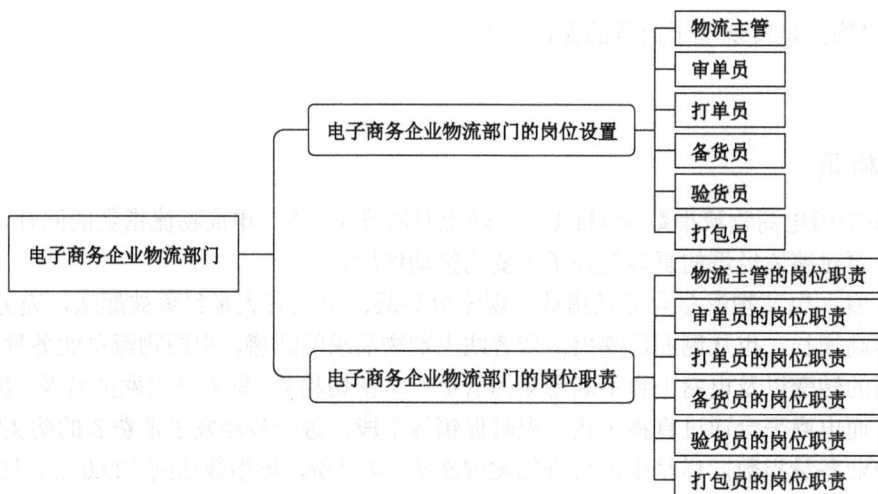

## 考试说明

1. 了解电子商务企业物流部门的岗位设置。
2. 理解电子商务企业物流部门的岗位职责。

## 知识精讲

### 一、电子商务企业物流部门的岗位设置

物流仓储部门的主要岗位会因不同电子商务企业物流部门的具体情况而略有不同，根据物流部门的工作流程，主要岗位应包括：

（1）物流主管；

（2）审单员；

（3）打单员；

（4）备货员；

（5）验货员；

（6）打包员。

## 二、电子商务企业物流部门的岗位职责

1．物流主管的岗位职责

（1）参与制定物流仓库规划和管理制度。

（2）按照公司业务需求组织物流部门盘点仓库。

（3）组织物流部门人员按照 ERP 系统操作流程发货（包括审单、打单、配货、称重和发货）。

（4）负责就物流部门的工作与公司其他部门进行沟通协调。

（5）完成部门经理安排的其他工作。

2．审单员的岗位职责

（1）负责使用 ERP 抓取订单、审核订单、打印发货单和快递单。在打印发货单和快递单前，要根据备注内容修改配货物品与收货人信息，还要根据订单上的商品、备注、地址等详情选择快递公司。

（2）负责就订单事宜与客服部沟通。例如，审单后，客服部若有临时修改，已打单的，必须将原来的订单找出撕毁后再重新创建订单，并通知打单员打单。

（3）负责每天及时准确提交物流发货统计表，并就相关事宜与公司其他部门沟通。

（4）负责帮助完成发货、配货、出入库、盘点等主管安排的工作。

3．打单员的岗位职责

（1）将审单员当天审完的订单全部打印完毕。

（2）打印汇总单、配货单、快递单，将相应的配货单与快递单订在一起，然后把整理好的汇总单、配货单、快递单交给备货员。

4．备货员的岗位职责

（1）备货员要把当天打出来的汇总单全部备完，并按每张配货单明细逐一配好货以待验货。

（2）备货员要与打单员交接单据，并持汇总单明细到仓库取货。

（3）如果库存较少或缺货要及时告知负责调货的人员。

（4）仓库货物的摆放要整齐，要归类放好，保持货区的整洁，配货区不能有无关的产品。

（5）商品入库与出库时须填写出入库商品明细，由交接人签名，并留底以供日后查检。

5．验货员的岗位职责

（1）验货员要把备货员配好的货逐一检验，并在 ERP 系统中点击"发货"。

（2）逐一将已贴好快递单的产品进行扫描，扫描出现异常情况时，必须及时采取相应解决措施。

（3）已打印的订单，除缺货等特殊件不能完成配货外，其余正常订单必须保证当天发完，并且要使订单处于"已发货"状态。

6．打包员的岗位职责

（1）打包员要将验好货的商品和配货单（客户存根）一同装进快递盒，也可同时放入一些小礼品，装好后用专用封口条封好。

（2）再按不同快递公司分类叠放，包装完成后按实际所需的快递公司分别联系快递员上门收件

（3）快递员来取件时，须与快递员核对单据数量，确保不丢单、不漏单，分类整理好后转交财务。

### 经典例题解析

1．快递员来取件时，（　　）须与快递员核对单据数量，确保不丢单、不漏单，分类整理好后转交财务。

　　A．物流主管　　　　　　B．审单员　　　　　　C．验货员　　　　　　D．打包员

【答案】B

【解析】本题主要考查电子商务物流部门的岗位职责。打包员的一项岗位职责是快递员来取件时，须与快递员核对单据数量，确保不丢单、不漏单，分类整理好后转交财务。故本题选 D。

2．负责就物流部门的工作与公司其他部门进行沟通协调的是（　　）。

　　A．物流主管　　　　　　B．审单员　　　　　　C．验货员　　　　　　D．打包员

【答案】A

【解析】本题主要考查电子商务物流部门的岗位职责。物流主管的一项岗位职责是负责就物流部门的工作与公司其他部门进行沟通协调。故本题选 A。

3．商品入库与出库时须填写出入库商品明细，由交接人签名，并留底以供日后查检。这项工作由物流部门的（　　）完成。

    A．物流主管　　　　　　　B．审单员　　　　　　　C．备货员　　　　　　　D．打包员

【答案】C

【解析】本题主要考查电子商务物流部门的岗位职责。备货员的一项岗位职责是商品入库与出库时须填写出入库商品明细，由交接人签名，并留底以供日后查验。故本题选 C。

## 同步练习

1．物流仓储部门的主要岗位会因不同电子商务企业物流部门的具体情况而略有不同，根据物流部门的工作流程，主要岗位应包括：（1）＿＿＿＿＿；（2）审单员；（3）＿＿＿＿；（4）＿＿＿＿；（5）＿＿＿＿；（6）＿＿＿＿。

2．打单员的岗位职责：（1）将＿＿＿＿当天审完的订单全部打印完毕。

3．打单员的岗位职责打印汇总单、配货单、快递单，将相应的配货单与快递单订在一起，然后把整理好的汇总单、配货单、快递单交给＿＿＿＿。

4．如果库存较少或＿＿＿＿，备货员要及时告知负责调货的人员。

5．验货员要把备货员配好的货逐一检验，并在 ERP 系统中单击＿＿＿＿。

6．验货员对已打印的订单，除缺货等特殊件不能完成配货外，其余正常订单必须保证＿＿＿＿发完，并且要使订单处于＿＿＿＿状态。

## 单元练习题

### 一、选择题

1．下列属于备货员岗位职责的是（　　）。

    A．参与制定物流仓库规划和管理制度

    B．负责帮助完成发货、配货、出入库、盘点等主管安排的工作

    C．仓库货物的摆放要整齐，要归类放好，保持货区的整洁，配货区不能有无关的产品。

    D．再按不同快递公司分类叠放，包装完成后按实际所需的快递公司分别联系快递员上门收件

2．审单后，客服部若有临时修改，已打单的，必须将原来的订单找出撕毁后再重新创建订单，并通知打单员打单，这项岗位职责对应的是（　　）。

    A．物流主管　　　　　　　B．审单员　　　　　　　C．备货员　　　　　　　D．打包员

3．要把备货员配好的货逐一检验，并在 ERP 系统中点击"发货"。完成这项工作是电子商务物流部门的（　　）。

    A．验货员　　　　　　　B．打单员　　　　　　　C．审单员　　　　　　　D．配货员

4．电子商务企业物流部门设置时，无须设置（　　）。

    A．验货员　　　　　　　B．记账员　　　　　　　C．审单员　　　　　　　D．配货员

5．下列关于电子商务企业物流部门岗位职责说法中，不正确的是（　　）。

    A．打单员要将审单员当天审完的订单全部打印完毕。

    B．备货员要与打单员交接单据，并持汇总单明细到仓库取货

    C．打包员要将验好货的商品和配货单一同装进快递盒

    D．快递员来取件时，验货员须与快递员核对单据数量

6．与打单员交接单据，并持汇总单明细到仓库取货。这项工作由物流部门的（　　）来完成。

    A．验货员　　　　　　　B．打单员　　　　　　　C．备货员　　　　　　　D．审单员

7．负责帮助完成发货、配货、出入库、盘点等主管安排的工作。这项工作由物流部门的（　　）来完成。

    A．验货员　　　　　　B．打单员　　　　　　C．背货员　　　　　　D．审单员

8．备货员要把当天打出来的汇总单全部备完，并按每张配货单明细逐一配好货以待（　　　）。

    A．验货　　　　　　　B．打单　　　　　　　C．审单　　　　　　　D．配货

## 二、简答题

1．简述物流主管的岗位职责。

2．简述审单员的岗位职责。

3．简述打包员的岗位职责。

## 三、综合分析题

    农林园电商公司为了促进当地农产品外销，重视物流部门的设置，新建恒温仓库，购置了智能化物流设备，并招聘专业的物流人才，不断壮大企业实力。林晓宇是某高职院校的物流管理专业的毕业生，毕业后，通过招聘来到该公司的物流部门。

    请根据以上内容回答下列问题：

1．林晓宇来到物流部门后，首先被安排在打单员的岗位，需要完成哪些工作职责？

2．三个月后，林晓宇调至验货员的岗位，需要完成哪些岗位职责？

# 第三章

# 电子商务物流技术

## 知识结构图

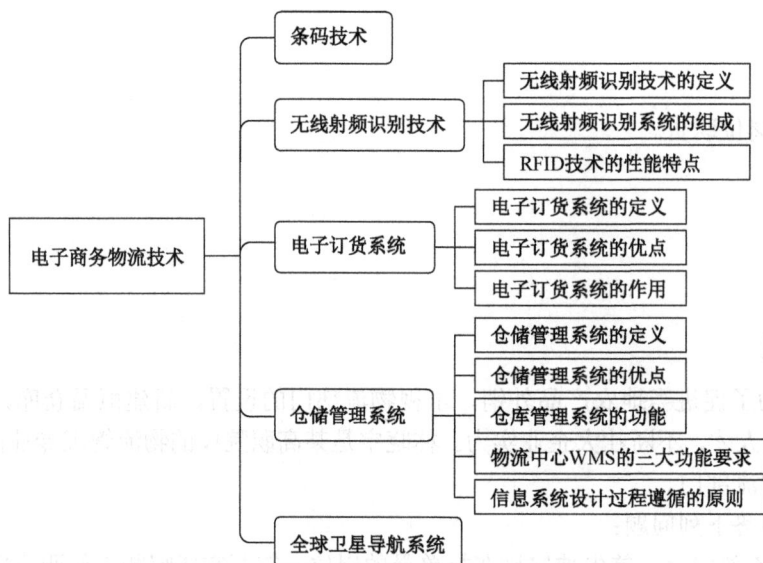

## 考试说明

1. 了解条码技术。
2. 掌握无线射频识别技术。
3. 掌握电子订货系统。
4. 理解仓储管理系统。
5. 理解全球卫星导航系统。

## 知识精讲

### 一、条码技术

1. 条码技术的定义

条码技术也称条形码技术，它是在计算机应用中产生并发展起来的，是实现电子数据交换、POS、供应链管理、电子商务的技术基础，是物流管理现代化的重要技术手段，并广泛应用于商业、邮政、图书管理、仓储、工业生产过程控制、交通等领域。

2. 条码技术的优点

（1）输入快；

（2）准确度高；

（3）成本低；

（4）可靠性强。

3．条码的组成

条码由一组规则排列的条、空及其对应代码组成，是商品的全球唯一标志。

4．条码的种类

（1）EAN/UPC 条码符号。EAN/UPC 条码符号用于零售商品的标识，包括 EAN—13 、EAN—8、UPC—A、UPC—E。

（2）ITF—14 条码符号。ITF—14 条码符号适用于非零售贸易项目的标识，该条码符号较适合直接印刷于瓦楞纸或纤维板上。

（3）UCC/EAN—128 条码符号。UCC/EAN—128 条码符号是 Code128 码的子集，属于 EAN 和 UCC 专用。它是 ANCC 系统中用于表示附加信息的条码符号。

5．物流领域常用条码

国际上物流领域常用条码主要有三种：通用商品条码、储运单元条码和贸易单元 128 条码。

（1）通用商品条码。

通用商品条码是用于标识国际通用的商品代码的一种模块组合型条码，分为标准版商品条码（EAN13）和缩短版商品条码（EAN8）。

EAN13 码是一种定长、无含义的条码，使用 0—9 共 10 个字符，从起始符到终止符结束共有 13 位数字，由左到右依次为厂商识别码、商品项目代码、校验码。

EAN8 是 EAN13 的压缩版，由 8 位数字组成，用于包装面积较小的商品上。与 EAN13 码相比，它没有厂商识别码，只有前缀码、商品项目代码和校验码。

（2）储运单元条码。

储运单元条码是专门表示储运单元编码的一种条码，常用于搬运、仓储、订货和运输过程中。在储运单元条码中，又分为定量储运单元和变量储运单元。

①定量储运单元可用 14 位交叉二五条码（ITF—14）标志。

②当定量储运单元同时又是定量消费单元时，应使用 EAN13 条码标志。

③变量储运单元编码由 14 位数字的主代码（ITF—14）和 6 位数字的附加代码（ITF—6）组成。

（3）贸易单元 128 条码。

贸易单元 128 条码是一种长度可变的、连续型的字母数字条码。128 码可携带大量信息，包括生产日期、有效期、运输包装序号、重量、尺寸、体积、送出地址、送达地址等重要信息。

6．物流领域条码的应用

（1）商品入库管理。

入库时读取商品上的条码，同时将商品的特性信息及存放信息一同存入数据库，存储时可通过条码号来进行检查，看是否重复录入。通过条码传递的信息，有效避免了人工录入的失误，实现了数据的无损传递和快速录入，将商品的管理推进到更深层次的管理。

（2）商品出库管理。

出库时，要扫描商品上的条码，对出库商品的信息进行确认。

（3）仓库内部管理。

在库存管理中，一方面条码可用于存货盘点，通过移动终端，收集盘点商品信息，然后将收集到的信息由计算机进行集中处理，从而形成盘点报告；另一方面通过移动终端扫描条码，可准确完成整仓、补货等库内作业。

（4）货物配送。

条码在配送管理中具有重要的意义，配送前将配送资料和客户及其订单资料下载到移动终端中。到达配送客户后，打开移动终端，首先调出客户相应的订单，然后根据订单情况挑选货物并验证其条码标签。确认配送完一个客户的货物后，移动终端会自动校验配送情况，并做出相应的提示。

（5）供应链管理。

采用数据采集器即时扫描条码，可记录哪一种产品在何时卖给谁，完成哪一份订单或合同。根据这些基本信息，可以很方便地进行分析和统计。

## 二、无线射频识别技术

### 1. 无线射频识别技术的定义

无线射频识别技术（简称 RFID）是利用无线电波对带有数据的媒体进行读写，并自动输入计算机的自动识别技术。

### 2. 无线射频识别系统的组成

无线射频识别系统至少包括了阅读器和电子标签两个部分。电子标签由标签天线和标签专用芯片组成，是无线射频识别系统的数据载体。阅读器通过天线与电子标签进行无线通信，可以对标签进行识别和读出或写入内存数据，让物品在流通环节中的任何地方都能被实时追踪。

### 3. RFID 技术的性能特点

与条形码不同的是，射频标签不需要处在阅读器视线之内，也可以嵌入被追踪物体之内，具有不局限于视线、更宽的覆盖面和低成本的优点。

RFID 技术的具体性能特点如下：

（1）快速扫描。

RFID 阅读器可同时辨识读取多个 RFID 标签，而条形码阅读器一般只能一次读取一个条形码。

（2）体积小型化、形状多样化。

RFID 在读取上并不受尺寸大小与形状的限制，不需要为了读取精确度而刻意设计纸张的固定尺寸和印刷品质。现在 RFID 标签开始向小型化与多样化方向发展。

（3）抗污染能力和耐久性。

传统条形码的载体是纸张，因此容易受到污染，但 RFID 标签对水、油和化学药品等物质具有很强的抵抗性。此外，由于条形码是附着于塑料袋或外包装纸箱上，所以特别容易受到折损。而 RFID 标签是将数据存在芯片中，因此可以免受污损。

（4）标签可重复使用，寿命较长。

印刷上去的条形码通常都无法更改。RFID 标签则可以重复地新增、修改、删除 RFID 卷标内存储的数据，方便信息的更新。RFID 标签的寿命最高可以达到 10 年以上。

（5）穿透性强，无接触读取。

在被覆盖的情况下，RFID 阅读器能够穿透纸张、木材和塑料等非金属或非透明的材质无接触读取标签内容。而条形码阅读器必须在近距离而且没有物体阻挡的情况下，才可以读取条形码。

（6）数据的记忆容量大。

一维条形码的容量是 50 字节，二维条形码最大的容量可存储 2~3000 字符，RFID 最大的容量则有数兆字节。随着记忆载体的发展，数据容量也有不断扩大的趋势。

（7）安全性。

由于 RFID 承载的是电子信息，其数据内容可经由密码保护，使其内容不易被伪造。RFID 因其所具备的远距离读取、高存储量等特性而备受瞩目。RFID 未来将逐渐取代条形码，但仍需要较长一段时间。

## 三、电子订货系统

### 1. 电子订货系统的定义

电子订货系统（简称 EOS）是指通过计算机通信网络连接的方式将批发、零售商场所发生的订货数据传送至总公司、批发商、商品供货商或制造商处，实现相互传递信息与交换订货、补货的系统。

### 2. 电子订货系统的优点

（1）电子订货系统在零售商和供应商之间建立起了一条高速信息通道，使零售商下单简便。

（2）交货期缩短。

（3）减少缺货。

（4）降低库存。

（5）让供应商减少接单处理作业时间，减少退货率和保持合适的库存量。

3．电子订货系统的作用

（1）可以减少订货所需时间；

（2）可以减少商品销售一空的情况发生；

（3）可以随时掌握库存的状况，及时进货，避免缺货的发生；

（4）由此系统中的订货资料，可以知道以往的订货情况，分辨哪些是畅销品，哪些是滞留品。

## 四、仓储管理系统

1．仓储管理系统的定义

仓储管理系统（简称 WMS）是一个实时的计算机软件管理系统，它能够对信息、资源、行为、存货和分销运作进行管理，使其最大化满足有效产出和精确性的要求。

2．仓储管理系统的优点

（1）对仓库的入库、出库、库存进行管理。

（2）对仓库作业过程进行指导和规范。

（3）对结果进行记录处理。

（4）对作业动作的指导和规范，保证了作业的准确、规范和高效。

3．仓库管理系统的功能

仓库管理系统的功能是单据打印和商品信息数据管理，对货品进行实时动态管理，为用户制订生产和销售计划、及时调整市场策略等方面提供持续、综合的参考信息。

4．物流中心 WMS 有三大功能要求

物流中心 WMS 有三大功能要求：一是物流业务运营，二是分拣系统监控，三是内部管理。

5．信息系统设计过程中应遵循的原则

为保障系统的各项性能，达到系统的目标，在信息系统设计过程中应该遵循如下原则：

（1）系统性原则。

每个 WMS 均为物流信息平台的组成部分，必须确保系统的完整性，实现无缝对接。

（2）适用性原则。

适用性是物流系统开发质量体系中重要的指标，系统不仅应适用于当前实际的运行环境和功能需求，而且还必须具有应变能力，以适应未来变化的环境和需求。

（3）先进性与可扩展原则。

WMS 采用先进的、具有发展潜力的信息技术。

（4）标准化以及开发性原则。

在计算机系统总体结构设计中，所有软硬件产品的选择必须坚持标准化原则，选择符合开放性和国际标准化的产品和技术；在应用软件开发中，数据规范、指标代码体系都必须遵循物流专业规范要求。

（5）安全与保密原则。

为保障系统正常的作业，特别是为了自动化设备系统的正常运行，WMS 应为一个完整的计算机子系统，配置一台主服务器，CPU、RAM 配置较高，确保应用系统的稳定性和并发处理能力，配置一台备份服务器，用于库存数据和网络通信。同时，在两台服务器上进行应用系统和业务数据的双备份，确保服务器出现故障时，不会影响系统运行。

## 五、全球卫星导航系统

1．全球卫星导航系统的定义

全球卫星导航系统（简称 GNSS）是利用定位卫星，在全球范围内实时进行定位、导航的系统。

2．全球由四大卫星导航系统组成

（1）中国的北斗卫星导航系统；

（2）美国的全球定位系统（GPS）；

（3）俄罗斯的格洛纳斯卫星导航系统；

（4）欧盟的伽利略卫星导航系统。

3．中国北斗卫星导航系统

（1）组成

中国的北斗卫星导航系统由 55 颗卫星组成，分为空间段、地面段和用户段三部分。

（2）优点

可在全球范围内全天候为各类用户提供高精度、高可靠定位、导航、授时服务。

4．美国全球定位系统的优点

性能好、精度高、应用广。

5．GNSS 的作用

（1）全球卫星导航系统能够帮助驾驶员确定有效的行车路线，在复杂的交通网络中寻找最佳的行车路线。

（2）可以对车辆和车队进行跟踪监控。

## 经典例题解析

1．作为实现物流信息技术自动采集和输入的重要技术，对货品从入库到出库的全程进行跟踪和管理，可实现仓库作业的现代化、快捷化和准确化。这种物流技术是（　　）。

　　A．轻型货架　　　　　　B．物流箱　　　　　　C．GPS 系统　　　　　　D．条码技术

【答案】D

【解析】本题主要考查条码技术的作用。条形码技术是实现物流信息技术自动采集和输入的重要技术，对货品从入库到出库的全程进行跟踪和管理，可实现仓库作业的现代化、快捷化和准确化。故选 D。

2．用来管理仓库内商品信息的软件系统是（　　）。

　　A．TMS 系统　　　　　　B．WMS 系统　　　　　　C．MRP 系统　　　　　　D．EOS 系统

【答案】B

【解析】本题主要考查仓储管理系统。仓储管理系统（WMS 系统）是一个实时的计算机软件管理系统，它能够对信息、资源、行为、存货和分销运作进行管理，使其最大化满足有效产出和精确性的要求。对仓库商品的入库、出库、库存进行管理。故选 B。

3．关于 RFID 技术，说法正确的是（　　）。

A.RFID 系统是一种利用射频通信技术对采集到的数据进行无线传输的通信系统

B.RFID 系统的硬件主要由无线数据采集器、无线网关与服务器构成

C.电子标签是无线射频识别系统的数据载体

D.RFID 系统在采集数据时用光学读码器来读取传统的条码

【答案】C

【解析】本题主要考查 RFID。无线射频识别技术（简称 RFID）是利用无线电波对带有数据的媒体进行读写，并自动输入计算机的自动识别技术。无线射频识别系统至少包括了阅读器和电子标签两个部分。电子标签由标签天线和标签专用芯片组成，是无线射频识别系统的数据载体。阅读器通过天线与电子标签进行无线通信，可以对标签进行识别和读出或写入内存数据。故选 C。

4．（　　）是物流系统开发质量体系中重要的指标，系统不仅应适用于当前实际的运行环境和功能需求，而且还必须具有应变能力，以适应未来变化的环境和需求。

　　A．系统性原则　　　　　　B．适用性原则　　　　　　C．标准化原则　　　　　　D．保密原则

【答案】B

【解析】本题主要考查 WMS 系统。WMS 系统设计中应遵循的原则之一：实用性原则是物流系统开发质量体系中重要的指标，系统不仅应适用于当前实际的运行环境和功能需求，而且还必须具有应变能力，以适应未来变化的环境和需求。故选 C。

5．利用（　　）可以分辨畅销品和滞留品。

　　A．EOS 系统　　　　　　B．DSS 系统　　　　　C．MIS 系统　　　　　D．ERP 系统

【答案】A

【解析】本题主要考查 EOS 系统的作用。由 EOS 系统中的订货资料，可以知道以往的订货情况，分辨哪些是畅销品，哪些是滞留品。故选 A

## 同步练习

1．条码技术也称条形码技术，是物流管理现代化的重要技术手段，并广泛应用于商业、＿＿＿＿、＿＿＿＿＿、＿＿＿＿、工业生产过程控制、＿＿＿＿等领域。

2．＿＿＿＿＿由一组规则排列的条、空及其对应代码组成，是商品的全球唯一标志。

3．ITF—14 条码符号适用于＿＿＿＿＿＿＿＿的标识，该条码符号较适合直接印刷于瓦楞纸或纤维板上。

4．＿＿＿＿＿＿＿＿是一种长度可变的、连续型的字母数字条码。

5．与条形码不同的是，射频标签不需要处在阅读器视线之内，也可以嵌入被追踪物体之内，具有＿＿＿＿＿＿、＿＿＿＿＿＿和＿＿＿＿＿的优点。

6．RFID 在读取上并不受＿＿＿＿＿与形状的限制，不需要为了读取精确度而刻意设计纸张的固定尺寸和印刷品质。现在 RFID 标签开始向＿＿＿＿与＿＿＿＿方向发展。

7．由于 RFID 承载的是电子信息，其数据内容可经由＿＿＿＿＿＿保护，使其内容不易＿＿＿＿＿＿。

8．物流中心 WMS 有三大功能要求：一是＿＿＿＿＿＿＿＿，二是＿＿＿＿＿＿，三是＿＿＿＿＿＿。

9．＿＿＿＿＿＿＿＿（简称 GNSS）是利用定位卫星，在全球范围内实时进行定位、导航的系统。

10．中国的北斗卫星导航系统由＿＿＿颗卫星组成，分为＿＿＿＿、＿＿＿＿和用户段三部分。

## 单元练习题

### 一、选择题

1．（　　）是一种长度可变、连续型的字母数字条码，可携带大量信息。

　　A．EAN8 码　　　　　　　　　　　　B．EAN13 码

　　C．贸易单元 128 条形码　　　　　　　D．储运单元条形码

2．EAN8 码与 EAN13 码相比较，没有（　　）。

　　A．厂商识别代码　　　B．商品项目代码　　　C．校验码　　　D．储位代码

3．当定量储运单元同时又是定量消费单元时，应使用（　　）。

　　A．EAN13 码　　　　B．EAN8 码　　　　C．ITF—14 码　　　D．ITF—20 码

4．在物流中心，一方面条码可用于存货盘点，形成盘点报告，另一方面通过移动终端扫描条码，可准确完成整仓、补货等库内作业。这属于条码技术在（　　）应用。

　　A．商品入库管理　　　B．商品出库管理　　　C．仓库内部管理　　　D．货物配送

5．物流中心 WMS 的功能要求不包括（　　）。

　　A．物流业务运营　　　B．成本管理　　　C．分拣系统监控　　　D．内部管理

6．仓储管理系统基本功能模块不包括（　　）。

　　A．收货　　　　　　　B．拣货　　　　　　C．盘点　　　　　　D．财务管理

7．全球四大卫星导航系统，不包括（　　）。

　　A．中国的北斗卫星导航系统　　　　　　B．美国的全球定位系统

　　C．俄罗斯的格洛纳斯卫星导航系统　　　D．日本的富士山定位系统

8．关于中国的北斗卫星系统，说法不正确的是（　　）。

　　A．北斗导航系统由 66 颗卫星组成

　　B．北斗导航系统可为用户提供高精度、高可靠定位

    C．北斗导航系统可在非洲、欧洲、大洋洲全天候为用户提供导航、授时服务

    D．北斗导航系统分为空间段、地面段和用户段三部分

9．电子订货系统的英文缩写是（    ）系统。

    A．DSS         B．ERP         C．MIS         D．EOS

10．让物品在流通环节中的任何地方都能被实时追踪的物流新技术是（    ）。

    A．条码技术                     B．无线射频识别技术

    C．电子订货系统               D．仓储管理系统

## 二、简答题

1．简述条码技术在物流领域的应用。

2．简述无线射频识别技术的性能特点。

3．简述 WMS 系统的优点。

4．简述 EOS 系统的作用。

5．简述 GNSS 系统的作用。

## 三、综合分析题

    从福建的鞋服、浙江的小商品，再到中西部地区的特色农产品，甲物流公司深刻洞察产业带的客户差异化服务需求，通过驻场服务、定制化揽收时效、柔性化产能调度等方式进一步强化针对产业带的精细化服务能力。

    快递运输过程中，高效中转网络让快件中转更"快"。甲物流公司通过大数据分析、云计算、物联网等技术，构建了智能分拣系统、路由优化算法、车辆在途监控、末端智能设备等，实现了全链路的可视化、智能化管理，提升了"618"高峰期的处理能力和效率。

请根据以上内容回答下列问题：

1．甲物流公司在仓库内使用条码技术，能发挥条码技术的哪些优点？

2．甲物流公司在运输车辆中安装了北斗卫星导航系统，北斗卫星导航系统具有哪些作用？

# 第四章

# 商品入库

## 知识结构图

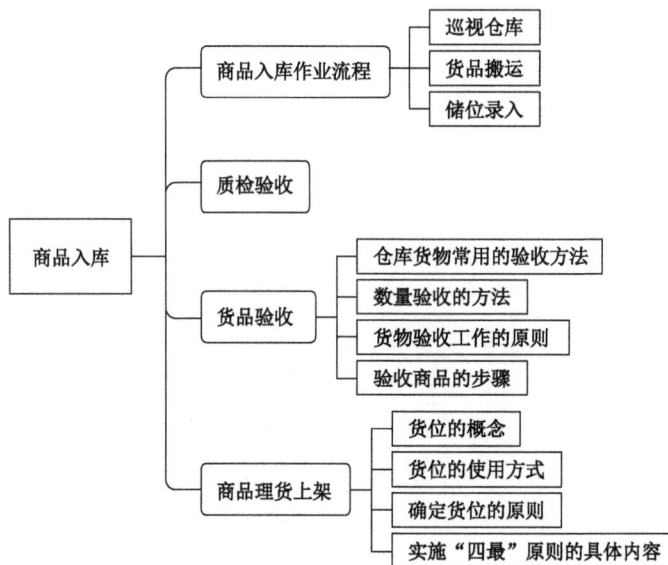

## 考试说明

1. 理解商品入库的流程。

## 知识精讲

## 一、商品入库作业流程

1. 工作步骤一：巡视仓库。

保管员巡视仓库，根据存储位上标示的货品形体信息初步确定货品存放位置。

2. 步骤二：货品搬运。

保管员指挥入库员或收货员将货品搬运到预入库位置。

3. 工作步骤三：储位录入。

（1）用 RF 扫描目标储位，并输入商品条码，根据提示信息输入进行储位录入的货品数量。

（2）保管员指挥入库员或收货员完成入库动作，同一种货品尽量集中放置。

（3）保管员确认储位录入动作完成后在 RF 上进行信息确认，当看到"数据已保存"的确认信息后，可以进行下一个货品的录入动作。

## 二、质检验收

商品到达仓库，仓库要做好接单和单据审核工作，确保到库商品的规格、型号、数量等与采购要求一致，为商品质检入库做好准备。

到库商品需要进行详细的验收，才能办理入库手续。

货物入库质检验收是指仓库在商品正式入库前，按照一定的程序和手续，对到库商品进行数量和外观质量的检查，以验证它是否符合订货合同规定的一项工作。

1．验收准备

（1）人员准备

（2）资料准备

（3）器具准备

（4）货位准备

（5）设备准备

（6）特殊需求

2．确定抽样方法

（1）简单随机抽样法，又称单纯随机抽样法。

（2）分层随机抽样法，又称分组随机抽样法、分类随机抽样法。

（3）系统随机抽样法，又称等距随机抽样法、规律性随机抽样法。

3．确定检验方法

4．实物检验

（1）包装检验。

商品包装的完整程度及干湿状况与内装商品的质量有着直接的关系。对商品的外包装进行检验，通常是在初检时进行。首先查看包装有无被撬、开缝、污染、破损、水渍等不良情况；其次要检查包装是否符合有关标准要求，包括选用的材料、规格、制作工艺标准、打包方式等；再次还要对包装材料的干湿度进行检查，以免由于过干或过潮而对货物造成影响。

当需要开箱拆包检验时，应用两人以上在场同时操作，以明确责任。

（2）数量检验。

（3）质量检验。

质量检验是指检查商品质量指标是否符合规定。质量检验包括外观质量检验、尺寸精度检验、机械物理性能检验和化学成分检验四种形式。

商品质量检验应该与商品数量检验同时进行。

5．验收结果的处理

（1）合格货物的处理。

验收合格的货物，应在外包装上贴"合格"标签，以示区别，仓库业务人员可根据货物标签办理合格品入库手续，并在每日工作结束时，对处理的货物数量进行汇总记录。

（2）验收异常的处理。

验收中发现问题的货物，要单独存放、等待处理，防止混杂、丢失、损坏。

## 三、货品验收

1．仓库货物常用的验收方法

（1）视觉检验。

在充足的光线下，利用视力观察货物的状态、颜色、结构等表面状况，检查有无变形破损等情况，以判定质量。同时检验货物标签、标志是否完整、清晰，标签、标志与货物内容是否一致等。

（2）触觉检验。

通过利用手感鉴定货物的细度、光滑度、黏度、柔软度等，判定质量。

（3）听觉检验。

通过摇动、搬运操作、轻度敲击、听取声音等，判定质量。

（4）嗅觉味觉检验。

通过货物所特有的气味、滋味测定等判定质量。

（5）测试仪器检验。

利用各种专用测试仪器进行货物性质测定，如含水量、成分等测试。

（6）运行检验。

通过对货物进行运行操作，如电器等，检查操作功能是否正常。

2．数量验收的方法

（1）点件法。

点件法是指逐件清点，一般适合散装的或非定量包装的物资。

（2）抽验法。

抽验法是指按一定比例开箱点件的验收方法。适合批量大、定量包装的货物。

（3）检斤换算法。

检斤换算法是指通过重量过磅换算该批货物的数量，适合标准货物和标准包装。

3．货物验收工作的原则

货物检验工作是一项技术要求高、组织严密的工作，关系到整个仓储业务能否顺利进行，所以，必须做到准确、及时、严格和经济。

（1）准确。

严格按合同规定的标准和方法进行检验；认真校正和合理使用检验工具。

（2）及时。

加快商品周转，不耽误索赔期。及时采取以下措施：先小批，后大批；先易后难；先本地到货，后外地到货；检验结束及时签收。

（3）严格。

检验人员应明确每批货物验收的要求和方法，并严格按仓库验收入库的作业和操作程序办事。

（4）经济

在检验的多数情况下，不但需要检验设备和验收人员，而且需要装卸搬运机具和设备以及各工种工人的配合。

4．验收商品的步骤

（1）核对订货单与货物是否相符。

货物到仓库后，仓管人员检查采购单和入库凭证，然后根据入库凭证开列收货单，与送交的货物进行核对，并与交货人办理交接手续。

（2）仓管人员认真检查货物，严把商品验收关。

货物验收是在货物入库前，按照一定的程序，对到库物品进行数量、包装、外观质量的检查，以验证是否符合订货合同规定的一项工作。验货的要求是：准确、及时、严格、经济。

（3）正常收货后，收货人在送货回执单上签字盖章表示货物收讫。

若发现异常情况，必须在送货单上注明，并由送货人签字或由送货人出具差错及异常情况记录单等书面材料，作为事后处理的依据。

（4）收货完毕，在送货单上加盖收货专用章。

（5）入库登记。

商品经验收确认后，必须填写验收入库单，并将有关入库信息及时准确地录入库存商品信息管理系统，以便及时更新库存商品数据。仓管人员进行反复核对后，把待上架商品堆放整齐，准备进行商品上架。

（6）退换收货。

收货完毕，将需要退货商品的退货单粘贴在退回商品的外包装上，并做退换收货登记，填写退货通知单，退回商品放入退货区专架，等待处理。

## 四、商品理货上架

1．货位的概念

（1）定义：仓库货位是仓库内具体存放货物的位置。每一个货位都用一个编号进行标记，货位确定并进行标记后，一般不随意改变。货位可大可小，根据所存货物的情况确定。

（2）分类：货位分为场地货位、货架货位。

2．货位的使用方式

（1）固定货物货位。

定义：固定货物货位只用于存放确定的货物，使用时要严格区分，绝不能混用、串用。长期货源的计划库存、配送中心等大都采用固定货物货位方式。

优点：固定货物货位便于拣选、查找货物。

缺点：仓容利用率较低。

（2）不固定货物货位。

定义：不固定货物货位可任意存放库存货物，不加分类。

优点：不固定货物货位有利于提高仓容利用率。

缺点：仓库内显得混乱，不便于查找和管理。

对于周转极快的专业流通仓库，货物保管时间极短，大都采用不固定货物货位方式。不固定货物货位的货物储藏，在计算机配合管理下能实现充分利用仓容、方便查找的长处。采用该种方式，仍然要遵循仓储的安全分类原则。

（3）分类固定货物的货位。

定义：对货位进行分区、分片，同一区内只存放一类货物，但在同一区内的货位则采用不固定使用的方式。

优点：该方式有利于货物保管，也较方便查找货物，仓容利用率也大大提高。大多数储存仓库都采用这种方式。

3．确定货位的原则

（1）最近：使用距离最近，搬运距离最短。

（2）最捷：存取最快捷、最方便，没有无效过程。

（3）最廉：确保最少的投入，最大的收获。

（4）最适：适合各种类别的货物"居住"。

4．实施"四最"原则的具体内容

（1）根据货物的尺寸、数量、特性、保管要求选择货位。

（2）保证先进先出、缓不济急。

"先进先出"是仓储保管的重要原则，能避免货物过期变质。在货位安排时要避免后进货物围堵先进货物。存期较长的货物，不能围堵存期短的货物。

（3）出入库频率高或存期短的货物使用方便作业的货位。

对于持续入库或者持续出库的货物，应安排在靠近出口的货位，方便出入。流动性差的货物，可以离出入口较远。同样，存期短的货物应安排在出入口附近。

（4）小票集中、大不围小、重近轻远。

多种小批量货物，应使用一个货位或者集中在一个货位区，避免夹在大批量货物的中间，以便查找。使用货架时，重货放在货架下层，人力搬运的重货，宜存放在腰部高度的货位。

（5）方便操作。

所安排的货位应保证搬运、堆垛、上架的作业方便，有足够的机动作业场地，能使用机械进行直达作业。

（6）作业分布均匀。

尽可能避免仓库内或者同条作业线路上多项作业同时进行，相互妨碍。

## 经典例题解析

1. 商品入库工作的第一步是（　　）。

A．接单　　　　　　　　B．验货　　　　　　　　C．储位录入　　　　　　　　D．货品上架

【答案】　A

【解析】　本题考查的是商品入库的流程。接单是商品入库工作的第一步，接单工作不是简单的接收单据、签字存档，货物到达仓库后，送货员还需要提供随货箱单，仓库主管提前下发"采购单""入库通知单"等单据。故此题选 A。

2. 十辆货车将一批蔬菜送达仓库，可以选择数量验收的方法是（　　）。

A．点件法　　　　　　　B．检斤换算法　　　　　　C．抽验法　　　　　　　　D．视觉检验

【答案】　B

【解析】　本题考查的是数量验收的种类及使用情况。点件法是指逐件清点，一般适合散装的或非定量包装的物资。抽验法是指按一定比例开箱点件的验收方法。适合批量大、定量包装的货物。检斤换算法是指通过重量过磅换算该批货物的数量，适合标准货物和标准包装。

## 同步练习

1. 保管员确认储位录入动作完成后在 RF 上进行信息确认，当看到"＿＿＿＿＿＿＿＿"的确认信息后，可以进行下一个货品的录入动作。

2. 对商品的外包装进行检验，通常是在初检时进行。首先查看包装有无被撬、＿＿＿＿＿＿、＿＿＿＿＿＿、＿＿＿＿＿＿、水渍等不良情况；其次要检查包装是否符合有关标准要求，包括选用的＿＿＿＿＿＿＿、＿＿＿＿＿＿＿、制作工艺标志、＿＿＿＿＿＿＿等；再次还要对＿＿＿＿＿＿＿＿＿＿进行检查，以免由于过干或过潮而对货物造成影响。

3. 质量检验包括＿＿＿＿＿＿＿＿＿检验、＿＿＿＿＿＿＿＿检验、＿＿＿＿＿＿＿＿检验和＿＿＿＿＿＿＿＿四种形式。

4. 仓库货物常用的验收方法有：＿＿＿＿＿＿＿＿＿＿＿＿；＿＿＿＿＿＿＿＿＿＿＿＿；＿＿＿＿＿＿＿＿＿＿＿＿；＿＿＿＿＿＿＿＿＿＿＿；＿＿＿＿＿＿＿＿＿＿＿＿。

5. 货物检验工作是一项技术要求高、组织严密的工作，关系到整个仓储业务能否顺利进行，所以，必须做到＿＿＿＿＿、＿＿＿＿＿、＿＿＿＿＿和＿＿＿＿＿。

6. ＿＿＿＿＿＿＿＿＿＿是仓库内具体存放货物的位置。每一个货位都用一个编号进行标记，货位确定并进行标记后，一般不随意改变。

7. 长期货源的计划库存、配送中心等大都采用＿＿＿＿＿＿＿＿＿＿方式。

8. 确定货位的原则是＿＿＿＿＿＿＿＿；＿＿＿＿＿＿＿＿＿；＿＿＿＿＿＿＿＿＿；＿＿＿＿＿＿＿。

## 单元练习题

### 一、选择题

1. 开箱拆包检验时，最少同时在场（　　）。

A．1 人　　　　　　　B．2 人　　　　　　　C．3 人　　　　　　　D．4 人

2. 在确定货位时，应该遵循确保最少的投入，获得最大的收获的原则，这属于"四最"原则中的（　　）。

A．最近原则　　　　　B．最捷原则　　　　　C．最廉原则　　　　　D．最适原则

3. 仓库收到一批电扇，进行数量检验时可选择（　　）。

A．点件法　　　　　　B．检斤换算法　　　　C．检尺求积法　　　　D．丈量法

4. 可以任意存放库存货物，不加分类的是（　　）

A．固定货物货位　　　　　　　　　　　　B．不固定货物货位

C．分类固定货物货位　　　　　　　　　　D．具体货物货位

5. 商品入库流程中，根据商品的性质、规格、数量等认真做好仓储计划，该工作由（　　）完成。

　　A．仓库调度人员　　　　B．仓库保管员　　　C．入库员　　　　D．验货员

6．电商物流企业仓库收到货品时，入库作业流程不包括（　　）。

　　A．巡视仓库　　　　　　B．库存盘点　　　　C．储位录入　　　D．货品搬运

7．（　　）工作是一项技术要求高、组织严密的工作，关系到整个仓储业务能否顺利进行。

　　A．流通加工　　　　　　B．库存盘点　　　　C．货物检验　　　D．货品搬运

8．某物流仓库收到一批电器，随机抽查一台电器，通过对电器进行运行操作，检查操作功能是否正常。这属于验收方法中的（　　）。

　　A．实物检验　　　　　　B．测试检验　　　　C．声音检验　　　D．运行检验

## 二、简答题

1．简述入库作业流程。

2．简述仓库验收商品的步骤。

3．简述仓库入库商品安排货位实施"四最"原则的具体内容。

第五章

# 商品流通加工

## 知识结构图

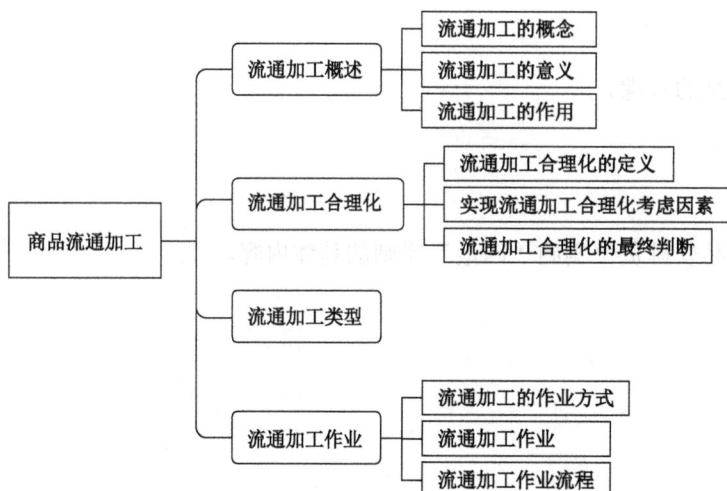

## 考试说明

1. 了解流通加工的概念、意义和作用。
2. 理解流通加工的合理化。
3. 理解流通加工的类型。
4. 掌握流通加工作业。

## 知识精讲

### 一、流通加工概述

1. 流通加工的概念

流通加工，也称为物流加工，是指在产品从生产领域向消费领域流动过程中，为了有利于流通所进行的一些附带的服务作业，包括改包装、分割、计量、分拣、刷标志、组装、贴标签等。流通加工在物流操作系统中，是属于一种可选择性的附带服务作业，并不是每一种货品或者每一个客户都需要此项作业，但它却是一项可以提高服务品质、增加附加价值的作业。

流通加工与一般生产加工不同，主要区别表现在：

（1）加工对象不同。流通加工的对象是进入流通过程的商品，即具有商品属性的货品；而生产加工的对象是原材料或半成品等。

（2）加工广度和深度不同。流通加工大多是简单加工，只是生产加工的延伸，包括拆包装、组合包装、裁剪分割、贴标签等；而生产加工进行的是复杂加工。

（3）加工目的不同。流通加工的目的主要是为了方便运输、储存、销售、流通以及物资的充分利用，完善商品的使用价值；而生产加工的目的在于创造货品的使用价值。

2．流通加工的意义

流通加工通过改变货品的原有形态来实现"桥梁和纽带"的作用，具有重要的意义。

（1）流通加工完善了流通功能。

流通加工一方面方便消费者进行消费，另一方面有利于产品扩大销路，从而进一步充分发挥流通的媒介功能和作用。

（2）流通加工是物流中的重要利润源。

流通加工是一种低投入高产出的加工方式，往往是简单的加工带来超值的回报。例如，流通加工通过改变包装，可以使货品档次跃升；通过集中下料，可以将货品的利用率提高 20%～50%，这是采取一般方法提高生产率难以企及的。

（3）流通加工便利了运输。

有些产品的成品很难进行远距离运输，且在途中极易损坏，由于流通加工的存在，就可以以半成品的形式运输，在消费地物流中心进行组装这样既方便了运输，又避开了途中损坏的风险。

（4）流通加工在国民经济中也是重要的产业形态，对推动国民经济发展、完善国民经济的产业结构和生产分工具有一定意义。

3．流通加工的作用

（1）提高原材料利用率。

利用流通加工将生产厂直接运来的简单规格产品，按照使用部门的要求进行集中下料，能大大提高原材料的利用率。

（2）进行初级加工，方便客户。

对于用量小或临时产生需要的单位，缺乏进行高效率初级加工的能力，依靠流通加工便可使这些使用单位省去进行初级加工的投资、设备及人力，从而搞活供应，方便客户。

（3）提高加工效率及设备利用率。

物流企业建立集中加工点后，可以采用效率高、技术先进、加工量大的专门机具和设备，从而提高加工效率及设备利用率。

# 二、流通加工合理化

1．流通加工合理化的定义

流通加工的合理化是实现流通加工的最优配置，不仅要做到避免各种不合理加工，使流通加工有存在的价值，而且要做到最优的选择。

2．实现流通加工合理化主要考虑以下几个方面

（1）加工和配送结合。

将流通加工的地点设置在配送点中，一方面按配送的需要进行加工，另一方面加工又是配送业务流程中分货、拣货、配货的异化，加工后的产品直接投入配货作业。

（2）加工和合理运输结合。

流通加工能够有效衔接干线运输与支线运输，依据干线或支线运输合理的要求进行适当加工，从而大大提高运输及运输转载水平。

（3）加工和合理商流结合。

通过加工能有效促进销售，使商流合理化。

（4）加工和节约结合。

节约能源、节约设备、节约人力、节约耗费是流通加工合理化重要的考虑因素，也是目前我国设置流通加工、考虑其合理化的较为普遍的方式。

3．流通加工合理化的最终判断

看其能否实现社会和企业本身的两个效益，而且能否取得最优效益。

# 三、流通加工类型

根据流通加工的目的和作用，可以将流通加工分类，如表 5-1 所示。

表 5-1

| 流通加工类型 | 作业内容 | 实例 |
| --- | --- | --- |
| 为保证产品的流通加工 | 使产品的使用价值得到妥善地保存，延长产品寿命 | 水产品、肉产品的保鲜、保质、冷冻加工，木材的防腐、防干裂加工等 |
| 为提高产品利用率的流通加工 | 通过集中加工的规模效应来减少原材料浪费，提高加工质量 | 钢材、木材的集中下料、搭配套材等 |
| 提高物流效率、降低物流损失的流通加工 | 为了便于运输和保质，改变产品的形态，或者保持半成品未组装的形式 | 气体液化、造纸用木材磨成木屑等 |
| 满足需求多样化的流通加工 | 满足客户对产品的多样化需要，将产品进行多样化的改包装、组合包装 | 化妆品、食品的套装，礼盒包装等 |
| 满足销售需要的流通加工 | 有些进口商品需要贴中文标识、税条等 | 洋酒等进口商品要在瓶子上贴中文标识和经销商名称 |

# 四、流通加工作业

1．流通加工的作业方式

依其在作业流程的时间点不同，流通加工作业的方式一般可分为三种：

（1）当货品入库后，就马上进行加工，也就是货品不论卖给谁，都需要加工处理。这种加工作业具有共通性，大多是进口商品贴中文标签及税条等。这类加工作业大多是物流中心长期经营且批量大的货品，作业量比较稳定，因此可以采用规模加工提高生产力并降低成本，但必须安排特定人员来作业。

（2）针对某种货品或根据某些特定客户的要求进行流通加工。此种作业，大都是在拣货完成后，再根据客户要求对货品做流通加工。

（3）拥有货品所有权的物流配送中心按营销需要对某些在库货品进行流通加工。此种作业主要是组合促销包装、礼盒包装等。对于这种形态的流通加工，为了保证库存和储位的准确性，一般是先以出货的形式提取货品，加工完毕后，再以进货的形式进入仓库存放。

2．流通加工作业

（1）贴标签。

贴标签作业大致上可分为贴税条、贴中文说明标签和贴价格标签三种。贴税条及中文说明标签，大部分是以进口货品为主；当货品到达后，就开始进行贴标签作业，贴完标签后，再完成入库，这主要是针对贸易进口商的一种服务项目。贴价格标签是针对零售商的要求进行的流通加工，其作业大部分在拣货完成后进行，贴完标签后再出库。

贴标签的作业流程为：搬包装纸箱→切开纸箱（或 PE 热收缩袋）→贴标→封箱（或装入纸箱）→放回托盘（或笼车上）。

在贴标作业中，就自动化层次而言，可分为人工操作、半自动化及全自动化三种。

实践中主要是依据货品数量的多少来决定其自动化的层次，一般采用半自动化的较多。

（2）热收缩包装。

在流通加工作业中，热收缩包装作业也是一种比较常见的加工方式，主要是满足超市或大卖场的需求，同时为了方便消费者选购，把某些商品设定最低的订购单位，以比较便宜的价格出售；另外一种情形是使用热收缩包装把赠品与商品组合、固定在一起。

热收缩包装的作业流程为：打开纸箱→取出货品→套 PE 袋→封口→热收缩→收入纸箱内→封箱。

在热收缩包装作业中，依自动化的程度可分为人工操作、半自动化和全自动化三种。其自动化程度的选择参考商品的数量来确定。

（3）礼盒包装。

礼盒包装主要是在逢年过节时，根据消费者的购物习惯，将一些货品组合成礼盒进行销售，如烟酒礼盒、茶叶礼盒、南北货礼盒、食品礼盒、调味品礼盒、化妆品礼盒、补品礼盒等。

礼盒包装的作业流程视产品不同而不同。常见作业流程为：准备包装材料及货品→拿出礼盒→放入货品→热收缩→封盖→贴价格标签→装箱→封箱等。

（4）小包装分装。

小包装分装作业对象主要是采购运输时采用大包装，到达物流中心再转换为小包装的形式销售的货品。小包装作业在批发商形态的物流中心较为常见。其作业方式主要是把货品以大包装形式大量买进，然后以计重、计量或单独包装方式进行包装，再出售给零售店。例如，名贵的洋酒及其包装盒以整箱买进，在物流中心进行小包装分装，将每瓶洋酒放到相应的包装盒里；文具用品经小包装分装发往销售地点。

小包装分装的作业流程为：

准备包装材料及货品→计重（或计量）→充填→封口→放入箱内→封箱。

（5）质量、数量检验。

质量、数量检验主要是针对服饰百货公司或大型卖场，对货品做质量或数量上的检验。

3．流通加工作业流程。

①订单处理人员按照客户订单上对要加工货品的要求来生成流通加工单，每张单上注明订单号，要加工货品的数量、规格、加工要求、加工时限等。

②主管接到要进行流通加工的通知，并领取流通加工单据，根据加工内容安排加工排程。

③安排人员提取要加工的货品，提取时双方要对点，并签字确认；另外，安排作业人员准备好作业设备。

④按要求对货品进行流通加工。

⑤验收人员验收完工货品质量，并核对数量，如果不合格，则要返回车间，重新进行加工。

⑥将完工货品交到下一环节，双方对点并签字确认。

### 经典例题解析

1．以下不属于流通加工作业的是（    ）。

  A．水泥车搅拌         B．销售前肉类洗净切块

  C．产品有瑕疵返厂加工      D．将鱼类速冻运输

【答案】C

【解析】本题主要考查流通加工的概念。流通加工与一般生产加工不同，加工对象不同，流通加工的对象是进入流通过程的商品，即具有商品属性的货品；而生产加工的对象是原材料或半成品等。产品有瑕疵返厂加工，这是生产加工，故本题选C。

2．流通加工作业的最后步骤是（    ）。

  A．成品验收   B．对点交货   C．放置暂存区   D．收班作业

【答案】B

【解析】本题主要考查流通加工作业流程。最后步骤是将完工货品交到下一环节，双方对点并签字确认。故本题选B。

3．流通加工作业的方式中，针对某种商品或某些特定的客户要求所进行的流通加工的作业流程是（    ）。

  A．进货——流通加工——入库    B．拣货——流通加工——出货

  C．出库——流通加工——入库    D．进货——流通加工——出货

【答案】B

【解析】本题主要考查流通加工作业方式。依其在作业流程的时间点不同，流通加工作业的方式一般可分为三种。针对某种货品或根据某些特定客户的要求进行流通加工。此种作业，大都是在拣货完成后，再根据客户要求对货品做流通加工。故本题选B。

4. 在批发商形态的物流中心比较常见的流通加工作业时（　　　）。

  A. 贴标签    B. 热收缩包装    C. 礼盒包装    D. 小包装分装

【答案】D

【解析】本题主要考查常见的流通加工作业。小包装分装作业对象主要是采购运输时采用大包装，到达物流中心再转换为小包装的形式销售的货品。小包装作业在批发商形态的物流中心较为常见。其作业方式主要是把货品以大包装形式大量买进，然后以计重、计量或单独包装方式进行包装，再出售给零售店。故本题选 D。

## 📖 同步练习

1. 流通加工，也称为＿＿＿＿＿＿＿，是指在产品从生产领域向消费领域流动过程中，为了有利于流通所进行的一些＿＿＿＿服务作业，包括＿＿＿＿＿＿、分割、计量、分拣、刷标志、＿＿＿＿＿＿、＿＿＿＿＿＿等。

2. 流通加工的对象是＿＿＿＿＿＿＿＿＿＿，即具有商品属性的货品；而生产加工的对象是＿＿＿＿＿＿＿＿＿等。

3. 流通加工大多是＿＿＿＿＿＿＿，只是生产加工的延伸，包括拆包装、组合包装、裁剪分割、贴标签等；而生产加工进行的是＿＿＿＿＿＿＿。

4. 流通加工的目的主要是为了方便运输、储存、销售、流通以及物资的充分利用，完善＿＿＿＿＿＿＿＿＿＿；而生产加工的目的在于＿＿＿＿＿＿＿＿＿＿＿。

5. 流通加工通过改变货品的原有形态来实现"＿＿＿＿＿＿＿＿"的作用，具有重要的意义。

6. 流通加工一方面＿＿＿＿＿＿＿＿＿，另一方面＿＿＿＿＿＿＿＿＿，从而进一步充分发挥流通的媒介功能和作用。

7. 流通加工是一种＿＿＿＿＿＿＿＿＿的加工方式，往往是简单的加工带来超值的回报。

8. 物流企业建立集中加工点后，可以采用效率高、技术先进、加工量大的专门机具和设备，从而提高＿＿＿＿＿＿＿＿及＿＿＿＿＿＿＿＿＿。

9. 流通加工的合理化是实现＿＿＿＿＿＿＿＿＿，不仅要做到避免各种不合理加工，使流通加工有存在的价值，而且要做到＿＿＿＿＿＿的选择。

10. 节约＿＿＿＿＿、节约＿＿＿＿＿、节约＿＿＿＿＿、节约＿＿＿＿＿是流通加工合理化重要的考虑因素，也是目前我国设置流通加工、考虑其合理化的较为普遍的方式。

## 🖥 单元练习题

### 一、选择题

1. 流通加工作业的第一步是（　　　）。

  A. 订单处理    B. 需求处理    C. 接到通知    D. 订单导入

2. 贴标签作业的流程正确的是（　　　）。

  A. 搬包装纸箱→贴标→切开纸箱→封箱→放回托盘

  B. 搬包装纸箱→切开纸箱→贴标→封箱→放回托盘

  C. 搬包装纸箱→切开纸箱→贴标→放回托盘→封箱

  D. 切开纸箱→搬包装纸箱→贴标→封箱→放回托盘

3. 下列流通加工作业中，属于商品入库后马上加工，且加工内容有共通性的是（　　　）。

  A. 洋酒贴中文标签  B. 礼盒包装    C. 木材集中下料  D. 气体液化

4. 主要是逢年过节时，根据顾客的购物习惯，将一些商品组合成礼盒贩卖。这种流通加工是（　　　）。

  A. 贴标签作业    B. 热收缩包装作业  C. 礼盒包装    D. 质量、数量检验

5. 通过改变物品的原有形态来实现"桥梁和纽带"的作用，这指的是（　　　）

  A. 流通加工    B. 装卸搬运    C. 拣取     D. 配送

6. 物流中心通过集中下料，可以将商品的利用率提高 20%～50%，体现了流通加工意义是（　　　）。

  A. 流通加工完善了流通功能      B. 流通加工是物流中的重要利润源

C. 流通加工便利了运输　　　　　　　　　　D. 流通加工完善了国民经济的产业结构

7. 针对零售店的要求进行的流通加工作业是（　　　）。

A. 贴税条　　　　　　　　　　　　　　　　B. 贴中文说明标签

C. 贴价格标签　　　　　　　　　　　　　　D. 贴条形码

8. 对于气体液化、造纸用木材磨成木屑等流通加工作业属于（　　　）。

A. 保存产品　　　　　　　　　　　　　　　B. 提高产品利用率，方便用户

C. 提高物流效率、降低物流损失　　　　　　D. 经销需要

9. 下列流通加工中，属于物流中心对拥有所有权的某些在库商品按营销需要进行的是（　　　）。

A. 进口文具贴中文标签　　　　　　　　　　B. 礼盒包装

C. 木材集中下料　　　　　　　　　　　　　D. 造纸用木材磨成木屑

10. 下列选项中，不全是流通加工作业的是（　　　）。

A. 冻肉切片、贴服装标牌　　　　　　　　　B. 糖分类、分割钢材

## 二、简答题

1. 简述流通加工的意义。

2. 简述流通加工的作用。

3. 简述流通加工的类型。

4. 简述小包装分装的作业流程。

## 三、综合分析题

A 物流公司开展的物流服务业务主要是为电商企业提供各种时装的接收、分类和配送服务。它的业务范围覆盖周围几个大城市。该公司的运输服务是建立在自动仓库基础上的。时装自动仓库的最大的特点是：具有悬挂时装的多层仓库导轨系统，可以直接传输到运送时装的集装箱中，形成时装取货、分类、库存、分送的仓储、流通加工以及配送等的集成系统。在这个基础上，无论是平装还是悬挂的时装，都以最优的时装运输条件，进行门到门的运输服务。

在先进的时装运输服务基础上，公司又开展了流通加工服务项目，满足了时装制造厂家、进口商、代理商及零售商的需要，依据顾客及市场的情况对时装的取货、分类、分送等全部过程负责。该物流服务还可以在时装仓库中完成进入市场前的一切准备工作，如制衣过程中的质量检验、贴标签后装袋、装箱等。这样服装生产厂家，可以用最小的生产场地、最少的时间、最低的成本来实现自己的销售计划，物流企业也有了相对稳定的业务量。

请根据以上内容回答下列问题：

1．A 公司要实现流通加工合理化，应考虑哪几个方面？

2．A 公司为客户送货前进行了热收缩包装作业，简述热收缩包装作业的步骤。

3．热收缩包装作业根据自动化层次不同，可以分为哪三类？

# 第六章

# 订单管理

## 知识结构图

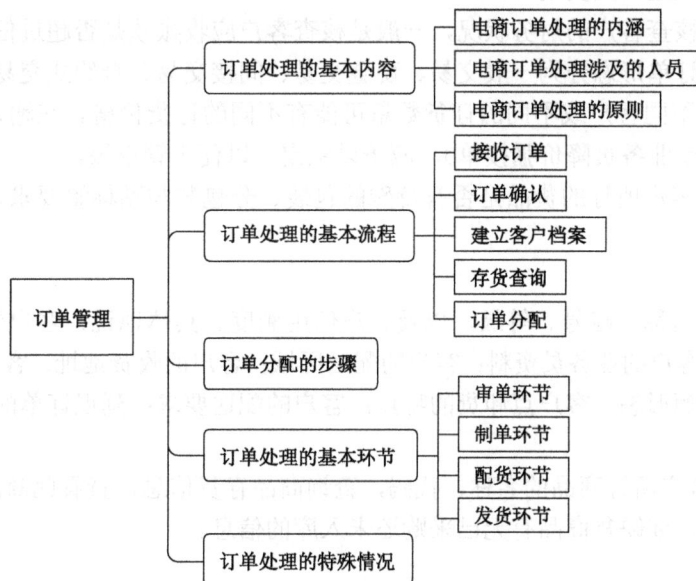

## 考试说明

1. 理解订单处理的基本内容。
2. 掌握订单处理的基本流程。

## 知识精讲

# 一、订单处理的基本内容

1. 电商订单处理的内涵

电商订单处理是指对订单承载的买家需求进行有效处理,它涉及对所有相关单据的处理活动,主要包括订单准备、订单传输、订单录入、订单履行、订单报告。

2. 电商订单处理涉及的人员

电商订单处理涉及的人员主要包括:店长、客服、制单员、审单员、财务人员、采购员、库管员、配货员、校验员、打包员、称重员等。

3. 电商订单处理的原则

(1)先收到的订单先处理;

(2)先处理简单订单,再处理复杂订单;

（3）优先处理发货时间最早的订单；

（4）优先处理相同商品的订单；

（5）优先处理相同物流的订单；

（6）时间控制的及时性（催款、发货、退货、结算、发票等）

（7）订单信息的准确性。

## 二、订单处理的基本流程

1．接收订单

接受订货的第一步是接收订单，接收订单的方式包括传统订货与电子订货两种。

2．订单确认

订单确认包括确认货物、客户信用、订单形态、订货价格和包装方式五方面的内容。

（1）确认所需货品、数量和交货期。

（2）确认客户信用。核查客户的财务状况，一般是核查客户应收账款是否超过信用额度。

（3）确认订单形态。订单形态分为一般交易、现金交易、间接交易、合约式交易和寄库存式交易。

（4）确认订货价格。不同客户或不同的订货数量可能有不同的订货价格。在输入价格时应仔细审查，若输入价格不符（输入错误或业务员降价强接单），应予以锁定，以便主管审核。

（5）确认包装方式。客户所订的货品是否有特殊的包装、分包装与贴标签要求，以及有无易腐或易湿物品在其中。

3．建立客户档案

客户档案应包括客户名称、编号、等级，以及客户信用额度。具体地说，客户档案应包括：客户付款及折扣率条件；负责开发此客户的业务员资料；客户的配送区域；客户的收货地址；客户的配送路径；客户所在地区适合的运输方式和车辆形态；客户点卸货的特点；客户的配送要求；延迟订单的处理方式。

4．存货查询

在 ERP 系统中输入客户所订商品的名称、代码，查询商品存货信息，查看此商品有无缺货。如有缺货需要进一步查询有无替代品，或缺货商品有无已采购还未入库的信息。

5．订单分配

订单确认无误后，需要将订单汇总、分类、调拨库存。订单分配方式可以分为单一订单分配和批次分配。

## 三、订单分配的步骤

1．计算拣取每一个（一千克、一个纸箱、一件）货物的标准时间，并将它设为 ERP 系统里的标准拣取时间，这样就能准确地推算出整批货物的拣取时间。

2．依据每个品种的订购数量（所耗时间）以及相应的寻找时间，计算出每个种类的拣取时间。

3．根据每一订单或每批订单的种类计算出整个订单或整批订单拣取时间。

4．依据订单拣取时间确定出货时间与拣货顺序。

## 四、订单处理的基本环节

1．审单环节

在审单环节中，审单客服人员需要根据订单情况以及客户情况进行审单。首先对没有使用购物车购物的客户进行订单合并，按照快递公司配送情况以及客户指定快递订单合理选择快递公司。根据客户备注和客服人员备注情况进行订单审核，下发订单到仓储部门进行制单配发。

2．制单环节

仓储部门根据已审核的订单进行配发货之前要先根据仓储工作情况进行订单制单。如"聚划算"，由于"聚划算"一般商品较为单一，但是单量较大，所以在制单时先进行聚划算单独制单，这样可以大大提高仓储配发速度。

3．配货环节

仓储部门在进行发货之前，要根据仓库工作情况进行配货处理。最影响配货效率的是拣货环节，所以加快拣货速度对于提高仓储作业效率大有帮助。在整个仓储作业环节，制单是非常重要的岗位，从订单处理角度来说起到承上启下的作用。承上，即需要跟客户进行及时沟通，遇到问题或者退货需要及时联系其他部门；启下，即需要根据仓库情况合理调整仓储配发步骤，提高仓库作业效率。

4．发货环节

配货完成后在发货前还要进行订单校验，核对客户购买的商品与发货商品是否一致，并对所发货品进行质检，质检完成后进行打包发货。为了提高服务水平，在发货前也可以增加一些额外的环节，例如，有些做服装的卖家，客户服务做得非常周到，会在质检过程中增加一个环节熨烫，以保证客户在收到商品后对商品有非常好的购买体验。

## 五、订单处理的特殊情况

（1）客户直接拍单，没有跟客服人员进行任何沟通。这类的订单又分两种情况：一是客户对所要购买的产品特性以及店铺服务非常了解；二是客户没有询单的习惯或者因时间关系而没有询单。这类订单比较好处理，直接根据订单商品以及地址进行配发货即可。

（2）客户与客服人员进行询单沟通下单后，客服人员或者客户根据要求添加备注。这类订单取消或者修改订单的概率非常小，也比较好处理，根据订单及备注要求配发货即可。

（3）订单下达后进行订单变更，这种情况可以分为以下三种。

①未出库。由于某种情况客户需要修改订单或者增加商品，一般情况下客户会先与客服人员进行沟通，客服人员对订单进行查询。如果该订单还未出库，审单人员对订单进行修改，仓储部门对订单进行配发。

②未出库已打单。客户欲对原订单进行修改，客服人员联系审单人员，审单人员对订单进行修改，同时通知仓储部门，取消原先的快递单，对修改好的订单重新执行打单到配发货的操作。

③已出库。客户欲对原订单进行修改，客服人员应告知客户包裹已发，需要些新包裹加以配送。如果商品不包邮，还需要让客户补邮费，不能因为某一个客户耽搁了仓储发货速度。

### 🔍 经典例题解析

1．关于电商订单说法不正确的是（　　）。

　A．电商订单的实质是双赢约定，无须有效履行

　B．电子商务过程中，买卖双方达成关于产品或服务的要约就是电商订单

　C．从一般意义上讲，电商订单是电商活动中一份来自顾客的请求

　D．电商订单是连接电子商务活动的纽带，有助于提高电商工作效率

【答案】　A

【解析】本题考查的是电商订单的内涵和作用。电商订单是在电子商务活动中，买家与卖家达成的关于产品或服务的要约（合同、单据），从一般意义上讲，订单是一份来自顾客的请求。电商订单的本质是双赢约定，并要求有效履行，它是连接电子商务活动的纽带，有助于提高工作效率、减少人工投入。故本题选 A。

2．关于订单确认的说法，错误的是（　　）。

　A．确认所需货品、数量和交货期

　B．核查客户的财务状况，一般是核查客户应付账款是否超过信用额度

　C．订单形态分为一般交易、现金交易、间接交易、合约式交易和寄库存式交易

　D．不同客户或不同的订货数量可能有不同的订货价格

【答案】　B

【解析】　本题考查的是订单确认。订单确认包括确认货物、客户信用、订单形态、订货价格和包装方式五方面的内容。确认货物是确认所需货品、数量和交货期。确认客户信用主要核查客户的财务状况，一般是核查客户应收账款是否超过信用额度。确认订单形态。订单形态分为一般交易、现金交易、间接交易、合约式交

易和寄库存式交易。确认订货价格。不同客户或不同的订货数量可能有不同的订货价格。故本题选 B。

3．在订单处理流程中，订单分配的上一步是（　　　）。

    A．计算拣货时间

    B．存货查询

    C．建立客户档案

    D．确定出货计划与拣货顺序

【答案】　B

【解析】　本题考查的是订单处理的流程：接受订单—设定订单号码—建立客户档案—存货查询—订单分配—计算拣货时间—确定出货计划与拣货顺序—发货清单。故本题选 B。

## 同步练习

1．电商订单处理是指对订单承载的买家需求进行有效处理，它涉及对所有相关单据的处理活动，主要包括_____、_____、_____、订单履行、订单报告。

2．接受订货的第一步是_____，接收订单的方式包括传统订货与电子订货两种。

3．订单确认包括_____、_____、_____、订货价格和包装方式五方面的内容。

4．客户档案应包括客户名称、_____、_____，以及_____。

5．依据订单拣取时间确定_____与_____。

## 单元练习题

### 一、选择题

1．欣妍中式服饰旗舰店，线上接单，并根据客户要求定制旗袍、唐装、中式礼物等，在质检时会加入"熨烫"的步骤，以保证客户收到货后有良好的购物体验。此操作属于订单处理的（　　　）。

    A．审单环节　　　　　B．制单环节　　　　　C．配货环节　　　　　D．发货环节

2．下列做法中，符合电商订单处理原则的是（　　　）。

    A．先收到的订单后处理

    B．先处理复杂订单，再处理简单订单

    C．优先处理相同物流的订单

    D．优先处理不同商品的订单

3．订单为已发货状态，下列做法不正确的是（　　　）。

    A．如果商品存在质量问题，买家提出换货申请后，卖家审核，可以办理换货

    B．如果商品已发出，但卖家因对商品不满意发起退款退货申请，卖家审核，买家寄回商品，卖家进行验收退款

    C．发货后，不能修改订单信息

    D．如果买家迟迟未收到货品，可以申请补发货品

4．接收订单的方式包括传统订货与（　　　）。

    A．非传统订货　　　　B．电子订货　　　　C．网上订货　　　　D．实时订货

5．审单的下一步是（　　　）。

    A．制单　　　　　　　B．发货　　　　　　C．配货　　　　　　D．打单

6．最影响配货效率的环节是（　　　）。

    A．审单　　　　　　　B．制单　　　　　　C．配货　　　　　　D．拣货

7．客户档案应包括客户名称、编号、等级，以及（　　　）。

    A．客户信用额度　　　B．客户联系方式　　C．客户收货地址　　D．客户下单频率

8．配货完成后在发货前还要进行（　　　），核对客户购买的商品与发货商品是否一致，并对所发货品进行质检，质检完成后进行打包发货。

    A．货品检验　　　　　B．订单校验　　　　C．数量核对　　　　D．打印单据

## 二、简答题

1. 简述订单处理的内容。

2. 简述订单处理的基本流程。

3. 简述订单处理的基本环节。

4. 简述订单下达后，货品已出库进行订单变更的处理方法。

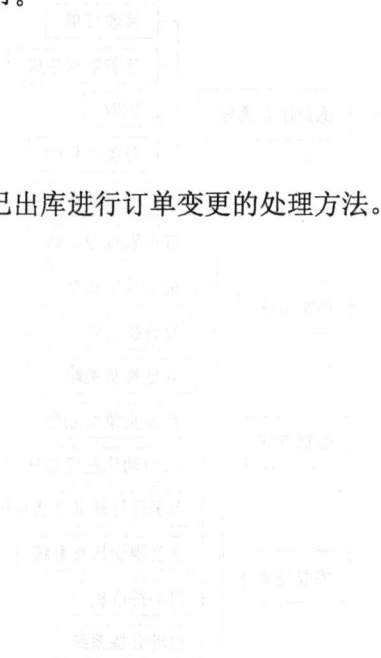

# 第七章

# 商品分拣

## 知识结构图

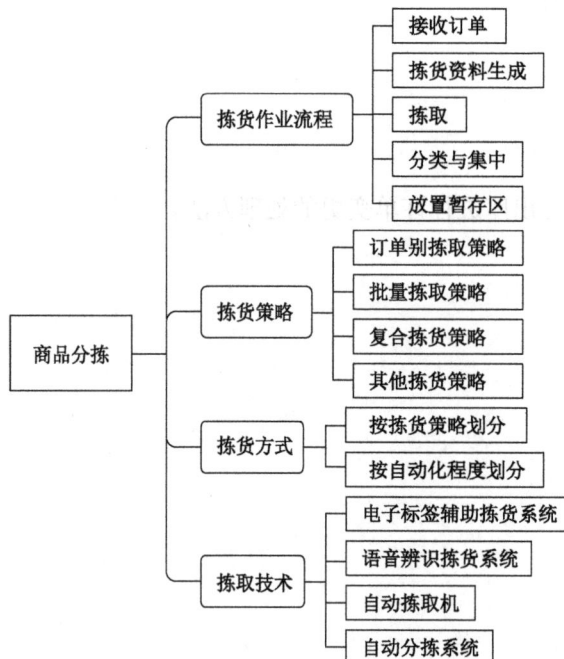

```
                                        ┌─ 接收订单
                                        ├─ 拣货资料生成
                            拣货作业流程 ┼─ 拣取
                                        ├─ 分类与集中
                                        └─ 放置暂存区

                                        ┌─ 订单别拣取策略
                            拣货策略    ┼─ 批量拣取策略
                                        ├─ 复合拣货策略
            商品分拣 ┤                  └─ 其他拣货策略

                            拣货方式    ┌─ 按拣货策略划分
                                        └─ 按自动化程度划分

                                        ┌─ 电子标签辅助拣货系统
                            拣取技术    ┼─ 语音辨识拣货系统
                                        ├─ 自动拣取机
                                        └─ 自动分拣系统
```

## 考试说明

1. 掌握拣货作业流程。
2. 掌握拣货策略。
3. 掌握拣货方式。
4. 掌握拣取技术。

## 知识精讲

### 一、拣货作业流程

一般而言，拣货作业的主流程从收到订单开始，首先要对订单进行处理，订单处理包括订单分类、分批、订单分割等，根据订单处理结果选择合适的拣货方式，然后，生成拣货资料，拣货人员根据拣货资料去找到货品并拣取它，拣出的货品经过集货后进入出货暂存区，如果是批量拣取，则要在对拣出的货品进行分货作业后，再集货。

1．订单处理

接到客户的订单后，要对客户的信用额度进行调查、确认订单价格、确认是否需要流通加工等，检查现有库存量及各项配送资源是否足以提供此订单的出货，进行订单资料的建档和维护，统计商品需求数量。对于当天要出货的订单，应进行订单分割或汇总合并，然后为其分配存货。

2．拣货资料生成

订单处理完毕，进行拣货作业之前，需要生成拣货作业用的单据或信息。

一是：直接利用客户的订单或公司的送货单进行拣取；

二是：把原始的订单转换成拣货专用的单据或电子信息。

采用拣货专用的单据或电子信息的另一个优点是拣货信息经过专门处理后，往往按拣货顺序来排列储位，使拣货路径最短，从而也提高了拣货效率。

3．拣取

拿到拣货资料，并找到货品的位置后，接下来就是拣取货品，它包括两个动作，拿取和确认。拿起货品后，为了确定所拿取的货品、数量正确，需要读取品名与拣货单据或信息核对。目前，比较先进的确认方式是用 RF 读取条码信息进行确认。

4．分类与集中

由于拣货方式的不同，拣取出来的货品需要依订单进行分类与集中。例如，批量拣取的货品需要先分类再集中，分区订单别拣取的货品需要按照订单进行集中。

5．放置暂存区

拣取出的货品经过集货后放置在暂存区，准备出货。

## 二、拣货策略

拣货策略一般可分为订单别拣取策略、批量拣取策略，或者两者的混合运用，以及这两种拣货策略的延伸和改进。

物流中心选取合适的拣货策略需要考虑的影响因素包括：

（1）物流中心类型（库存型或通过型）；

（2）商品的种类与特性；

（3）搬运的特性；

（4）储存单位；

（5）拣货单位；

（6）客户订单数据的 EIQ 分析；

（7）货品的 ABC 分类；

（8）是否有适当的仓储管理体系。

1．订单别拣取策略

订单别拣取策略是指针对每张订单，作业人员巡回于仓库内，将订单上的货品逐一挑出集中，是较传统的拣货策略。如表 7-1 所示。

表 7-1　订单别拣取策略的优缺点

| 优点 | 缺点 |
| --- | --- |
| •作业方法单一<br>•前置时间短<br>•导入容易且弹性大<br>•作业人员责任明确，容易公平分工 | •货品品类多时，拣货行走路径加长，拣取效率低<br>•拣货区域大时，搬运系统设计困难<br>•无法及时发现拣货差错 |
| •拣货后不用再分类，无须另外的作业场地，适用于订单货品数量较多的处理 | •对储位操作频度大，容易造成储位和库存的不准确 |

2. 批量拣取策略是指把多张订单集合成一批，订单别再做分货处理。如表 7-2 所示。

批量拣取策略是指把多张订单集合成一批，依货品别将数量汇总后再进行拣取，然后依客户订单别再做分货处理。如表 7-2 所示。

表 7-2　批量拣取策略的优缺点

| 优点 | 缺点 |
|---|---|
| ·适合订单数量庞大的系统<br><br>·一次拣出商品总量，可以缩短拣取时行走的距离，增加单位时间的拣货量<br><br>·一次拣出总量，对储位操作频度小，有助于维护储位、提高库存的准确性和降低拣错率<br><br>·二次分货作业形成对批次总量拣货的稽核，使拣货正确率提高 | ·前置时间长，对订单的到来无法做出及时反应<br><br>·批量拣货之后，还需二次分货，增加了作业环节，也增加了出差错的概率，而且需再另备额外的分货作业空间<br><br>·由于各环节有时间上的相依性，整个出货时间易被延长<br><br>·如果订单量很大，而使得拣货设备产能趋于饱和，需再多出另一批次作业，则会促使总作业时间增长，但若为了减少批次数量而增加每批次的客户订数，则会使得二次分类的作业时间与困难度增加 |

批量拣取的前提是对订单进行分批处理，这是拣取作业的关键环节。

物流中心常用的批量拣取的分批原则有合计量分批、时窗分批、定量分批、智慧型分批等。其定义及优点如表 7-3 所示。

表 7-3　批量拣取的分批原则

| 原则 | 定义 | 优点 | 缺点 |
|---|---|---|---|
| 合计量分批 | 累积所有订单，依品类别合计总量，据此总量拣取，适合固定点间的周期性配送 | 一次性拣出总量，平均拣货距离最短，拣货准确率高 | 需功能强大的分类系统，且订单数不可过多 |
| 时窗分批 | 当订单到达至出货所需的时间非常紧迫时，可以开启短暂时窗，如 5 或 10 分钟，在此期间内到达的订单做成一批 | 适合密集频繁的情况，且系统能应付紧急插单 | 物流中心要求能随时出货 |
| 定量分批 | 订单累积数达到一定的量时，再开始拣货 | 维持稳定的拣货效率，使自动化的拣货、分类设备得以发挥最大功效 | 订单的货品总量变化不宜太大，否则不经济 |
| 智慧型分批 | 订单汇集后，由计算机将路线相近的订单集中处理，求得最佳的订单分批 | 可大量缩短拣货行走距离，使拣货效率更高 | 需要软件技术较高，前置时间长，紧急插单较难 |

订单别拣取策略和批量拣取策略各有优缺点，它们适用于不同的作业状况。如表 7-4 所示。

表 7-4　两种拣货策略比较

| 订单别拣取 | 批量拣取 |
|---|---|
| ·拣取弹性大，临时性调整容易<br><br>·适合少量多样订货，订货大小差异较大<br><br>·适合订单数量变化频繁、有季节性趋势且货品外形体积变化较大、货品特性差异大、分类作业较难进行的物流中心 | ·拣货弹性小，产能调整能力较小<br><br>·适合订货大小差异不大、少样多量订货<br><br>·适合订单数量稳定、订货大小差异不大、货品外形体积较规则固定以及需流通加工的物流中心 |

3. 复合拣货策略

复合拣货策略是两种拣货策略的混合运用，先将客户订单的订购品类按系统逻辑进行分割，某些品类按订单别拣货，其余则按批量拣货，最后再进行订单合流。

4. 其他拣货策略

表 7-5　其他拣货策略

| 原则 | 定义 |
|---|---|
| 分类拣取策略 | ·订单别拣取的推广<br><br>·同时拿多张订单进行订单别拣取，拣取后的货品按订单分类放置<br><br>·适合每张订单拣取量不大的情况 |

| 原则 | 定义 |
|---|---|
| 分区拣取策略 | • 分区拣取是指将拣取作业场地按区域划分，每个作业人员负责拣取固定区域内的货品<br>• 每个区内可以采取适合的拣货方式 |
| 接力拣取策略 | • 订单别拣取的推广<br>• 类似分区拣取，先决定出拣货员各自负责的货品类目或责任区域，各人员只拣取拣货单上自己负责的部分，然后以接力的方式交给下一位拣货员<br>• 接力拣取只需一张拣货表，像接力棒一样在各区间内传递拣取 |
| 订单分割拣取策略 | • 订单别拣取的推广<br>• 当一张订单的货品类目较多时，可将订单分割成若干个子订单，交给不同的拣货员同时进行拣货作业<br>• 必须与分区拣取策略结合起来运用才能达到高效 |

无论采取哪种拣货策略，目的只有一个，即高效、快速、准确地拣货。

## 三、拣货方式

按拣货策略来分，主要拣货方式有摘取式和播种式；播种式又分为先拣后播和即拣即播两种。

表 7-6　拣货方式对比表

| 拣货方式 | | 特点 | 对应拣货策略 | 备注 |
|---|---|---|---|---|
| 摘取式 | | 拣取人员分别对每一张订单进行一次分拣 | 订单别拣货策略 | 需注意提高拣货效率 |
| 播种式 | 先拣后播 | 拣取人员将货品批量拣出，分货区人员按客户分货 | 批量拣货策略 | 选择时需注意作业场地和空间的限制 |
| | 即拣即播 | 拣取人员将货品批量拣出，不直接去拣取另一货品，而是立即将这批货品按客户分货 | 批量拣货策略 | 一般这种方式处理的对象是货品体积小、出货频率不高的品类 |

根据自动化程度不同，拣货方式可分为人工拣货、半自动化拣货、全自动化拣货。

1．人工拣货

人工拣货有两种方式，一种是按单拣货，另一种是贴标拣货。

（1）按单拣货是最传统、最常用的方式，作业人员按照打印出来的拣货单据去拣取货品。目前，国内物流中心大多采用按单拣货，摘取法涉及的拣货单据有车辆别或客户别拣货表，播种法涉及的拣货单据有拣货用的批量拣货表和分货用的客户别分货表等。

（2）贴标拣货是在拣货前先考察订单的订购品类，按其需求数量印出等量的标签，即一件货品一个标签，一张客户订单的标签数即等于该张订单的总拣货件数，标签上注明相关的拣货信息与客户信息，拣货人员以此取代拣货单据来进行拣货，拣取一件货品贴上一张相对应的标签。这样一方面可以把标签上的信息与拣取的货品作比对确认，另一方面当该订单的标签全部贴完后，则表示完成该订单的拣货作业。这在一定程度上可以对订单总件数的正确性予以管控，同时，标签还有利于配送人员送货时区分货品归属的客户，这种拣货作业较适用于拣货单位为箱的出货形态。

2．半自动化拣货

半自动化拣货是指在设备辅助下的人工拣货作业，按照人与设备间的互动关系，又可分为下列两种：

（1）人就物。人就物是指货品放置位置固定不动，拣货人员需到货品放置处将货品拣出的作业方式。例如，电子标签辅助拣货、拣货台车辅助拣货、掌上型终端机辅助拣货。

（2）物就人。物就人是指拣货时作业者只需停留在固定位置，等待拣货设备把要拣取货品运送到面前的作业方式。例如，水平式或垂直式旋转货架、自动仓库等。

3．全自动化拣货

全自动化拣货是指无须人力的介入由自动拣货设备负责完成拣货作业。例如，全自动仓库、自动分拣机、A 型自动分拣机、拣货机器人等。

## 四、拣取技术

进行现代物流拣取过程中，会用到很多拣取技术，如电子标签、自动分拣技术等。

1. 电子标签辅助拣货系统

在进行货品的拣取容易产生拣货差错有：看串拣货表的内容、找错储位、错数量完成标记出错等。为了克服上述问题，提高拣货效率，许多拣货助设备被广泛应用开来，其中，电子标签货系统是比较理想的系统之一。

（1）按照硬件设计与应用的不同，电子标签可分为标准型与经济型两种。

①标准型。标准型电子标签在标签的面板设计上，除了信号灯与按键外，还有一个可显示数量的 LED 显示屏。其按键有双键式（确认键与缺货键）和三键式（确认键与可调整数量的上下键）两种。标准型的电子标签一般用于出货频率高的商品储位、采用一对一方式，即一个电子标签只对应一个储位。

②经济型。与标准型电子标签相比，它只有信号灯和按键，没有显示屏，无法显示应拣数量，因此硬件成本较低。鉴于这一点，对于出货频率低的商品，可以采用经济型标签，采用一对一的方式运作，以降低投资成本。

（2）电子标签辅拣助货系统的优点

电子标签辅助拣货系统，在欧美一般称为 PTL（Pick-to-light or Put-to-light）System，在日本称之为 CAPS（Computer Assisted Picking System）或者 DPS（Digital Picking System），主要是由主控计算机来控制一组安装在货架储位上的电子标签装置，借助上面的信号灯信号和显示屏上数字的显示来引导拣货人员正确、快速地拣取货品，它将拣货作业简化为"看、拣、按"三个单纯的动作，减少了拣货人员目视寻找的时间，而且它是一种无纸化的拣货系统，可大大提高拣选效率，降低拣错率和工人的劳动强度。

优点：

①可以提高拣货速度及效率，降低拣货错误率，甚至可降到 0.1%以下。

②提高出货配送效率。

③实现在线管理和拣货数据在线控制，使库存数据一目了然。

④操作简单，人员不需特别培训就能上岗工作。

（3）电子标签辅助货系统的作业流程。

①电子标签辅助拣货系统获取订单资料并进行处理。

②控制器将经过处理的订单资料传送至货架上的电子标签。

③电子标签显示出拣货数量。

④拣货员按照电子标签指示，快速而准确地执行指令，无须携带拣货单。

⑤拣货完毕，拣货员按"完成"按钮，将完成信号回报给计算机，进入下一次作业。

（4）电子标签辅助拣货系统的种类。

电子标签辅助拣货系统主要用于拣货，因此，依拣货方式的不同可分为摘取式（Pick-to- light）与播种式（Put-to-light）两种。

①摘取式电子标签辅助拣货系统是指将电子标签安装在储存货品的储位上，一组电子标签对一个储位或储位的一个品类，信号灯引导拣货人员快速、简单地找到正确的储位，显示屏显示的数字清晰正确地显示出所拣的确切数目，拣货人员按照指示拣取相应的货品，拣取完成后按确认键确认。

②播种式电子标签辅助拣货系统是指货架上安装的电子标签对应的是客户，当订单的商品被批次拣取搬运到电子标签辅助拣货系统播种区后用扫描仪读入商品信息，经过电子标签辅助拣货系统服务器处理后，相应的电子标签会显示该客户所需数量，拣货人员将对应数量的商品分配到对应的标签位置的货架上，然后按确认键、熄灭标签，如此继续，直到该种货品播种完毕，再开始下一种货品的播种。

在应用类型上播种式电子标签辅助拣货系统有下列两种播种方法：

①接力播种。作业人员只针对其负责区域内标签发亮的客户进行分类作业，这样一种货品则是在不同的作业人员接力下来完成的。

②通道播种。此种作业是将整个播种区域划分为数个通道，各个通道间是独立作业，彼此间不互相影响的，而一个通道所包括的客户自成为一个批次。在理论上，一个通道完成所有品类的播种分类后，该通道则可继续另一批次不同客户的播种分类。

2．语音辨识拣货系统

语音辨识拣货系统（Voice Directed Order Picking System）一般简称语音拣货系统或VDP，在语音辨识拣货系统环境中，理货人员接收耳机中的系统指令，去执行拣货工作，完成后再经由麦风口头向系统汇报确认。

优点：声控技术造就了仓管系统最大的即时性，让作业人员手、眼均轻松自如地与系统互动，大大地提升了拣货正确率和作业人员工作效率。

（1）语音辨识拣货系统的组成：除了需要仓储作业管理软件外，硬件设备包括个人腰带式无线终端机、耳机麦克风、RF终端。

典型的拣货要求是每个手推车负责30个订单，每个订单涉及4～5条选路线。

（2）语音拣货系统特点包括：①语音拣货系统与条码技术结合使用使货效率更高，拣货误差更低；②语音货系统可使每个拣货员的工作效率可视化，有利于进行个人工作表现的绩效评估和激励；③基于语音拣货系统的新员工培训效率更高，培训成本更低；④当货员因感冒等原因影响嗓子导致语音系统辨别不出声音时，只需花20分钟在语音系统中输入新的音轨即可顺畅进行；⑤空间的有效利用是提高拣货效率带来的另一大好处，移走输送带之后可为每个仓库节省5%～10%的额外空间；⑥库存即时更新，库存正确率提高；⑦作业人员听从语音指示与确认，无须持单作业与记录，可专注作业，减少意外发生；⑧无纸化操作相对减少了垃圾清理工作。

3．自动拣取机

在拣取技术中，A形自动拣取机是一种能够完全自动拣取的机器，因其外观形状像A字形而得名。A形自动拣取机的设计原理决定了一张订单的所有品类几乎同时被拣取，因此它的拣货速度极快，但其瓶颈却是在补货上。由于导物槽的承载容量有限，一个品类的缺货，即会造成停线情况。因此在应用上应注意下列两点：

（1）考虑到导物槽的储存容量原因，商品的体积不宜太大，特别是在商品高度上、规格上要尽量一致。

（2）单品的订购量（IQ）不太多的订单较适合用此种拣取设备，因为单品订购量太多会使得补货频率增加，致使拣货效能降低。

4．自动分拣系统

（1）自动分拣系统概述。

自动分拣系统（Automated Sorting System）是一种自动化分拣作业系统，它可以应用在物流中心批量拣货后的二次分货，其自动化程度要比电子标签辅助拣货系统高，只要将拣出的货品按要求投入自动分拣系统，该系统就会自动按照客户别将货品分开，并从相应的道口排出。批量拣货后，再用自动分拣机来分货，实际上也是对拣货数量一种稽核，因此，降低了拣货的差错率，提高了拣货效率。

自动分拣机可分为直线形分拣机和环形分拣机。直线形分拣机在分拣目的地的数目相对较少（10～40个）时比较经济，而环形分拣机可提供比直线形分拣机更好的功能及灵活性，但是其成本要高于直线形分拣机。

（2）自动分拣系统的优点：

①提高拣货速度和效率；

②降低拣货错误率；

③提高物流服务品质；

④解决人力不足的问题。

自动分拣系统虽然具有上述优点，但不是每个物流中心都适合于采用该系统。选用该系统时，需要考虑的因素：

①物流中心作业规模；

②物流中心存储货品特性；

③自动分拣系统占用空间；

④分拣系统价格以及；

⑤日常的预防保养和安全对策。

（3）自动分拣系统的组成。

自动分拣系统的核心组成部分是信号输入装置、控制中心、输送装置、分类装置，另外，还有辅助部分，即搬运输送机、上货装置、排出装置（滑道）。

①核心组成部分。

a. 信号输入装置。

信号输入装置负责采集、输入货品分类信息。在自动分拣系统中，信号输入装置的位置可根据实际需要来定，大多安装在上货段。根据信息识别方式的不同，信号输入装置也不同。信号识别方式主要有人工识别、色码识别、条码识别、重量检测识别、高度检测识别和形状识别（OCR）等几种。

b. 控制中心。

控制中心的作用是接收和处理分拣信号，根据分拣信号指示分类装置、输送装置进行相应的作业。

c. 输送装置。

输送装置的主要组成部分是传送带或输送机，其主要作用是沿固定线路运送货品，使待分拣商品通过分类装置。

d. 分类装置。

分类装置的作用是根据控制中心发出的分拣指令，当具有相同分拣信号的货品经过该装置时，使货品改变运行方向进入其他输送机或进入分道口。分类装置的类型主要有推出型、浮出型、倾斜型、皮带送出型等。如表 7-7 所示。

表 7-7 分类装置

| 类型 | | 定义 | 用途 |
|---|---|---|---|
| 推推出型 | 直角推出型 | 在气压缸的前端安装推板，由推板将货品推出，分拣速度 2400 个/小时，大多与滚筒输送机搭配使用 | 最早、最简单的机型，不适合薄片及易碎货品 |
| | 浆式推出型 | 利用气压缸和连杆组合，采用弧形动作方式将货品推出，分拣速度 4800 个/小时，大多与钢皮带输送机搭配使用 | 目前应用最普遍的机型，最适合重型货品的分类 |
| | 链条横杆型 | 在分歧部分安装链条和横杆，利用链条带动横杆将货品推出，推出时会产生摩擦，分拣速度 2500 个/小时，多与滚筒输送机搭配使用 | 不适合重量太大的货品 |
| | 滑块推出型 | 输送机表面由条板或管子构成，在每个条板上有一枚滑块，能沿条板横向滑动，平时滑块停在输送机的侧边，滑块下面有销子与导向杆相连，接到分拣指令时，滑块有序地向对面滑动，将货品引导入滑道，分拣速度 8500 个/小时 | 货品受冲击小，对货品姿态不作要求、可进行平稳分类，分类范围广，属高速分类机型 |
| 浮浮出型 | 三角皮带浮出型 | 在分歧部分直角方向上安装一组可以升降的三角皮带或链条输送机，当收到分拣指令时，机组上升，同时转动将货物带出，货品行进方向改变 | 不适合行进方向不能改变的货品 |
| | 链条浮出型 | | 适用于较重货品的分拣 |
| | 转轮浮出型 | 在分歧部分安装一组可以升降的转轮，当接到分拣指令时，机组上升，同时转动将货品带出，分拣速度 8500 个/小时 | 此机型使用较多，属高速分类机型 |
| 倾斜型 | 条板型 | 商品装载在输送机的条板上，当接到分拣指令时，条板的一端自动升起，条板倾斜，货品滑落 | 可两侧分拣，道口间距极小，但分拣时对货物有撞击，适合重量较轻、不易碎的货品的分拣 |
| | 翻盘倾斜型 | 输送机由一系列铰链式结构的盘子组成，可左右倾斜，接到分拣指令后，盘子倾斜，将货品倾倒出来，分拣速度 14400 个/小时，最快 | |
| 皮带送出型 | | 输送机由一个个皮带式台车组成，皮带可左右传动，接到拣货指令后，皮带左右传动，将货品送出，有直线形和环形两种 | 直线形适用于少量货品的分类，环形适用于大量货品的分类 |

②辅助部分。

a. 搬运输送机。搬运输送机一般有皮带输送机、滚筒输送机、垂直输送机等。皮带输送机最常用，其优点是寿命长、保养容易、适应多数货品的输送、货品不易移位；缺点是摩擦力太大。滚筒输送机有动力和无动力之分，无动力多用于排出装置后段的搬运。动力滚筒输送机摩擦力小，需要货品底部平整，不适合于由低到高的输送作业。垂直输送机可以垂直输送货物，常用于多层建筑的物流中心。

b. 上货装置。上货装置是自动分拣机的入口，它负责把货物投放到分拣机上，其主要功能有两个：一是利用信号输入装置将各个分拣货品的尺寸、目的地址送入控制中心，然后经过处理，产生分拣机构作业的指令；二是合理控制待分拣货品进入分拣机的时间和速度，将货品准确地送上分拣机。

c. 排出装置（滑道）。排出装置是自动分拣系统的最末端，也是关系货品安全的重要部分，大部分采用具有一定斜度的滑道。货品常常因为两种状况而损坏，一种是下滑太快，相互碰撞，造成损坏；另一种是滑道内堆满货品，造成新进入的货品掉落而损坏，为了防止这些情况的发生；可以采取在滑道内安装刹车式滚筒、在滑道中间安装皮带输送机、在滑道上安装光电开关等方法。当货品堆到光电开关的位置时，光电开关发出预警，自动分拣机不再从此道口分拣，等待处理或者按预定方案临时从其他道口排出。

（4）自动分拣系统的工作原理。

其工作原理是：系统根据实际需求给每一类货物分配一个滑道，货物通过搬运输送机到达投入装置；上货装置将货物均匀地投放到自动分拣机上，分拣机的每一个单元上最多只有一件货物；货物经过扫描站时，信号输入装置采集货物信息，并传送到控制中心；控制中心按照预先的分配方案分配该货物的滑道出口，分拣机实时地计算该货物的位置；当货物到达预定滑道时，分类装置将货物送入滑道；货物沿着滑道滑出自动分拣系统，后续工作将对分拣出的货物进行处理。

### 经典例题解析

1. 针对每张订单，作业人员巡回于仓库内，将订单上的商品逐一挑出集中的拣货策略是（　　）。

　　A．订单别拣货策略　　　B．批量拣货策略　　　C．复合拣货策略　　　D．其他拣货策略

【答案】A

【解析】本题主要考查拣货策略。订单别拣货策略是针对每张订单，作业人员巡回于仓库内，将订单上的商品逐一挑出集中的拣货策略。故选 A。

2. 累积所有订单，依品类别合计总量，据此总量拣取，适合固定点间的周期性配送的批量拣货策略的分批原则是（　　）。

　　A．定量分批　　　　　B．时窗分批　　　　　C．合计量分批　　　　D．智慧型分批

【答案】C

【解析】本题主要考查拣货策略。批量拣取的前提是对订单进行分批处理。累积所有订单，依品类别合计总量，据此总量拣取，适合固定点间的周期性配送，这种分批原则适合计量分批。故选 C。

3. 拣货流程中，分货作业之后的步骤是（　　）。

　　A．选择拣货方式　　　　　　　　　　B．集货

　　C．搬运至出货暂存区　　　　　　　　D．订单处理

【答案】B

【解析】本题主要考查拣货作业流程。如果是批量拣取，则要在对拣出的货品进行分货作业后，再集货。故选 B。

### 同步练习

1. 接到客户的订单后，要对＿＿＿＿＿＿＿进行调查、确认＿＿＿＿＿、确认是否需要流通加工等，检查现有库存量及各项配送资源是否足以提供此订单的出货，进行＿＿＿＿＿＿＿＿＿＿＿＿，统计商品需求数量。

2. 采用拣货专用的单据或电子信息的另一个优点是拣货信息经过专门处理后，往往按＿＿＿＿＿＿来排列储位，使＿＿＿＿＿最短，从而也提高了＿＿＿＿＿。

3. 拿到拣货资料，并找到货品的位置后，接下来就是拣取货品，它包括两个动作，＿＿＿＿＿和＿＿＿＿＿。

4. 批量拣取的前提是对订单进行＿＿＿＿＿，这是拣取作业的关键环节。

5. 物流中心常用的批量拣取的分批原则有＿＿＿＿＿、＿＿＿＿＿、定量分批、智慧型分批等。

6. ＿＿＿＿＿适合密集频繁的情况，且系统能应付紧急插单。

7. ＿＿＿＿＿需要软件技术较高，前置时间长，紧急插单较难。

8. 按拣货策略来分，主要拣货方式有＿＿＿＿＿＿＿和播种式；播种式又分为＿＿＿＿＿和＿＿＿＿＿两种。

9．根据自动化程度不同，拣货方式可分为_____、_____、全自动化拣货。

10．自动分拣系统的核心组成部分是_____、_____、输送装置、分类装置，另外，还有辅助部分，即_____、_____、排出装置（滑道）。

## 单元练习题

### 一、选择题

1．拣货作业的主流程从（    ）开始。
   A．订单处理　　　　　　　B．收到订单　　　　　C．选择拣货方式　　　D．生成拣货表

2．下列条件中，适合批量拣取策略的是（    ）。
   A．订单数量变化频繁　　　　　　　　　　B．有季节性趋势且商品外形体积变化较大
   C．货品特性差异大　　　　　　　　　　　D．需要流通加工的物流中心

3．当订单到达至出货所需的时间非常紧迫时，可以开启 5 或 10 分钟作为一个周期，在此期间内到达的订单作为一批，这是批量拣取策略的（    ）。
   A．合计量分批　　　　　　B．时窗分批　　　　　C．定量分批　　　　　D．智慧型分批

4．必须和分区拣取策略结合起来才能达到高效，对应的拣货策略是（    ）。
   A．分类拣取策略　　　　　B．批量拣取策略　　　C．接力拣取策略　　　D．订单分割拣取策略

5．（    ）选择时需要注意场地和空间的限制。
   A．摘取式拣货　　　　　　B．播种式拣货　　　　C．先拣后播拣货　　　D．即拣即播拣货

6．（    ）能够维持稳定的拣货效率，使自动化的拣货、分货设备得以发挥最大功效。
   A．合计量分批　　　　　　B．时窗分批　　　　　C．定量分批　　　　　D．智慧型分批

7．（    ）不是订单别拣货策略的推广形式。
   A．分类拣取策略　　　　　B．分区拣取策略　　　C．接力拣取策略　　　D．订单分割拣取策略

8．下列说法中，错误的是（    ）。
   A．复合拣货就是合计量分批拣取和时窗分批拣取策略的混合运用
   B．分区拣取策略，每个区内可以采取适合的拣货方式
   C．接力拣取是订单别拣取策略的推广
   D．当一张订单的商品类目较多时，可将订单分割成若干个子订单，交给不同的拣货员同时进行拣货作业

9．关于先拣后播的拣货方式，下列描述正确的是（    ）。
   A．它对应的是订单别拣取策略
   B．拣取人员负责拣出货品批量，分货区人员按客户分货
   C．处理对象是货品体积小、出货频率不高的货品
   D．拣取人员分别对每一张订单进行一次分拣

10．CAPS 系统主要应用于（    ）。
   A．保管　　　　　　　　　B．运输　　　　　　　C．拣货　　　　　　　D．订单处理

11．较适用于拣货单位为箱的出货形态的拣货方式是（    ）。
   A．按单拣货　　　　　　　B．人至物拣货　　　　C．贴标拣货　　　　　D．物至人拣货

12．（    ）相应电子标签对应的是一个储位或储位的一个品类。
   A．摘取式电子标签辅助拣货系统　　　　　B．播种式电子标签辅助拣货系统
   C．标准型电子标签辅助拣货系统　　　　　D．经济型电子标签辅助拣货系统

13．在自动分拣系统中，（    ）的作用是接收和处理分拣信号，根据分拣信号指示分类装置、输送装置进行相应的作业。
   A．信号输入装置　　　　　B．控制中心　　　　　C．输送装置　　　　　D．分类装置

14．（    ）的作用是根据控制中心发出的分拣指令，当具有相同分拣信号的货品经过该装置时，使货

改变运行方向进行其他输送机或进入分拣道口。

  A．信号输入装置   B．控制中心   C．输送装置   D．分类装置

## 二、简答题

1．简述拣货的作业流程。

2．简述订单别拣货策略的优点。

3．简述订单别拣货策略的适用情况。

4．简述电子标签辅助拣货系统的作业流程。

5．简述电子标签辅拣货系统的优点。

6．简述自动分拣系统的优点。

## 三、综合分析题

  速达物流配送中心是一家经营电子零件及器材配送的公司，大部分客户为电子厂，用货量相对集中，送达时间比较一致，为了降低成本，速达公司对客户订单进行处理，用计算机将线路相近的订单集中处理，求得最佳的订单分批，从而提高客户满意度。

  请根据以上内容回答下列问题：

1．该拣货策略选择了哪一种分批原则？

2．该原则具有哪些优点和缺点？

# 第八章

# 商品包装

## 知识结构图

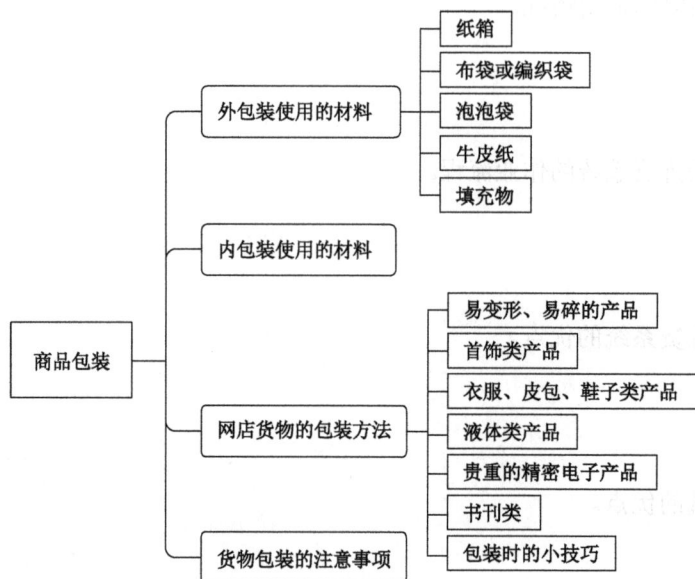

## 考试说明

1. 了解外包装和内包装使用的材料。
2. 掌握网店货物的包装方法。

## 知识精讲

### 一、外包装使用的材料

1. 纸箱

纸箱是使用比较普遍的一种包装，其优点是安全性强，可以有效地保护物品，需填充一些报纸或纸屑来对外界冲撞产生缓冲作用；缺点是大大增加了重量，运费也就相应增加了。

2. 布袋或编织袋

寄包裹是可以用袋装的，材料是没有限制的，常用材料有棉布、尼龙和塑料袋，最好能够防水，如果需要缝口则要找粗一点的针线缝牢固。

布袋的优点一是成本低；二是重量轻，可以节省运费。

缺点是对物品的保护性比较差，只能用来包装质地柔软、耐压、耐摔的物品。

3．泡泡袋

优点：（1）价格相对较低（2）重量轻（3）比较好地防止挤压，对物品的保护性相对比较强。适用情况：适用于包装那些本身有硬质外包装（如礼盒、光盘、酒等）、体积较小、扁平形状的物品。

4．牛皮纸

牛皮纸的优点和泡泡袋差不多，但是防挤压性较差，适用于包装那些本身有硬质外包装（如礼盒、鞋盒）、体积不是特别大的物品以及比较厚重的书籍。

5．填充物

一般选用专用的填充泡沫，当然也可以用废报纸。一切都取决于自身的定位：是更倾向于经济实惠还是更倾向于美观专业。

## 二、内包装使用的材料

直接或间接地接触产品的内层包装在流通过程中主要起保护产品、方便使用、促进销售的作用。内包装一般使用的方法如表 8-1 所示。

表 8-1　货物内包装

| 使用的材料 | 对材料所进行的加工 |
| --- | --- |
| 报纸 | 团状、条状 |
| 泡沫 | 块状、粒状 |
| 气泡膜 | 整张、边角 |
| 塑料袋 | 球状、气囊 |

## 三、网店货物的包装方法

1．易变形、易碎的产品

这一类产品包括瓷器、玻璃制品、字画、工艺笔等。

对于这类产品，包装时要多用些报纸、泡沫塑料或者泡绵、泡沫网。这些包装材料重量轻而且可以抗撞击。另外，一般易碎、怕压的产品四周都应用填充物充分地填充。可尽量多用聚乙烯的材料而少用纸壳、纸团，因为纸要重一些，而那些聚乙烯的材料膨胀效果好，自身又轻。

2．首饰类产品

首饰类产品一般都需要附送首饰袋或首饰盒。通过以下方法可以让你的服务显得更贴心。

（1）一定要用纸箱包装。对于首饰来说，3 层的 12 号纸箱就够用了。为了节约成本，可以网购纸箱。

（2）一定要以报纸或泡沫等其他填充物填充，以便让首饰盒或首饰袋在纸盒里不晃动。

（3）纸箱四个角一定要用胶带包好。因为邮寄的时候有很多不确定因素，比如在递送过程中另有一件有液体的货品和你的货品在同一个包装袋里，一旦这个液体货品包装不严，出现泄漏，你的货品也会被浸泡。

（4）附送一张产品说明卡，这样显得比较专业。

3．衣服、皮包、鞋子类产品

这类产品在包装时可以用不同种类的纸张（牛皮纸、白纸等）单独包好，以防止脏污。如果要用报纸的话，里面还应加一层塑料袋。遇到形状不规则的商品，如皮包等，可预先用胶带封好口，再用纸包住手提袋并贴胶带固定，以减少磨损。邮寄衣服时，要先用塑料袋装好，再装入防水防染色的包裹袋中；用布袋邮寄服装时宜用白色棉布或其他干净、整洁的布。

4．液体类产品

邮局对液体类产品有专门的邮寄办法：先用棉花裹好，再用胶带缠好。在包裹时一定要封好出口处，可以用透明胶带用力绕上几圈然后再用棉花整个包住，可以包厚一点，最后再包一层塑料袋，这样即使液体漏出来也会被棉花吸收，并有塑料袋做最后的保护，不会流到纸盒外面污染到别人的包裹。至于香水，可以到五金行或是专门的塑料用品商店买一些透明的气泡纸，在香水盒上多裹几圈然后用透明胶带纸紧紧封住。但是为了确保安全，最后应该把裹好的香水放进小纸箱里，同时塞满泡沫塑料或者报纸。

5．贵重的精密电子产品

贵重的精密电子产品包括手机、计算机、显示器等。

在对这类怕震动的产品进行包装时，可以用泡绵、气泡布、防静电袋等包装材料把物品包装好，并用瓦楞纸在商品边角或者容易磨损的地方加强包装保护，并且要用填充物（如报纸、海绵或者防震气泡布这类有弹力的材料）将纸箱空处填满，这些填充物可以阻隔及支撑产品，吸收撞击力，避免产品在纸箱中摇晃受损。

6．书刊类

书刊类商品的具体包装过程如下：

（1）用塑料袋套好，以免理货或者包装的时候弄脏，也能起到防潮的作用。

（2）用报纸中夹带的铜版纸做第二层包装，以避免书籍在运输过程中损坏。

（3）外层用牛皮纸、胶带进行包装。

（4）如打算用印刷品方式邮寄，用胶带封好边与角后，要在包装上留出贴邮票、盖章的空间；邮寄方式则要用胶带全部封好，不留一丝缝隙。

（5）按邮局的规定，1千克以上要打"井"字绳，否则不予邮寄。在现实包装时，一般不论要不要打井字绳，四周都要用胶带贴好。

7．包装时的小技巧

（1）不要自作主张把商品的价格标签或含有价格信息的出货单放入包装箱内。因为有些客户购买商品是用来送礼的，这些客户希望网店直接发货给他的朋友，而他们一般是不愿意让朋友知道这件礼物的价格是多少，是在哪里买的。

（2）可在包裹中加上商品说明。对于比较复杂的商品，如果在给买家的包裹中有针对性地写一些提醒资料，比如不同质地的衣服分别要怎么洗要注意什么不穿时应该怎么收纳等等，会让客户感到卖家很人性化、很贴心，从而成为你的老客户，甚至给你带来很多新客户。

（3）无论用什么包装寄东西都应保证包装整洁无破损，破破烂烂的包装会让人怀疑里面的东西是不是已经压坏了，甚至怀疑产品的质量问题。

（4）如果弄张小卡片、小礼物之类放在商品里送给买家会让买家有一种超值的感觉。因为一般买家都是本着能收到货就好的心态如果不但收到了意想中的商品，还有小礼物，不给好评就太过意不去了。小礼品只要实用就好，但切记千万不要把自己用过的东西当礼品，不但收不到好的效果，还可能适得其反。

## 四、货物包装的注意事项

商品要根据市场定位或消费者的心理需求，分不同档次进行包装。分档次包装要与商品的价值或者质量相一致。网店分档包装需要注意以下问题。

1．包装有利于运输安全

2．包装要考虑节省费用

3．包装应该让商品美观

4．包装应该有辨别性

5．包装应方便客户收纳

### 经典例题解析

1．网店进行货品包装时，外包装使用的材料不包括的（　　　）

　　A．纸箱　　　　　　　B．布袋或编织袋　　　C．泡泡袋　　　　　D．铁箱

【答案】D

【解析】本题主要考查外包装使用的材料。铁箱重量大，费用高，一般不作为外包装材料，外包装可以使用纸箱、布袋或编织袋、泡泡袋、牛皮纸、填充物。故本题选D。

2．对于手机类3C数码产品的包装，应尽量采用的外包装材料是（　　　）。

　　A．牛皮纸　　　　　　B．泡绵　　　　　　　C．塑料袋　　　　　D．胶带

【答案】 B

【解析】 本题考查的是外包装使用的材料。贵重的精密电子产品包括手机、计算机、显示器等。在对这类怕震动的产品进行包装时，可以用泡绵、气泡布、防静电袋等包装材料把物品包装好。故本题选 B。

## 同步练习

1．纸箱是使用比较普遍的一种包装，其优点是_____，可以有效地保护物品，需填充一些报纸或纸屑来对外界冲撞产生缓冲作用；

2．纸箱的缺点是大大增加了_____，_____也就相应增加了。

3．布袋的优点一是_____；二是_____，可以_____。

4．泡泡袋的优点：（1）_____相对较低（2）_____轻（3）比较好地防止挤压，对物品的保护性相对比较强。适用情况：适用于包装那些本身有硬质外包装（如礼盒、光盘、酒等）、_____较小、_____的物品。

5．一般选用专用的填充泡沫，当然也可以用废报纸。一切都取决于自身的定位：是更倾向于_____还是更倾向于_____。

6．直接或间接地接触产品的内层包装在流通过程中主要_____、方便使用、_____的作用。

## 单元练习题

### 一、选择题

1．适用于包装厚重书籍的外包装材料是（　　　）。

　　A．牛皮纸　　　　　　　B．布袋或编织袋　　　C．泡泡袋　　　　　D．填充物

2．安全性强，可以有效地保护物品，需填充一些报纸或纸屑来对外界冲撞产生缓冲作用的外包装是（　　　）。

　　A．编织袋　　　　　　　B．纸箱　　　　　　　C．泡泡袋　　　　　D．布袋

3．对于泡沫这种内包装，对它进行的加工是（　　　）。

　　A．团状、条状　　　　　B．块状、粒状　　　　C．整张、边角　　　D．球状、气囊

4．红雨羽绒服旗舰店，按照客户订单要求向外发货前进行包装，下列做法不妥当的是（　　　）。

　　A．包装前先用塑料袋装好　　　　　　　B．装入防水防染色的包裹袋中

　　C．用报纸或泡沫等填充物填充　　　　　D．可用干净、整洁的布袋邮寄羽绒服

5．下列快递的商品，适合选择泡泡袋的是（　　　）。

　　A．折叠拖把　　　　　　B．红酒礼盒　　　　　C．新华词典　　　　D．鲜花

6．子轩在芊芊汉服旗舰店定制了一件汉服，准备作为生日礼物送给朋友。网店在包装时可能引起客户反感的做法是（　　　）。

　　A．把商品价格标签放入包装袋内　　　　B．在包装袋内加上商品说明

　　C．附送一张古风的生日卡片　　　　　　D．在包装袋内附赠一份同色系发饰

### 二、简答题

1．外包装使用的材料有哪些？

2．简述网店进行易变形、易碎产品包装时的方法。

4. 简述书刊类商品的包装方法。

5. 简述网店货物包装的小技巧。

## 三、综合分析题

曾冉冉大学毕业后，回到家乡选择创业，与几个志同道合的伙伴在淘宝、拼多多都注册了网店，主要经营珍珠类饰品。通过市场调查与分析，发现客户更偏爱独一无二的珍珠饰品，于是推出"唯一"系列定制个性化珍珠饰品，受到客户的喜欢，销量大增。

请根据以上内容回答下列问题：

1. 在给客户发货前，进行珍珠饰品包装时，如何进行操作？

2. 在进行珍珠饰品包装时，需要注意哪些问题？

# 第九章

# 商品存储与维护

## 知识结构图

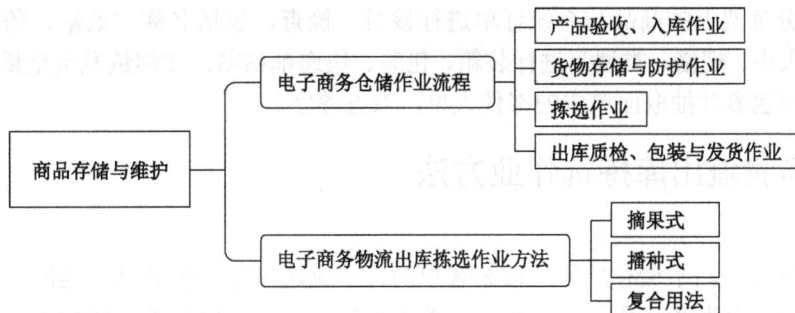

## 考试说明

1. 掌握电子商务仓储作业流程。
2. 掌握电子商务物流出库拣选作业方法。

## 知识精讲

### 一、电子商务仓储作业流程

电子商务仓储就是对电子商务产品的储存与保管，是围绕电子商务仓储实体及单证进行记账，建卡立档，以保证账、卡、物相符，物流、信息流、单证流有机合一的过程。电子商务仓储作业流程主要包括产品验收、入库作业，货物存储与防护作业，拣选作业，出库质检、包装与发货作业。

1. 产品验收、入库作业

（1）产品到货后，收货人员应合理安排卸货；审核送货单据和实物的数量、状态及规格是否符合采购要求，如符合，签单并搬运到指定的区域。

（2）统计人员及时打印条码，交与收货人员粘贴，标签须与账、物相符。

（3）将供应商的送货单转换成本公司的入库单，入库单要由仓库主管和库管员签字，并及时交予统计人员，及时入账，在入库的当日办理相关入库手续，将入库单财务联交给财务人员（统计人员及时通知审核人员审核系统单据，入账）。

（4）通知质检人员对物料进行检验。

（5）产品经检验后库管员根据质检员签署的意见进行分类规整。

①将不合格品归整后统一放置在一处，与合格品进行完全隔离，做好标识，并汇总后上报；开出移库单，并交接单据，由统计员做系统移库。

②将合格品放至相应的库位。

（6）产品入库后，上报数量给部门主管，由部门主管做产品上架及发布入库通知。

2．货物存储与防护作业

（1）应提供符合要求的场所和环境储存产品，要求通风、干燥、防尘等，并配备适量的防火设备。

（2）产品要按规定要求整齐摆放，分类别、状态、批次进行管理，标识应清楚、规范，同一款货物原则上只允许打开一箱（包）。必须确保现场物料包装完整无损。所有人员必须在库房人员确认的情况下，方可将产品取离库房现场。

（3）仓管员应有计划地进行产品循环盘点，及时了解库存情况，将储存过程中发现损坏的产品立即从库房中剔除、隔离，并填写相应的单据（盘点单、移仓单、报废单）。

3．拣选作业

在电子商务物流中心，拣选作业所占分量比较大，主要有打单（拣货单、发货单、快递单）拣货和分单、出库验证（计算机扫描出库单以及包装上的货品条码验证出库，核对无误流入打包区，等待打包）。

4．出库质检、包装与发货作业

出库工作人员将分拣架上的商品与系统订单进行核对、检查，包括名称、数量、条码、保质期等；打包人员根据商品数量、大小、规格、类型等进行装箱、包装、快递单粘贴，并称量发货重量，需注意包装的稳定性、安全性。快递收取包裹并抽取面单中的寄件人单，双方签字。

# 二、电子商务物流出库拣选作业方法

1．摘果式

摘果式是指让拣货员巡回于储存场所，按某客户的订单挑选出每一种商品，巡回完毕即完成了一次配货作业。将配齐的商品放置到发货场所指定的货位，然后再进行下一个要货单位的配货。摘果式的优缺点如表9-1所示。

表9-1　摘果式的优缺点

| 优点 | 缺点 |
| --- | --- |
| • 作业方法单纯；<br>• 订单处理前置时间短；<br>• 导入容易且弹性大；<br>• 作业人员责任明确；<br>• 拣货后不必再进行分拣作业，适用于大批量、少品种订单的处理 | • 商品品种多时拣货行走路线过长；<br>• 拣选效率低；<br>• 拣选区域大时，搬运系统设计困难；<br>• 少批量、多批次拣选时，会造成拣选路线重复，费时 |

2．播种式

播种式是指将每批订单上的同类商品各自累加起来，从储存仓位上取出，集中搬运到理货场所，然后将每一客户所需的商品数量取出，分放到不同客户的暂存货位处，直到配货完毕。播种式的优缺点如表9-2所示。

表9-2　播种式的优缺点

| 优点 | 缺点 |
| --- | --- |
| • 适合订单数量庞大的系统；<br>• 可以缩短拣取时的行走搬运路线，增加单位时间的拣货量；<br>• 越要求少量、多批次的配送，批量拣取就越有效 | • 对订单的到来无法做出及时的反应，必须等订单达到一定数量时才能做一次性处理，会产生停滞时间 |

3．复合用法

（1）播种式+摘果式。

将订单汇总后，将订单上的商品全部分拣出来，放置在顾客订单分拣区，然后按照客户订单进行拣选。这种拣选方法适用于少品种、多订单的拣选。

（2）播种式+播种式。

将订单汇总一次形成一次汇总单；然后把一定数量的一次汇总单再次汇总为二次汇总单，按照二次汇总单将订单商品全部分拣出来，无须上架，按照客户订单编码和拣选的顺序进行播种式操作，把二次汇总单变为一次汇总单；最后再进行二次播种，将一次汇总单变为客户订单。这种拣选方法适用于多品种、多订单的拣选。

例如，当当网和京东商城的商品拣选就是用这种方法。

（3）播种式与摘果式一次完成。

将订单汇总一次形成一次汇总单，借助无线扫描设备，在播种式拣货的同时完成摘果。这种拣选方法主要适用于多品种、多订单的拣选，如亚马逊。

### 经典例题解析

1. 将每批订单上的同类商品各自累加起来，从储存仓位上取出，集中搬运到理货场所，然后将每一客户所需的商品数量取出，分放到不同客户的暂存货位处，直到配货完毕指的是那种拣选作业方法是（  ）。

    A. 摘果式                       B. 播种式

    C. 播种式+播种式           D. 播种式+摘果式

【答案】 B

【解析】 本题考查的是播种式的定义。播种式是指将每批订单上的同类商品各自累加起来，从储存仓位上取出，集中搬运到理货场所，然后将每一客户所需的商品数量取出，分放到不同客户的暂存货位处，直到配货完毕。

2. 亚马逊将订单汇总一次形成一次汇总单，借助无线扫描设备，在播种式拣货的同时完成摘果选择的方式是（  ）。

    A. 摘果式                       B. 播种式

    C. 播种式+播种             D. 播种式+摘果式一次完成

【答案】 D

【解析】 本题考查的电子商务物流出库拣选作业方法。播种式+摘果式一次完成是将订单汇总一次形成一次汇总单，借助无线扫描设备，在播种式拣货的同时完成摘果。这种拣选方法主要适用于多品种、多订单的拣选，如亚马逊。

### 同步练习

1. 电子商务仓储就是对电子商务产品的＿＿＿＿＿＿，是围绕电子商务仓储实体及单证进行记账，建卡立档，以保证＿＿＿、＿＿＿、＿＿＿相符，物流、信息流、单证流有机合一的过程。

2. 电子商务仓储作业流程主要包括＿＿＿＿、＿＿＿＿，货物存储与防护作业，拣选作业，＿＿＿＿、＿＿＿＿与发货作业。

3. 货物存储与防护作业，应提供符合要求的场所和环境储存产品，要求通风、＿＿＿＿、＿＿＿＿等，并配备适量的防火设备。

4. 产品要按规定要求整齐摆放，＿＿＿＿、＿＿＿、＿＿＿进行管理，标识应清楚、规范，同一款货物原则上只允许打开＿＿＿＿。

5. 出库工作人员将分拣架上的商品与系统订单进行核对、检查，包括名称、＿＿＿＿、＿＿＿＿、＿＿＿＿等；打包人员根据商品数量、大小、规格、类型等进行装箱、包装、快递单粘贴，并称量发货重量，需注意包装的＿＿＿＿、＿＿＿＿。

### 单元练习题

#### 一、选择题

1. 适用于少品种、多订单拣选的方法是（  ）。

    A. 摘果式                       B. 播种式

    C. 播种式+播种式           D. 播种式+摘果式一次完成

2. 当当网的商品拣选采用的拣选方法是（  ）。

    A．摘果式             B．播种式         C．播种式+播种式    D．播种式+摘果式

3．电商物流部门中，负责检验货物的是（    ）。

    A.仓管员             B．质检员          C．配货员         D．审单员

4．储存过程中发现损坏的产品应（    ）。

    A．放在原处            B．丢弃           C．隔离          D．退回

5 下列选项中，符合.摘果法拣货方式优点的是（    ）。

    A．适合订单数量庞大的系统          B．导入容易且弹性大

    C．拣选效率高                D．搬运系统设计容易

6．拣货员巡回于储存场所，按某客户的订单挑选出每一种商品，巡回完毕完成一次配货作业，将配齐的商品放置到发货场所指定的货位，这对应的是（    ）。

    A．摘果式                   B．播种式

    C．播种式+播种式            D．播种式+摘果式

7．具有订单处理前置时间短，导入容易且弹性大的优点，这对应的是（    ）。

    A．摘果式                   B．播种式

    C．播种式+播种式            D．播种式+摘果式

8．亚马逊的商品出库拣选方法是（    ）。

    A．摘果式                   B．播种式

    C．播种式+播种式            D．播种式与摘果式一次完成

## 二、简答题

1．简述电子商务仓储作业流程。

2．简述摘果式拣选作业方法的优点和缺点。

3．简述播种式拣选作业方法的优点和缺点。

# 第十章

# 商品配送

## 知识结构图

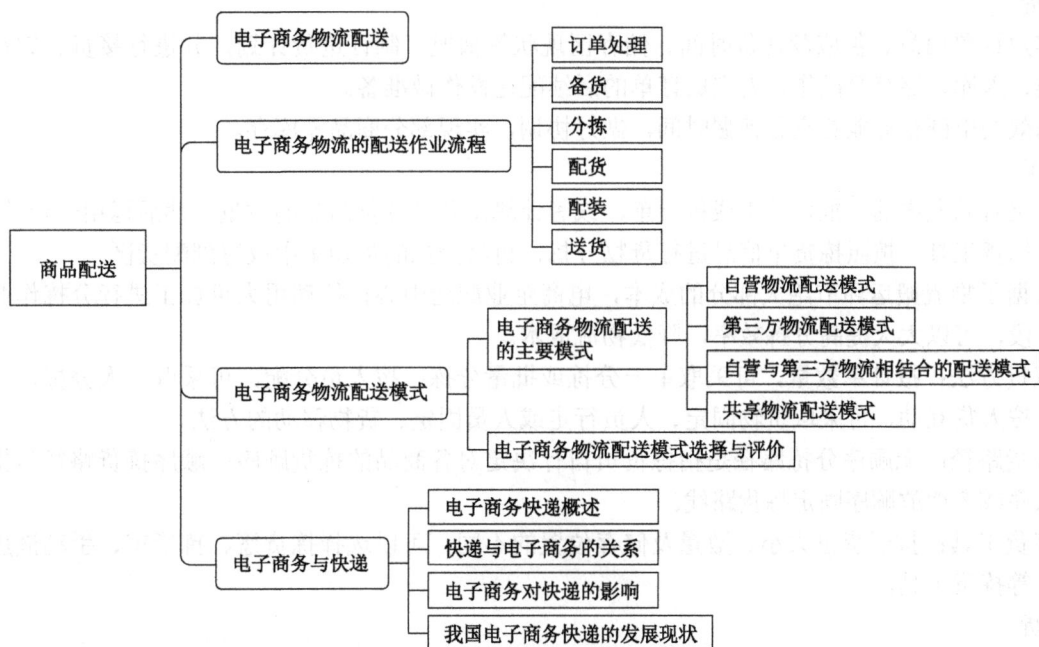

## 考试说明

1. 了解电子商务物流配送的含义。
2. 掌握电子商务物流配送的作业流程。
3. 掌握电子商务物流配送的模式。
4. 理解电子商务快递。

## 知识精讲

### 一、电子商务物流配送

电子商务物流配送是指电子商务企业以现代信息技术为支撑而开展的配送活动。具体来讲，就是指电子商务企业采用网络化的计算机技术、现代化的硬件设备和软件系统以及先进的管理手段，针对社会需求，按用户的订单要求，进行一系列配送作业，进而将商品交付给用户的活动及过程。

## 二、电子商务物流的配送作业流程

电子商务物流配送的流程与传统意义上的物流配送存在显著区别，即从货物输入配送中心到货物送达客户手中的整个作业流程都处于信息的监控中，是在信息驱动下开展实体作业。

在一般情况下，一个较完整的电子商务配送工作流程由订单处理、备货、分拣、配货、配装、送货这六个环节组成。

1. 订单处理

（1）电商企业接受客户订货后，系统生成订单，包括客户信息、订货清单、支付及配送方式等。

（2）根据订货清单查询并分配存货，若存货不足，可与客户沟通后采取从其他仓库调拨、延迟交货、紧急采购、按库存发货、退订等方式进行处理。

（3）根据客户送货时间等要求确定订单出库时间和理货时间。

（4）最后打印订单。

及时处理订单，可以为后期的配送环节节省时间。电商企业应根据客户订单频率和企业实际情况合理安排订单处理间隔时间，并排好订单出库时间和理货时间，同时做好存货预警，这样可以大大提升配送效率。

2. 备货

根据客户订单信息、供应商送货时间、储存区现状等情况，制订进货计划，并进行接货、卸货、收货、编号、分类、入库、储存等操作，为完成订单的后续配送操作做准备。

一些高效的电商企业能够充分把握时间，做好协调，实现部分商品零库存。

3. 分拣

根据一定时间段内的一批订单生成拣货单，或者计算出各种订货商品的数量，然后运用一定的拣货方法、拣货路线、拣货工具，按照拣货单信息进行货物分拣，再将分拣的货物集中放置到配货区。

分拣占据了物流搬运环节绝大部分的成本，电商企业配送中心往往动用大量员工进行分拣作业，而有效运用分拣手段，可以大大提高分拣效率，降低物流成本。

（1）拣货方法：按订单数量，可采取单一分拣或批量分拣；按人员分配，可采取一人分拣、多人分拣或分区分拣；按人货互动，可采取货物固定、人员行走或人员固定、货物移动的方法。

（2）拣货路径：无顺序分拣路径是指拣货员自行决定对各商品的拣货顺序；顺序拣货路径是指按产品所在货位号顺序或者摆放顺序固定拣货路线。

（3）拣货工具：按照货位大小、数量及储存位置的不同，可以选择拣货篮、拣货车、手动液压托盘车、叉车、梯子等拣货工具。

4. 配货

客户的订单常常包含多项商品，配货过程就是根据订单把客户需要的商品从分拣区再次分货挑拣出来，并进行配货检查，确认商品规格和数量、附件和发票，以及对商品状态、品质进行检查。最后用包装箱或包装袋等工具对商品进行打包。

配货检查作业，一般不应由分拣和分货人员完成，最好设置专门的品管人员进行质检。对于小型的电子商务企业和个人卖家，订单量不是很大的情况下，分拣和配货可以同步完成，其分拣过程可以直接使用订单进行配货。在流程里，电子商务企业需要进行的操作到此就结束了，后面的工作一般都是由快递公司来完成的。

配货检查常用的方法有：

（1）商品条码检查法：用条码扫描器扫描订单号和各商品条码后，系统自动检测商品规格和数量是否有误。这也是目前大型电商配送中心广泛采用的方法。

（2）声音输入检查法：读出订单号、商品编码和数量后，计算机根据声音信息自动进行检测。此方法可在无法扫描条码时使用，免除了信息输入的麻烦。

（3）重量计算检查法：把订单上的商品总重量与商品实际总重量进行对比，是一般散货常用的检查方法。

（4）人工检查法：用人工将订单上的商品信息与配货商品一一对比。小规模电商企业一般采用此法。

5. 配装

发货区工作人员接过打包包裹后，根据订单地址打印并张贴运输单，然后按照运输单目的地分拣包裹，并将同一线路的货物集中到一起，堆放在发货区，等待装车。装车时要对同一线路的包裹进行搭配装载，并且按照送货的先后顺序装车。配装时，应尽可能地利用好车辆的每一寸空间，降低运输成本，同时要充分考虑车辆的容量和载重量。另外，要把后送的货物放在里面或下面，先送的货物放在外面或上面，同时做到重不压轻、硬不压软，不损伤商品。

6．送货

按照配送中心配送线路将货物依次运送到各配送站点，各站点按照站点配送线路分配货物后，再将货物最终送到客户手中，并办理客户签收、收款、退换货等手续。一般情况下，送货人员都是电子商务交易中唯一面对客户的公司代表。

## 三、电子商务物流配送模式

电子商务物流配送模式，就是在电子商务环境下将传统的物流配送进行信息化、现代化、社会化改造和创新的一种现代物流配送方式。

1．电子商务物流配送的主要模式

（1）自营物流配送模式。

自营物流配送模式是指电商企业自己组建独立的配送中心和配送站点，拥有自己的配送车辆等设施设备，由企业自己的员工送货的一种模式。

（2）第三方物流配送模式。

第三方物流配送模式是指电商企业完全通过第三方物流配送机构将商品送达客户手中的模式。目前第三方物流配送模式又分为以下三种主要方式：

①物流配送代理。

这是指专业物流配送企业通过签约等方式确立合作，由其全权代理配送业务。例如，C2C 卖家、中小型电商企业、成立不久的电商企业一般都由一些签约的快递公司代理自己的商品配送。

②委托专业机构配送。

这是指委托中国邮政、便利店、社区物业等机构利用其网络完成配送。例如，天猫打造的"天猫社区服务站"绝大多数都是与第三方机构合作，将"最后一公里"交给第三方机构。

③指定与推荐物流配送相结合。

这是指由一两家指定的专业物流配送企业加若干家推荐的专业物流配送企业提供服务。例如，淘宝网采取的就是这种方式，它还用"物流推荐指数"的策略提高各物流配送合作商的服务质量。

（3）自营与第三方物流相结合的配送模式。

自营与第三方物流相结合的配送模式是指电商企业以第三方物流配送为主，同时又拥有自营物流配送资源的配送模式。

（4）共享物流配送模式。

共享物流配送模式是指多家电商企业联合起来共享物流资源的配送模式。阿里巴巴平台上很多 B2B 电商企业都采用这种模式。目前，共享物流配送模式又分为以下三种方式：

①共享配送中心。

这是指企业没有自己的配送中心，多家企业共同使用一个配送中心储运商品。

②互用配送中心。

这是指企业都有自己的配送中心，它们相互使用对方的配送中心储运商品。

③共同配载送货。

这是指在以上两种情况下，企业在送货时，有效利用车辆资源，共同配载。

2．电子商务物流配送模式选择与评价

（1）自营物流配送模式选择与评价选择。

选择：本模式适合大型电子商务企业或者消费者比较集中的区域电商企业。

评价：

①自营物流配送前期投资大，布局耗时长，技术要求高，一般需要有雄厚的资金和先进的管理水平做支撑；

②自营物流配送模式短期看成本大，难度高；

③长期来看，在配送网络布局形成规模效应后，就可以降低企业的配送成本、提高企业的配送效率；

④同时，因为直接面对终端客户，可以掌控配送流程，因此能够大大提升服务质量，从而增加客户好评，进而带来销售额的增长。

（2）第三方物流配送模式选择与评价。

选择：本模式适合 C2C 卖家和小型电商企业。

评价：

①发展中的 C2C 卖家和小型电商企业，可以将配送交给专业的第三方物流企业去做，而自己将精力放在核心的网络营销上，这样各自发挥所长，做到了社会资源的有效整合。

②数据显示，中国快递行业一半以上的营业收入来自电子商务，可见快递公司作为第三方物流配送的主要方式在电子商务领域彰显的作用。

③第三方物流配送的缺点也是显而易见的，居高不下的快递行业投诉就可以说明这个问题。因为快递员一般比较关心与工资相关的派件数量，所以就容易因追求派件数量而出现商品损坏、快递延迟、服务态度差等问题。

④随着快递行业的发展，以及民营快递公司的成熟，问题将会减少，快递与电子商务之间的合作也将更加密切。

## 四、电子商务与快递

1．电子商务快递概述

（1）快递的定义：快递又名速递，是兼有邮递功能的门对门物流活动，即指快递公司通过铁路运输、公路运输和航空运输等运输方式，再用货车、微型面包车、摩托车、电动车、脚踏三轮车、自行车等交通工具，对客户的货物进行门到门的快速投递。

国际快递四大巨头有 UPS（联合包裹）、FedEx（联邦快递）、DHL（敦豪快运）、TNT（荷兰天地快递）。国内快递企业中，国有快递企业包括：EMS（中国邮政速递）、CRM（中铁快运）、CAE（民航快递）等；民营快递企业包括：顺丰、宅急送、四通一达（申通、圆通、中通、汇通和韵达）等。

（2）电子商务快递。

电子商务快递是快递服务组织（企业）受参与网上交易的用户的委托，对相关物品（包括纸质类物品如文件、书信、明信片等）提供快速传送的服务。

在电子商务环境下，快递作为解决 B2C 或 O2C 电子商务模式中小规模物流的主要形式，其用户多来自淘宝网、当当网、拍拍网、京东商城等大型电子商务服务平台，这些平台为用户提供了灵活、方便的下单接口，用户习惯在平台上直接下单，默认电商选择的快递服务。在整条电子商务快递服务链中有 6 种参与者，分别是发件方、收件方、电子商务平台、快递企业、货运代理及货运企业。

2．快递与电子商务的关系

快递与电子商务是新经济时代两个发展密切相关、业务互为支撑的行业。互联网用户规模的持续扩大和网上购物的相应优势，使得电子商务成为快递业务新的增长点，快递与电子商务合作日趋密切，范围不断拓展，水平不断提升。

（1）快递为电子商务提供支撑与服务。

电子商务在如何保证实现网上信息传递、网上交易和网上结算方面的问题已经通过各种信息技术得以解决，但如果物流配送环节不能使网上交易实现这些优势，那么物流配送就会成为制约电子商务发展的瓶颈。快递为电子商务发展提供有力支撑，是经营实体商品的电子商务最终实现的必备条件。在电子商务过程中，从异地购物到同城买卖，除了虚拟商品和网络服务的买卖，每件商品都要用到快递业务。如果没有物流配送，电子商务给交易者带来的交易方便快捷和高效的优势便难以实现，因此物流配送是实现电子商务优势的可靠保障。

（2）电子商务为快递增添动力。

我国电子商务的发展尤其是网络购物的爆发式增长大大促进了电子商务物流服务业尤其是快递服务业的发展，使其成为社会商品流通的重要渠道。由于大部分"网购"商品要靠快递企业递送给客户，促使快递包裹业务量每年增幅达 30%以上，在快递信件相对减少的情况下，快递包裹成了带动快递业高速增长的第一动力。

3．电子商务对快递的影响

电子商务对快递服务的需求已经逐渐成为快递市场的主力，保守估计其业务量已经超过普通快递业务量的 50%，尤其在一些民营快递企业，该比例可能更高。

（1）电子商务对快递业经营形态管理的影响。

电子商务改变了快递业的经营形态和管理，也将改变物流企业对物流的组织和管理。电子商务要求物流从整条供应链的角度来实行系统的组织和管理，打破传统商务下物流分散的状态。由于电子商务需要一个全球性的物流系统来保证商品实体的合理流动，这就要求物流企业（包括快递企业）联合起来，在竞争中形成一种协同竞争的状态。

（2）电子商务对快递服务组织和协调水平的影响。

电子商务促进了快递服务组织和协调水平的提高。电子商务快递是伴随电子商务技术和社会需求的发展而出现的，它是辅助实现电子商务真正的经济价值不可或缺的重要组成部分。快递对于包含有实体运输环节的电子商务来说，具有不可替代的作用。电子商务快递市场因电子商务的存在而存在，因其发展而发展，在这个市场中，参与主体众多，技术应用广泛，需要多方面紧密协调和合作，快递服务组织要参与其中。拥有畅通的信息流，把相应的采购、运输、配送等业务活动联系起来，使之协调一致，是提高电子商务快递系统整体运作效率的必要途径。

（3）电子商务对快递技术的影响。

由于电子商务所具有的电子化、信息化、自动化、网络化等优点，以及高速、廉价、灵活等诸多好处，使得电子商务快递在其运作、管理等方面也有别于一般快递。不同之处就在于电子商务快递系统突出强调一系列电子化、机械化、自动化工具的应用以及准确、及时的快递信息和对快递过程的监督。

（4）电子商务对物流人才提出了更高的要求。

电子商务不仅要求快递行业管理人员具有较高的行业管理水平，而且要求快递行业管理人员具有较丰富的电子商务知识，并在实际的运作过程中，能有效地将二者有机地结合在一起。

4．我国电子商务快递的发展现状

（1）网络购物快递市场呈爆发式发展。

快递物流的市场需求巨大，并呈多层次、多样化。

（2）电子商务物流瓶颈越来越凸显。

物流一直是电子商务发展的瓶颈，随着电子商务在近几年爆发式的发展，更使得两者之间的差距扩大。物流发展水平不能满足电子商务发展的需求，尤其在节假日，快递物流公司时而出现"爆仓"现象。再加上物流服务水平不高，出现到货慢、货物丢失、商品损毁、送货不到位等服务问题，使之成为消费者主要的投诉对象之一。政府纷纷出台相关政策以推动电子商务和快递的双赢。

（3）电子商务企业纷纷自建物流。

电子商务的快速发展使得企业获取信息的成本较低，作为发展瓶颈的物流成为企业亟待解决的问题。企业之间的竞争已经演变为物流与物流、供应链与供应链之间的竞争。通过自建物流服务体系，电子商务企业形成了适应行业需求的物流服务模式，成为企业新的利润增长点，也带动了传统物流配送企业的战略调整，促进了整个电商务物流市场的转型发展，见表 10-1。

表 10-1

| 电子商务企业 | 旗下物流企业 |
| --- | --- |
| 京东商城 | 京东物流集团 |
| 阿里巴巴 | 入股百世快递 |
| 亚马逊中国 | 亚马逊全球物流中国 |
| 苏宁易购 | 苏宁物流集团 |
| 唯品会 | 品骏物流 |

自建物流可以给企业带来更多的利润，也可以给顾客提供更好的个性化服务，但是物流的建设需要前期

的大量投入和长期运作，其作用和利润才会显现，这必然会耗费企业大量精力。因此也有电子商务企业又从自建物流改回使用第三方物流，例如，唯品会停止了品骏物流的运营，改与顺丰合作。

（4）快递物流企业搭建电子商务平台。

一方面，随着油价、人力成本的持续攀升，大多数快递物流公司的利润持续下降；另一方面，由于行业的竞争压力和对电子商务市场前景看好，为了争取供应链的控制权，众多快递物流企业已经开始大规模搭建电子商务平台。快递物流企业往往积累了大量的客户资源，同时可通过自身配送网络的优势搭建电子商务平台，为下游提供优质高效的物流服务。但是，传统的快递物流企业在商品的采购和供应链上游的资源上有其自身的缺点，同时在电子商务平台的推广、营销和运作上也缺乏经验。

### 🔍 经典例题解析

1. 电子商务物流配送的流程与传统意义上的物流配送存在显著区别，下列选项中不属于电子商务物流配送工作流程的是（　　）。

　　A. 分拣　　　　　　　B. 订单处理　　　　　C. 配送　　　　　　　D. 入库保管

【答案】D

【解析】　本题考查的是电子商务物流配送的工作流程。工作流程包括：订单处理、备货、分拣、配货、配装、送货。故本题选 D。

2. 下列选项中，可在无法扫描条码时使用，免除信息输入的麻烦，选择使用的配货检查方法是（　　）。

　　A. 商品条码检查法　　　B. 语音检查法　　　C. 重量计算检查法　　D. 人工检查法

【答案】　B

【解析】　本题考查的是配货检查常用的方法，配货检查常用的方法有商品条码检查法、声音检查法、重量计算检查法、人工检查法。声音输入检查法：读出订单号、商品编码和数量后，计算机根据声音信息自动进行检测。此方法可在无法扫描条码时使用，免除了信息输入的麻烦。故本题选 B。

3. 电子商务物流配送的主要模式有自营与第三方物流相结合的配送模式、自营物流配送模式、第三方物流配送模式和（　　）。

　　A. 共享物流配送模式　　　　　　　　　B. 开放物流配送模式

　　C. 合作物流配送模式　　　　　　　　　D. 共创物流配送模式

【答案】A

【解析】　本题考查的是电子商务物流配送的主要模式。有自营物流配送模式、第三方物流配送模式、自营与第三方物流配送模式和共享物流配送模式。

### 📖 同步练习

1. ＿＿＿＿＿＿＿＿＿＿＿＿是指电子商务企业以现代信息技术为支撑而开展的配送活动。

2. 在一般情况下，一个较完整的电子商务配送工作流程由＿＿＿＿＿＿、备货、分拣、＿＿＿＿＿、＿＿＿＿＿＿、＿＿＿＿＿这六个环节组成。

3. 根据一定时间段内的一批订单生成拣货单，或者计算出各种订货商品的数量，然后运用一定的＿＿＿＿＿＿、＿＿＿＿＿＿、＿＿＿＿＿，按照拣货单信息进行货物分拣，再将分拣的货物集中放置到配货区。

4. 对于小型的电子商务企业和个人卖家，订单量不是很大的情况下，分拣和配货可以＿＿＿＿＿＿完成，其分拣过程可以直接使用＿＿＿＿＿进行配货。

5. 装车时要对＿＿＿＿＿＿包裹进行搭配装载，并且按照送货的先后顺序装车。

6. 配装时，应尽可能地利用好车辆的每一寸空间，降低运输成本，同时要充分考虑＿＿＿＿＿＿和＿＿＿＿＿＿。另外，要把后送的货物放在里面或下面，先送的货物放在外面或上面，同时做到＿＿＿、＿＿＿，不损伤商品。

7. 目前第三方物流配送模式又分为以下三种主要方式：（1）物流配送代理；（2）＿＿＿＿＿＿＿；

（3）_____。

8．共享物流配送模式又分为以下三种方式：（1）_____；（2）互用配送中心；（3）_____。

9．在电子商务环境下，_____作为解决 B2C 或 O2C 电子商务模式中小规模物流的主要形式。

10．网络购物快递市场呈爆发式发展。快递物流的市场需求巨大，并呈多层次、_____。

## 单元练习题

### 一、选择题

1．在电商物流配送中，配货检查作业，一般由（　　）来完成。
   A．分拣员　　　　　　B．分货员　　　　　　C．品管人员　　　　　　D．仓库主管

2．目前大型电商配送中心广泛采用（　　）进行配货检查。
   A．声音输入检查法　　　　　　　　　B．商品条码检查法
   C．重量计算检查法　　　　　　　　　D．人工检查法

3．在电商配送中心，对于一般散货可以采用（　　）进行配货检查。
   A．声音输入检查法　　　　　　　　　B．商品条码检查法
   C．重量计算检查法　　　　　　　　　D．人工检查法

4．快递员送货给客户时，需要注意礼仪，下列做法不正确的是（　　）。
   A．使用文明礼貌用语　　　　　　　　B．注意相关服务礼仪
   C．将客户的快递放至菜鸟驿站　　　　D．私自修改收货地址

5．京东商城选择的物流配送模式是（　　）。
   A．自营物流配送模式　　　　　　　　B．第三方物流配送模式
   C．共享物流配送模式　　　　　　　　D．自营与第三方物流相结合的配送模式

6．阿里巴巴平台上很多 B2B 电商企业，没有自己的配送中心，而是多家企业共同使用一个配送中心储运商品，这是（　　）。
   A．自营物流配送　　B．共享配送中心　　C．互用配送中心　　D．共同配载送货

7．电子商务的快速发展使得企业获取（　　）的成本较低，作为发展瓶颈的物流成为企业亟待解决的问题。
   A．数据　　　　　　B．客户　　　　　　C．信息　　　　　　D．业务

8．电子商务快递是快递服务组织受（　　）用户的委托，对相关物品（包括纸质类物品如文件、书信、明信片等）提供快递传送的服务。
   A．网络　　　　　　B．消费　　　　　　C．参与网上交易　　D．快递

9．京东商城组建的快递公司是（　　）。
   A．顺丰快递　　　　B．品骏快递　　　　C．百世快递　　　　D．京东物流集团

10．淘宝网采用"物流推荐指数"策略来提高各物流配送合作商的服务质量，由一两家指定的专业物流配送企业加若干家推荐的专业物流配送企业提供服务，这一种第三方物流配送模式是（　　）。
   A．自营物流配送模式　　　　　　　　B．物流配送代理
   C．委托专业机构配送　　　　　　　　D．指定与推荐物流配送相结合

### 二、简答题

1．简述电商物流配送的一般作业流程。

2．简述自营物流配送模式的优点。

3. 简述第三方物流配送模式的优点和缺点。

4. 简述电子商务对快递的影响。

5. 简述我国电子商务快递的发展现状。

## 三、综合分析题

近年来，中国互联网电子商务产业飞速发展，引发相关配套产业的发展和变革，仓储物流逐渐成为商流、信息流这"电子商务三流"的中流砥柱。尤其是双十一等重大购物节出现严重爆仓现象后，中国物流行业发展滞后与电子商务发展过快的矛盾日益凸显。在瞬息万变的市场需求下，能适应市场变化的仓储物流新模式是大势所趋，兰剑智能科技股份有限公司认为，新的仓储物流模式需要实现各仓库间的数据共享、整合管理，这不仅能提高货物运转效率，还方便管理。

基于此，兰剑智能科技股份有限公司推出了 3D 货到人储分一体解决方案和 3D 智能集货缓存系统。在现代物流逐步向智能化和自动化发展，产品定制与个性化服务逐渐成为市场发展的重要趋势下，兰剑智能一直走在行业前沿。

兰剑智能为唯品会量身定制的新一代蜂巢系统，体现了中国储分一体技术的前沿水平。此前，双方已成功合作四次，兰剑智能为唯品会建设了超大型的电商蜂巢式储分一体系统，这一系统所达成的存储量、作业效率的效益，唯品会深有体会：缩短了用户收货时间，提高了服务质量。

唯品会在中国设有 5 个运营总部，此次实施建设的唯品会湖州项目是唯品会在华东地区的运营总部。

基于"交钥匙工程"服务原则，兰剑智能为这一项目提供了与设备相关的设计、制造、运输（含与运输相关的报关等）、安装、测试、验收、培训和后期质保等整套服务。而且这一套设计方案极具实用性、先进性、适用性、灵活性、高效性、扩充性。

请根据以上内容回答下列问题：

1. 2019 年 11 月，唯品会的自营物流品骏快递停止业务经营，物流配送业务由顺丰速运完成。试分析选择自营物流配送模式适合哪些电商企业？

2. 简述快递与电子商务的关系。

3. 唯品会通过"干线+落地配"的物流模式，由自家仓储中心配送至目标城市，再选择当地的快递公司做"送货上门"的二次落地配送。唯品会选择自建物流，可带来哪些好处？

# 第十一章

# 物流客户服务与管理

## 知识结构图

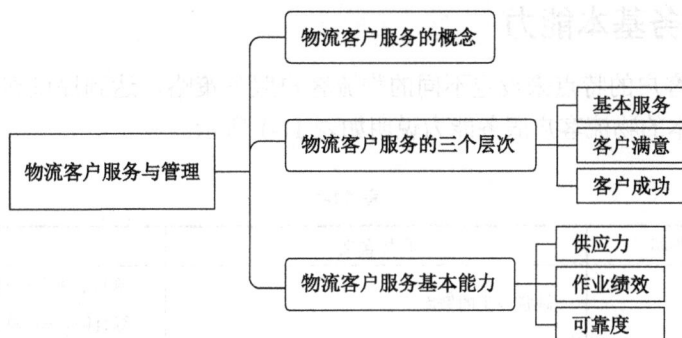

## 考试说明

1. 了解物流客户服务的概念。
2. 理解物流客户服务的层次。
3. 掌握物流客户服务基本能力。

## 知识精讲

### 一、物流客户服务的概念

客户服务通常的解释为：容易做生意；注意到顾客的需求。

物流客户服务是指物流企业为促进其产品或服务的销售而与客户进行的相互活动过程。

### 二、物流客户服务的三个层次

为了在达到企业策略目标的同时做好物流客户服务，企业必须有效执行物流客户服务策略。物流客户服务的三个层次由浅入深分别为：

1. 基本服务

基本物流服务的衡量可以从存货供应力、作业绩效以及可靠度进行衡量。

2. 客户满意

提供超出基本服务以外更多的附加值服务，并进而以完美订单服务为目标；仅针对选择性、重要的客户提供。

（1）完美订单是指企业对顾客订单的要求百分之百地满足。

（2）完美订单必须符合以下两点要求：

①顾客订单完成的相关作业中达到零缺点；

②企业顾客服务能力，包含供应力及作业绩效，要在服务客户的过程中同时达到两项目标。

3．客户成功

提供比完美订单服务更高的服务，以协助客户成功。

物流附加值服务，不同企业间在特定的物流作业上进行相互合作，以寻求彼此的经营效率及效果。附加值服务因客户的不同而不同。

物流附加值的服务涵盖了极广的范围，可以分为以下几种类别。

（1）注重顾客的附加值服务，包括为顾客配送、处理订单、包装等。

（2）注重促销的附加值服务，例如促销点陈列架的设计、运送等。

（3）注重制造的附加值服务，例如为支援制造而进行的产品选择及配送。

（4）注重时间的附加值服务，例如及时供货仓库、利用专业公司在配送前进行分类、混装以及排序的工作等。

# 三、物流客户服务基本能力

成功的企业能够根据客户的特点来设定不同的物流客户服务策略，达到提供高水平物流客户服务以及高水准的附加价值服务。基本的物流客户服务能力说明如表 11-1 所示。

表 11-1

| 物流客户服务能力 | 绩效指标 | 指标含义 | 指标内容 |
|---|---|---|---|
| 供应力 | 缺货频率 | 缺货发生的概率 | 单品缺货率=缺货次数/该品订货次数<br>综合缺货率=总缺货次数/总订单次数 |
| | 完品率 | 衡量缺货强度，用来判断顾客需求满足状态 | 单品完品率=可供货品数/订购总量<br>针对不同的客户群设立不同的指标 |
| | 完整出货订单数 | 评量公司顾客订单完整出货次数的尺度 | 完整出货订单数=完整出货单数/总订单数<br>顾客接到的完美订单次数的参考值 |
| 作业绩效 | 速度 | 订单发出到货品送到的快慢 | 速度=货品送达时刻－订单发出时刻 |
| | 稳定性 | 企业在预定时间内完成配送工作的能力 | 稳定性=配送完成量/总配送需求<br>稳定性低时，为避免延迟交货需增加安全库存 |
| | 弹性 | 提供额外服务的能力 | 需要弹性作业的情况有：<br>1. 物流基本服务安排需要改变<br>2. 对特殊活动的支持<br>3. 新品上市<br>4. 旧产品淘汰<br>5. 供应受到干扰<br>6. 产品回收<br>7. 为特定市场或顾客设计特别服务水准<br>8. 提供产品的附加值服务 |
| 可靠度 | 物流品质 | 遵守预定的存货供应能力和作业绩效水准的能力，包括迅速提供顾客精准物流作业及订单状态信息的能力和意愿 | 物流品质优劣评价制度需要考虑的因素：<br>1. 评价变量<br>2. 评价单位<br>3. 评价基准 |

## 经典例题解析

1．正好物流中心为客户提供了促销点陈列架的设计、处理订单、包装托服务，这属于（ 　　 ）。

A．注重客户的附加值服务　　　　　B．注重促销的附加值服务

C．注重时间的附加值服务　　　　　D．注重制造的附加值服务

【答案】 B

【解析】 本题考查的是物流客户服务的层次。物流服务的类别分为三个层次：（1）基本服务；（2）完美订单服务；（3）物流附加值服务。注重促销的物流附加值服务包括提供促销点陈列架的设计、处理订单、包装托服务，故本题选 B。

2．下列说法正确的是（　　　）

  A．单品缺货率=总缺货次数/总订单数

  B．综合缺货率=缺货次数/该产品订货次数

  C．完整出货订单数=完整出货单数/总订单数

  D．速度=订单发出时刻/货品送达时刻

【答案】C

【解析】本题考查的是物流客户服务基本能力。单品缺货率=缺货次数/该品订货次数。综合缺货率=总缺货次数/总订单次数。速度=货品送达时刻一订单发出时刻。故本题选 C。

## 同步练习

1．客户服务通常的解释为：＿＿＿＿＿＿；注意到＿＿＿＿＿。

2．物流客户服务是指物流企业为促进其＿＿＿＿或＿＿＿＿的销售而与客户进行的相互活动过程。

3．基本物流服务的衡量可以＿＿＿＿＿、＿＿＿＿＿以及＿＿＿＿＿进行衡量。

4．完美订单是指企业对顾客订单的要求＿＿＿＿＿＿的满足。

5．＿＿＿＿＿＿＿是缺货发生的概率。

6．＿＿＿＿＿＿＿是评量公司顾客订单完整出货次数的尺度。

7．＿＿＿＿＿＿＿用来衡量企业在预定时间内完成配送工作的能力。

8．＿＿＿＿＿指的是遵守预定的存货供应能力和作业绩效水准的能力，包括迅速提供顾客精准物流作业及订单状态信息的能力和意愿。

## 单元练习题

### 一、选择题

1．下列指标中，不属于作业绩效的指标的是（　　　）。

  A．速度　　　　　　　　　　B．完品率

  C．稳定性　　　　　　　　　D．弹性

2．可作为客户接到的完美订单次数的参考值的是（　　　）。

  A．完品率　　　　　　　　　B．速度

  C．稳定性　　　　　　　　　D．完整出货订单数

3．物流品质优劣评价制度需要考虑的因素不包括（　　　）。

  A．评价变量　　　　　　　　B．评价单位

  C．评价时间　　　　　　　　D．评价基准

4．进行物流品质优劣评价制度时，如果考察期为时间段，可选择动态变量，下列变量中不属于动态变量的是（　　　）。

  A．缺货数　　　　　　　　　B．销售额

  C．退货量　　　　　　　　　D．紧急出货次数

5．下列选项中不需要弹性作业的情况是（　　　）。

  A．新品上市　　　　　　　　B．旧产品淘汰

  C．产品回收　　　　　　　　D．管理存货

6. 顾客服务的三个层次由浅到深分别是（　　　）。

    A．基本服务、顾客满意、顾客成功        B．基础服务、顾客成功、顾客满意

    C．基本服务、完美订单、顾客满意        D．基础服务、完美订单、物流附加值服务

## 二、简答题

1．简述物流客户服务的三个层次。

2．简述物流附加值服务的类别。

3．顾客服务能力指标有哪些？